How to build
your own
house.

家づくりのダンドリ

2024
|
2025

X-Knowledge

〈NEW TOPICS 2024-2025〉

家づくりに関わる法律が改正されます

地球温暖化などの対策の一環として、建物の省エネ性能を向上させることを目的に、建築物省エネ法など住宅に関わる法律の一部が改正されます（2025年4月施行予定）。原則として、住宅を含む全ての建物に省エネ基準への適合が義務付けられるとともに、建築確認において審査の一部を省略できる建物の対象（一般的に「4号特例」と呼ばれる制度）が縮小されます。これによって家が建つまでの期間が長くなったり、工事費用が増えたりする可能性もあるため、設計・工事期間や費用などは事前に担当設計者とよく確認しましょう。

新築する全ての建物が、省エネ基準適合義務の対象に

① 改正のポイント

新築する全ての建物に、省エネ基準への適合が義務付けられます

- これまで、省エネ基準への適合が義務付けられていたのは300㎡以上の非住宅のみでしたが、住宅や小規模な建物を含め、新築・増改築する全ての建物が対象となります
- 省エネ基準が強化されます
- 既存の建物も段階的に省エネ性能の向上が図られます
- ZEH（ネット・ゼロ・エネルギー・ハウス）の普及が促進されます（49頁参照）

小規模の店舗

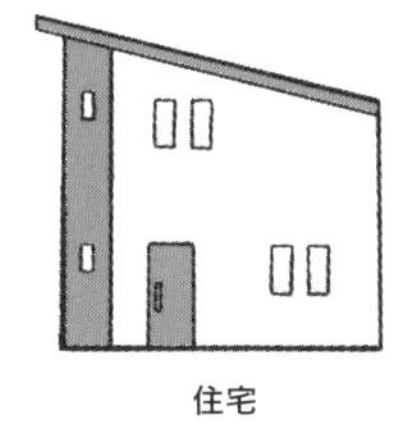
住宅

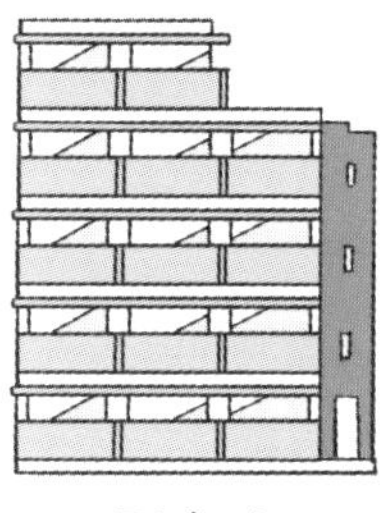
マンション

② 改正の背景

2050年カーボンニュートラルの実現に向け、国内のエネルギー消費量の約3割を占める建築分野全体で省エネ性能向上のための取り組みが強化されます

2024年4月 省エネ性能ラベル表示制度開始

2050年 カーボンニュートラル

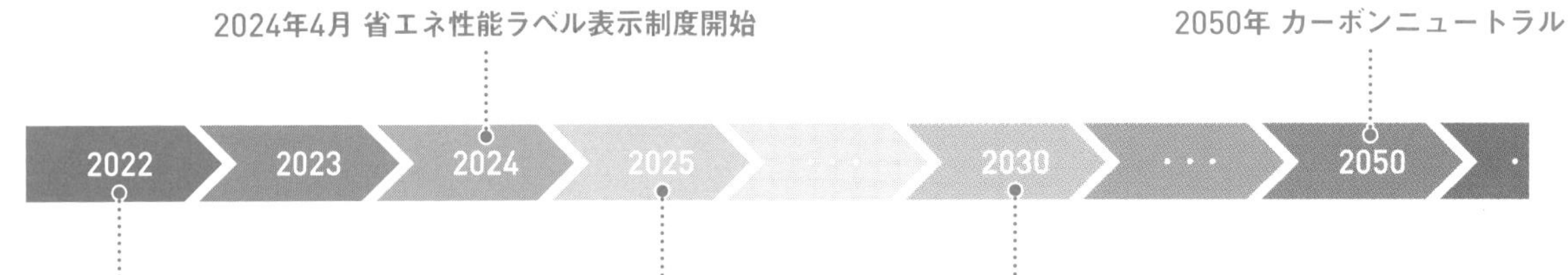

各種省エネ基準の引き上げ
- 新等級追加
- 長期優良住宅認定基準引き上げ

2025年4月 省エネ基準適合義務化
※建築確認には適合が必須

2030年 温室効果ガス46％減（2013年度比）
新築される建物についてZEH水準の省エネ性能を確保

③ 改正による影響

- 建築物のエネルギー消費量が大幅に削減されるため、電気代やガス代などのランニングコストが減少します
- 建物の高断熱化によって室温が安定します。結露も抑制されるため、より快適で健康的な住環境が整えられます
- 一方で、省エネ性能を高めるための対策を講じる必要があるため、工事の初期費用が増加したり、間取りの自由度が制限されたりする可能性があります
- 建物から排出される温室効果ガスを削減し、2050年カーボンニュートラル実現に貢献します

建築確認の特例の対象範囲が縮小されます

⓪ 4号特例とは

4号特例とは、「審査省略制度」のことで、建築士が設計を行う場合に、建築確認における構造審査が簡略化される制度です。改正前の建築基準法では、第6条の第1項第4号に該当する建築物が対象となるため、4号特例と呼ばれます

① 改正のポイント

これまで「2階建て以下で延べ面積が500㎡以下」の木造建築物は特例の対象でしたが、改正後は「2階建て以上、または、延べ面積200㎡超」の木造建築物は、新築、増築、リフォームなどを行う場合、基本的に建築確認での構造審査が必要となります
※詳しくは担当設計士に確認ください

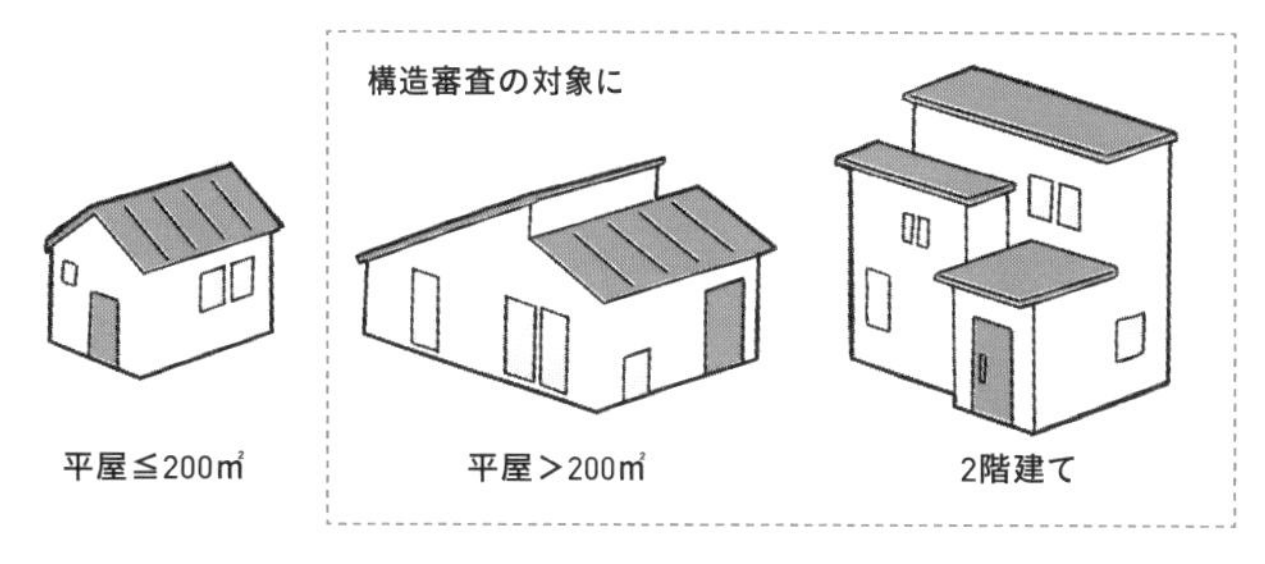

② 改正の背景

建物の重量化に対応
建物の省エネ化が進むと、これまでよりも多くの断熱材・省エネ設備の搭載が必要になります。重量化する建物の構造の安全性などを確保するため、特例の対象範囲が縮小されます
建物の倒壊リスクを回避
特例により審査が省略されることで、構造計算や壁量計算が適切に行われていないままとなる可能性があります。特例の対象範囲が縮小されることでその可能性を排除し、建物の倒壊リスクを回避します

③ 改正による影響

設計者の業務量が増加
多くの木造住宅で構造計算・壁量計算が必要になると、設計者の業務量が増えるため、これまでよりも工事着工までの時間がかかる可能性があります

建築価格が高騰する可能性も
これまで見逃されていたかもしれない構造強度不足が発見される可能性が高まります。安心である反面、必要な建築資材が増えることで、建築価格が上がってしまうかもしれません

省エネ基準適合の確認と建築確認・検査手続きの流れ

建築物省エネ法の改正により、事前に「省エネ適合性判定」を受け、確認申請の際に適合性判定通知書を提出する必要があります。ただし、省エネ基準への適合を仕様基準で確認する場合は、建築確認のなかで省エネ基準への適合性を審査するため、省エネ適合性判定が不要となります

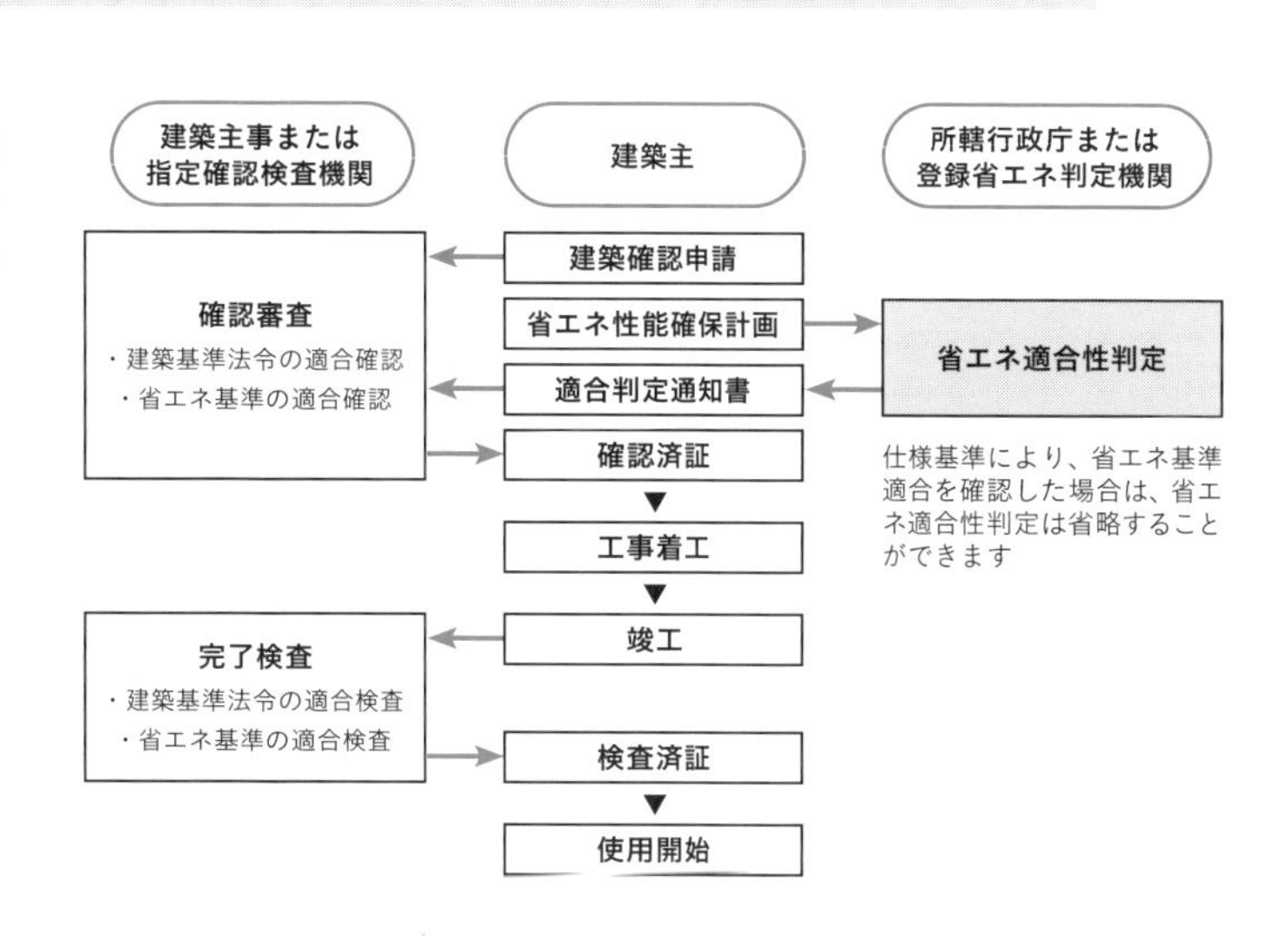

Stage 1
家づくりを計画する

Stage1 家づくりを計画する
Stage2 土地・依頼先を探す
Stage3 設計・工事を依頼する
Stage4 現場着工・工事が進む
Stage5 完成そして入居

Stage 2
土地・依頼先を探す

Stage

3

設計・工事を依頼する

Stage 4 現場着工! 工事が進む

Stage 5
完成 そして入居

監修 長澤徹（ポーラスターデザイン一級建築士事務所）
技術協力 小島建一（想設計工房）
ブックデザイン 米倉英弘（細山田デザイン事務所）
DTP 竹下隆雄
カバーイラスト yunakao
イラスト yunakao
亜乃人
西ヶ谷貴子（印刷デザイン本舗）
トレース 長岡伸行
印刷・製本 シナノ書籍印刷

〈コラム〉

Stage 1 家づくりを計画する

費用やローン、依頼先の選択肢、
建物の工法や性能についてなど、
必要な知識をあらかじめ得ておけば
家づくりがダンドリよく進みます。
将来の変化もふまえて、家族全員で
理想の家について考えてみましょう。

01 基本の知識

家づくりの流れを知る

何から手をつければいいのか、迷ってしまう家づくり。計画のスタートから入居までの、おおまかな流れを把握しておきましょう。

家づくりを始める際には、どのようにしたらよいでしょうか？　何から手をつけたらいいのか、どのような流れで進んでいくのか、どこに相談すればいいのか、資金計画は大丈夫か？　など、おそらく分からないことだらけで困ってしまうことも多いと思います。住居の取得方法ひとつ取り上げても、土地を購入して新築を検討される方、中古住宅を購入してリノベーションを考える方、現在の住まいを建て替えたり、建て売りやマンションを購入したり、そもそも一生賃貸でもよいのかもしれない……などと考えるほど、選択肢は多岐にわたります。

こういった要望や選択肢と同時に、必要となる資金の用意も重要なポイントですから、**家づくりの際にはライフプランと合わせての検討が必須**です。こういった「家づくりのダンドリ」については、大きな時系列に沿って流れを把握すると同時に、各ポイントごとに必要とする知識や検討すべき項目を理解し、整理しながら進めていかなければなりません。

この章では、自分が家づくりを行う上でどのようなことを把握すべきか、どのような流れで家づくりが進行していくかを紹介していきます。

④工事を行う

- 地鎮祭をする
- 着工する
- 上棟式をする
- 各種検査を行う
- 家が完成する
- 引っ越しの準備をする

⑤入居～入居後

- 引っ越しをする
- 近隣に挨拶回りをする
- 竣工後3か月～1年の間は定期点検をしてもらう
- 定期的なメンテナンスを行う（維持管理）

CHECK!

実施した項目をチェックしましょう

- □ 家づくりの流れを理解する
- □ 家づくりについて、家族で話してみる
- □ 資金についてイメージしてみる
- □ スケジュールを考えてみる

家づくりのフローチャート

①家づくりを計画する

- ライフプランを考える
- 家族で相談し、イメージをふくらませる
- 住む場所を考える（戸建・集合住宅など）
- 家づくりにかけられる費用を検討する
- スケジュールを検討する
- 実例を見学する

②土地を選ぶ・建て方を考える

- 土地を探す（戸建住宅の場合）
- ローンの審査を受ける（土地込みの場合）
- 依頼先を探す
  - ・ハウスメーカー
  - ・工務店
  - ・設計事務所

③家づくりを依頼する

- 依頼先を決める
- 間取りや外構を検討する
- 家の仕様を決める
- 見積りを取る
- 契約を結ぶ
- 確認申請を出す
- ローンの審査を受ける（建物のみの場合）

02

基本の知識

家づくりの選択肢

戸建住宅だけでなく集合住宅、自己所有や賃貸、新築や建売、リノベーションなど、さまざまな住まいの選択肢を知っておきましょう。

ひとくちに「家づくり」と言いますが、そもそも住まいを検討していく中で、「住む場所の選択」ひとつを取り上げても十人十色です。まずは大きな分類として、いわゆる「一戸建て」と呼ばれる「**戸建住宅**」と、マンションやアパートのような「集合住宅」があり、さらにそれぞれ、「賃貸にするか、所有するか」の選択肢があります。さらに新築か中古物件か、中古物件の場合にはそのまま住むのか、リフォームまたはリノベーションのように内装に手を入れてから入居するのか、という検討も必要です。また、一戸建ての住宅を検討する場合でも、土地探しからスタートするのか、建売を購入するのか、中古住宅をリノベーションして住むのか、など多様な選択肢があり、これらすべての可能性を考慮したうえで、住む場所を決定しなければなりません。

この本では、主に検討すべき事柄が最も多いと思われる「**戸建住宅**」の所有を検討している方が必要とする知識やノウハウを、ある程度時系列に沿って読んでいただけるように構成しています。順に読み進めていくなかで知識を広げ、時に深めながら家づくりについて考えていただければと思います。

自己所有

内装や設備を自由にでき、ローン完済後は住居費の負担が減る自己所有か？

賃貸住宅

自由に引っ越しを検討でき、設備などの修理費用負担も少ない賃貸住宅か？

自由設計

分譲住宅

リノベーション

新築・建替え

自分の思い描く住まいを実現できる、新築・建替えの戸建住宅。入居までに時間はかかりますが、一つ一つ納得しながら進められます

建売住宅

土地と建物を合わせて計画することで費用を抑えた建売住宅。竣工した状態を確認した上で購入し、すぐに入居できることもメリットです

リノベーション

既存の建物の良い部分を活かしながら、好みの住まいに生まれ変わらせることができるリノベーション。コストを抑えながらも理想に近い住まいにできるのも魅力的です

CHECK!

実施した項目をチェックしましょう

- □ 家づくりの選択肢を把握する
- □ 戸建住宅か集合住宅かを検討する
- □ 自己所有か賃貸かを検討する
- □ 新築か、建売（分譲）か、リノベーションかを検討する

COLUMN

戸建て住宅とマンションの違いは？

戸建住宅とマンションには、それぞれにメリット・デメリットがあります。戸建住宅は一般的にマンションよりも面積が広く、庭を所持でき、将来自由にリフォーム可能な点は魅力的です。集合住宅に比べて周辺世帯への音の心配も少なく、災害時に避難しやすいところなども長所です。一方のマンションは、ワンフロアで生活できるうえ、防犯などに優れた物件が多いと言えます。管理会社が入るので、ゴミ置き場が整っていたり、清掃などが行き届いていたりとする点もポイントです。

将来的な資産価値の観点から比較してみましょう。マンションは、購入後に価値が継続して緩やかに低下するのに対し、戸建住宅は20年前後で建物自体の価値は底値になります。しかし土地自体の価値は比較的変化しにくいため、安定した価値を継続して維持できます。

基本的には、広さやプライバシーを重視するなら戸建住宅、利便性や将来の住み替えを条件に入れるならマンションをお薦めしますが、それほど単純には選べません。自分のライフスタイルを振り返り、できれば10年、20年先の生活もきちんと検討したうえで、長期的に見て良い住まいを取得できるように考えてみましょう。

家づくりの選択肢と流れ

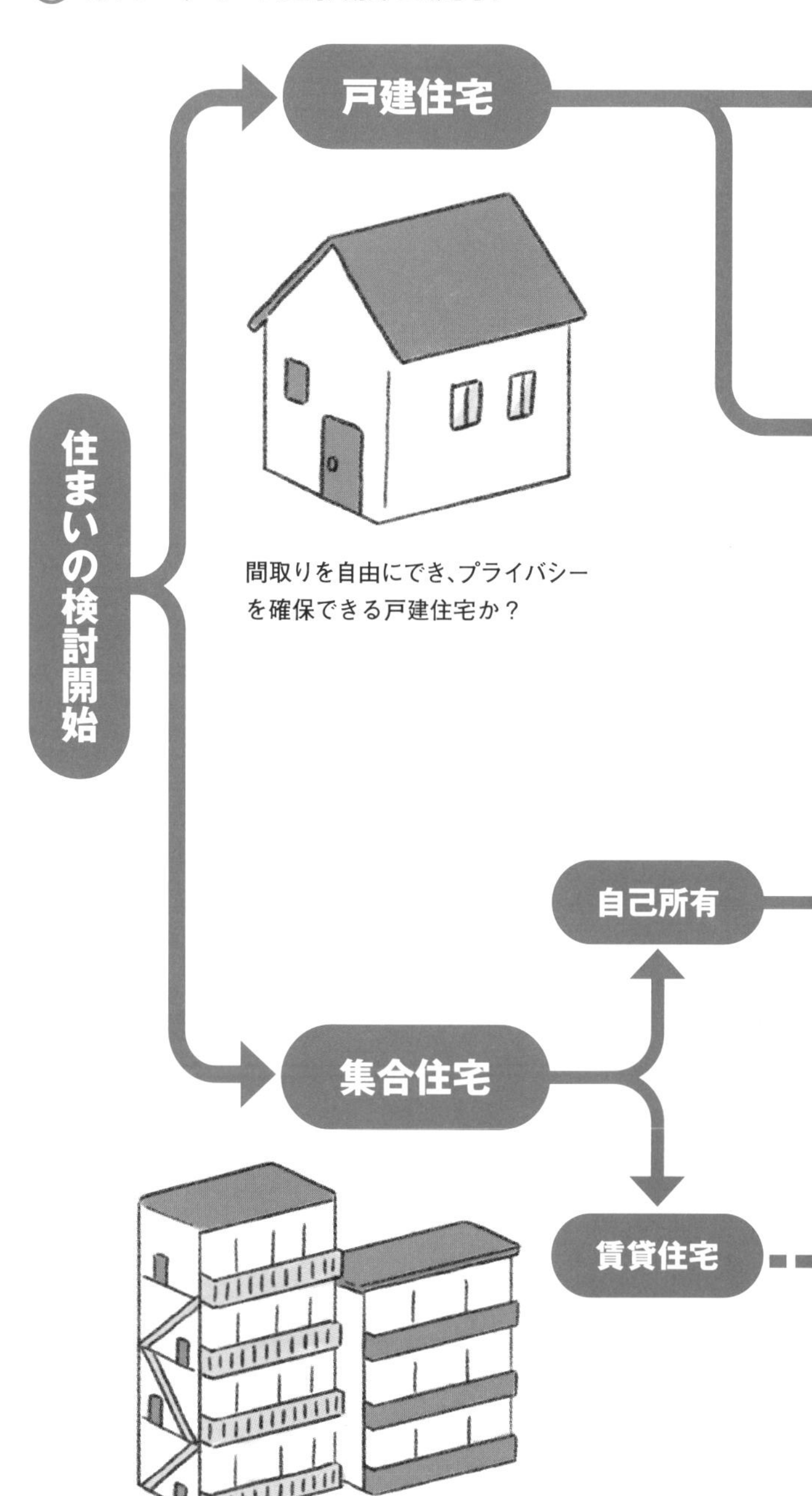

間取りを自由にでき、プライバシーを確保できる戸建住宅か？

防犯・防災に優れ、移動の手間も少なく暮らしやすい、ワンフロアで過ごせる集合住宅か？

03 依頼先を知る

設計依頼先を検討する
①ハウスメーカー

家を建てる際の依頼先には主にハウスメーカー、工務店、設計事務所があります。まずはハウスメーカーから特徴を把握していきましょう。

家づくりの依頼先、いわば生涯を共にする住宅を設計・建築してもらうためのパートナー探しは非常に重要です。この項と次の項ではパートナー探しの方法と、ハウスメーカー、工務店、設計事務所、三者それぞれの特色を細かく紹介していきます。

この三者はそれぞれ目指す方向性が違い、ひとことでは特徴をなかなか語れないのですが、得意なのは以下のような家づくりです。

①ハウスメーカー

性能や品質、ショールームで実物を確認しながらしっかり選べる、商品としての安定感ある家づくりを得意としている。

②工務店

地産地消や自然素材を得意とし、地域密着で質の良い大工さんを抱えている、手作りの家づくりを得意としている。

③設計事務所

デザインや性能含め施主の要望や環境に合わせて打合せ、時間はかかるがこだわりある家づくりを得意としている。

ハウスメーカーは「設計施工一括方式」

商品として安心感のある家づくりを得意としています

●主なアポイントの方法

・住宅展示場を訪問する
・企業のWEBサイトのフォームから、資料請求やメッセージ送信

ハウスメーカーには、一般的に**設計と工事をまとめて依頼(設計施工一括方式)**します。「商品」として住宅をラインナップし、高品質な建物の提供を全国規模で展開しています。「長寿命」「環境にやさしい」「家事がラク」などニーズの高い性能を組み込みながら、独自の構造や工法によってつくられる住宅を、展示場を拠点として販売しています。ブランド力や性能の数値化に長け、住宅性能評価も取得しやすいなどの特徴があります。また、プランから素早い見積り提示、工業化による工期短縮など、完成までの期間が圧倒的に短く済むこともメリットです。保証やアフターサービスの内容が明確で、カタログやショールームで実物を確認しながら自分で選び、堅実な家づくりを楽しみたい方や、住みやすく機能的な家を望む方はもちろん、専門的なことが分からないから一任したい、という方とも相性が良いのがハウスメーカーです

メリット	デメリット
・最新性能の設備や工法を取り入れ基本性能値が高く、現場ごとの品質の差が少ない ・「型式適合認定制度」による申請や構造計算の合理化がなされている ・提案や見積作業が非常に早く、工事期間も短い ・各種手続きなどの代行、ローンや補助金などもナビしてもらえることが多い ・ショールームがあり、各部材の実物を見て確認できる ・内装のアドバイスはインテリアコーディネーターが担当することが多い ・大手は業績もあり、倒産などの心配がなく安心感がある ・住宅ローンが通りやすい ・ブランド力で資産価値が高まる場合もある ・専門のアフターサービス部門があり、義務以上の保証期間を独自に設けている場合もある	・構造体が決められていることで、プラン作成に一定のルールがある ・難しい条件の土地の場合、工事ができないこともある ・比較的基本価格が高く、自社の企画品、商品以外の設備などを扱う場合、さらにコストアップとなることもある ・担当者がバトンタッチして作業が進む為、コミュニケーションに行き違いが起こることがある ・施主側は担当者を選べないことが多い ・スケジュールがしっかりしている分、ゆっくり打合せしにくい ・現場での検討が少ない為、腕の良い職人が育ちにくい

最近は自社のWEBサイトを設けている会社や事務所が多いので、インターネット検索で情報を得たり資料請求をしたりすることもできますが、それだけで判断できない部分も多いものです。気になる会社があれば、展示場や現場見学会に足を運んだり、アポイントを取って事務所を訪問したりなどして、直接会話しながらお互いの価値観が合うかどうかを判断することが大切です。

CHECK!

実施した項目をチェックしましょう

- □ 依頼先の見つけ方を知っておく
- □ 依頼先について調べ、得意分野を把握する
- □ ハウスメーカー、工務店、設計事務所それぞれの特徴を理解する
- □ 自分に合ったパートナー選びを検討する

依頼先の見つけ方

WEBサイト

近年では、ハウスメーカー・設計事務所・工務店それぞれにWEBサイトを活用し、自社の事例や特徴を分かりやすく紹介している会社が増えています。移動中にスマートフォンなどでもチェックできるので便利です

直接訪ねる

設計事務所や工務店は、建物の作風はもちろん、担当者との相性や人柄も大切。アポイントを入れたうえで、直接訪ねて色々と相談してみるのも手です

資料請求

大手の会社では、カタログなどの資料も充実しています。企業のWEBサイトなどから気軽に取り寄せて比較検討に活用しましょう

完成現場見学会（オープンハウス）

引き渡し前の建物で行われる不定期の見学会。モデルハウスではなく、実際に建てられた住宅を間近で見られる貴重なチャンスです

住宅展示場見学

さまざまなハウスメーカーのモデルハウスを効率的に見比べることができます。広大な展示場も多いので、ある程度気になる会社の目星をつけておきましょう

04 依頼先を知る

設計依頼先を検討する ②工務店 ③設計事務所

地域に根差した工務店や、個性のある設計事務所も選択肢の一つです。それぞれの特徴を把握し、自分に合った依頼先を検討しましょう。

自分がどういった家づくりがしたいか、どんな家に住みたいかという依頼側の要望と、引受側となる建築側がそれぞれ、できること、得意とすることを擦り合わせながらパートナーを選ぶことが、良い家づくりの近道です。

良い会社を選べば良い家ができるとは限りません。会社選びと同時に、直接の窓口になる担当者との相性も重要です。担当者とよく話し合い、思いや考えを伝え、理解してもらうことは家づくりの過程の中でとても大切なことです。価値観や考えを共有できるパートナーを選びましょう。

1軒の住宅は、設計士、現場監督、担当営業をはじめ、大工さんや多くの職人さんなど沢山の人の力によって完成します。入居後のメンテナンスなども含めると、長いお付き合いになります。良い会社と巡り合い、楽しく家づくりができるように、まずはあなたの希望を整理して、パートナー探しの旅に出かけましょう。

さて、設計施工には「**設計施工一括方式**」と「**設計施工分離方式**」があります（55頁も併せて参照）。ハウスメーカーと工務店は、設計と施工を同社内で受注する「設計施工一括方式」で、社内の設計担当者（建築士）が設

設計事務所は「設計施工分離方式」

●主なアポイントの方法

- 現場見学会を訪問する
- 事務所のWEBサイトのフォームから、資料請求やメッセージ送信

設計事務所には、一般的に**設計と工事を別々に依頼（設計施工分離方式）**します。事務所ごとに作風はさまざまなので、好みのデザインや住宅に対する考え方が一致することがまず重要です。設計事務所は設計と工事監理を専門に行い、施工は工事請負契約を結んだ工務店が担当します。通常の敷地はもちろん、変形地や傾斜地、狭小地などハウスメーカーの規格住宅では対応が難しい敷地条件であっても、プロならではの提案で設計を行います。また、設計通りに工事が行われているかを確認する監理業務も請負います。通常、ヒアリングからプラン作成、工事中から引き渡し後まで1人の設計者が通しで担当するので安心して任せられる反面、竣工まで時間がかかるケースも多いので、ある程度時間に余裕を持って依頼するのがベストです

メリット	デメリット
・土地の形状や地盤、要望によって適した構造体を選べる ・変形、狭小敷地など、どんな土地でも対応できる ・デザインや間取りなど、細かな要望に応じたオリジナルの提案を受けられる ・予算に応じて臨機応変に設計してもらえる ・家具製作などの提案も受けられるケースが多い ・設計担当者がヒアリングから引渡し後まで一貫して担当することが多い ・専門的視点で見積りをチェックし、コストダウン案を提案してもらえる ・施工業者とは別の視点で、現場をチェックしてもらえる ・「作品」に住むというステータス感がある	・設計者にこだわりが強いなど、企業ではなく個人に頼むという不安感もあり、依頼相手の見極めが難しい ・設計と施工で2つの契約が必要になる ・初期プランの段階で正確な工事費が分からないことが多い ・設計監理料が比較的高く、ローンに組み込めないこともある ・設計、施工以外は自分でもある程度の知識が必要 ・オリジナルの製作物は、実物による確認が難しいことがある ・実物件の見学はタイミングが合わないと難しい ・完成までに時間がかかることが多い ・基本的に個人経営が多く、廃業や倒産のリスクがある

計を行います。ハウスメーカーの施工工事は、基本的にそのハウスメーカーと提携した工務店が、ハウスメーカーの現場監督の管理のもと、工事を行いますが、工務店の施工工事は、自社管理で工事を行います。設計施工一括方式のメリットは、同一の会社（または、グループ企業や提携会社）で設計〜施工まで一貫して手がけるので、連携が良く対応もスピーディー。何か問題が起こっても、責任の所在が明確になりやすいことも利点です。

設計事務所は、一般的に「設計施工分離方式」です。設計事務所は設計完了後、ハウスメーカーや工務店などの施工会社に工事を依頼します。また、施工会社が実際に建てる家が、設計した図面通りの施工がなされているか、必要な検査が各種行われているかなどを施主に変わってチェックします。この業務を「施工監理」と言います。完成後のアフターメンテナンスや保証などは、設計事務所とともに、施工した施工会社が担います。設計施工分離方式は、施工会社が建てた住まいを設計事務所がチェックする「Wチェック体制」となるため、設計と施工の癒着や慣れ合いが起こりにくく、より厳しい基準を満たす家づくりが可能です。ただ、何か問題が起こった際、その原因が設計の不備なのか、施工の不備なのか曖昧になるケースも多いのがデメリットと言えます。

工務店は「設計施工一括方式」

腕の良い大工さんによる、手づくりの家を求めている人におすすめです

●主なアポイントの方法

・現場見学会を訪問する
・工務店のWEBサイトのフォームから、資料請求やメッセージ送信

工務店には、一般的に**設計と工事をまとめて依頼（設計施工一括方式）**します。地域に密着しているので、丁寧な家づくりを楽しみたい方におすすめです。木材をはじめとした自然素材や、地産の材料の扱いを得意とする工務店が多く、腕の良い大工さんに家づくりをお願いできる安心感もあります。このように地道な手作業を得意とする反面、デジタル化に対応しておらずWEBサイトを充実させていないため、実力の割に世間にあまり認知されてない工務店も数多くあります。腕の良い職人さんを抱える良質な工務店はあなたの身近に存在していますので、現場見学会や工事中の現場などで積極的に声をかけてみてください

メリット	デメリット
・地域に密着していることが多く、地元の風土をよく知っている ・少人数の工務店では、必要経費も抑えられ、適正価格であるケースが多い ・内外装での木材の扱いに長けており、自然素材に強い ・専属の大工さんがいて技術力が高く、作業も丁寧 ・現場での対応が柔軟で、リノベーションなども得意 ・地元で施工した実例を見学しやすい ・実際に施工する大工さん・職人さんと触れ合う機会があるため、相談しやすい ・地元密着型なので家を建てたあとも気軽に相談でき、細やかなアフターフォローを得やすい	・木造以外の構造に不慣れな工務店も多い ・WEBサイトが整っていないことも多い ・職人の数が少ない小規模工務店の場合、着工までの期間が長いこともある ・新しい部材や取り組みに消極的な工務店もある

05 予算を決める

家づくりの費用を知る

家づくりの費用は、カタログや広告にある坪単価だけでは済みません。まず、どんな費用がかかるのかを把握しましょう。

家づくりという夢の実現に向けて、いよいよ第一歩を踏み出します。でも、気がかりなのがお金のことではないでしょうか。いったい何にどのくらいかかるのか――。家づくりには、**本体工事費と付帯工事費**、設計料、さらに、税金、登記や引越しにかかる諸費用も必要です。工事費は高額になるので、消費税分も考慮しておきましょう。

本体工事費は工法（46頁参照）や面積、間取り、グレード、また、地域によっても異なります。たとえば、全国平均の建設費から工事費単価を逆算してみます。新築住宅の建設費の平均は3572万円。附帯工事費や設計料を除いた本体工事費から工事費単価を算出すると、22・81万円／㎡（75・41万円／坪）であることがわかります。ぜひ、左頁の計算例にならって家づくりの総費用を計算してみてください。

資金計画は、あとでお金が足らないという事態にならないように、「いくら必要か」と同時に、「必要なお金をどう調達するか」も検討しておくことが大切です。

家づくりに必要な費用を知りましょう

区分	項目	内容	目安
建築工事費	本体工事費	建物本体をつくる工事にかかる費用。基礎工事費、木工事費、屋根工事費、外壁工事費、建具工事費、内装工事費など	家づくり総費用の約70%。カタログや広告の「坪単価」「㎡単価」は本体工事のみを指す場合が多く、本体工事費だけでは家は建たないので注意しましょう
建築工事費	付帯工事費	建物本体以外にかかる工事費。既存建物の解体費、地盤改良工事費、外構工事費、照明器具工事費、カーテン工事費、空調工事費、屋外電気工事費、給排水などの引込み工事費など ※会社によって内容は異なります	本体工事費の15%～20%が目安です。ただし、工事の内容やグレードによって別途工事費は違ってきます
設計料		設計料、工事監理料	建築工事費（本体工事費＋付帯工事費）の10～15%程度が目安です。設計、工事監理料の最低額を定めている場合もあります ※ハウスメーカーなどでは本体に含まれる場合あり
諸費用	工事関係	建築確認申請料、近隣挨拶関係費、地鎮祭費用、上棟式費用など	資金調達の方法や仮住まいの有無などにより金額は大きく変わりますが、最低でも、建築工事費（本体工事費＋別途工事費）の５％は諸費用として見込んでおくようにします
諸費用	登記関係	建物表題登記、土地所有権登記／建物所有権保存登記、抵当権設定登記など	
諸費用	ローン関係	手数料、保険料、団体信用生命保険特約料保険料など	
諸費用	建替え関係	引越し・仮住まい費用、滅失登記費用など	
諸費用	引越し費用	新居への引越し費用など	
諸費用	税金	印紙税、登録免許税、不動産取得税、固定資産税、都市計画税など	
その他		敷地・地盤調査、火災保険、地震保険などの費用	

家づくりの予算
自己資金 20～30%
住宅ローン 70～80%

家づくりの資金計画は、家を建てるのにいくら必要かという家づくりのコストと、必要なお金をどう調達するかという両面から検討しましょう

家づくりの総費用
諸費用 ― 建築工事費×約5%以上
設計料 ― 建築工事費×約10%
付帯工事費 ― 本体工事費×約15%
本体工事費 ― 総費用の約70%
建築工事費

CHECK!

実施した項目をチェックしましょう

- □ 家を建てるのにどんな費用がかかるのか把握する
- □ 家づくりの費用を概算する
- □ 必要なお金の調達方法を検討する

住宅建設費用の全国平均値

住宅面積	敷地面積	建設費
123.8㎡	252.8㎡	3,572万円

（参考）2022年度フラット35利用者調査、注文住宅融資利用者の主要指標より

COLUMN

火災保険と地震保険

住まいにかかる費用のひとつとして、**保険料**があります。例えば隣家が火事になり、その火が燃え移って自分の住まいが損害を受けても、火元の住人からの補償は受けられません。このような事態に備えるには、**火災保険**が必須。住宅ローンを組む際には、火災保険への加入が義務付けられています。大抵の火災保険は、落雷や風による損害などもカバーしてくれます。また、火災保険の多くは建物のみの補償になるため、家財や現金の被害に対応する**家財保険**にも加入しておきたいものです。

地震起因の火事は残念ながら火災保険では補償されません。このため、地震やそれに伴う津波、火災などによる家屋の損害・流出・埋没などに備えるためには**地震保険**に加入する必要があります。地震保険は単独での加入ができず、火災保険とセットで契約します。火災保険とは異なり地震保険への加入は任意ですが、地震大国である日本で住まいを建てる場合、じっくりと検討しておきたい事項の一つです。

家づくりの費用を概算してみましょう

06 予算を決める

資金を用意する

家づくりにいくら用意できるかを考えましょう。足りない分は、無理なく返せる範囲で住宅ローンの利用を検討します。

家づくりの資金調達については、将来の家計に影響することなので慎重に構えなければなりません。自分で用意する自己資金のほか、足らない部分は銀行などから融資を受けます。

住宅ローンの借入額が多いと、毎月の返済額が増え負担が重くなりますので、自己資金は少なくとも総費用の20～30％は用意したいもの。つまり、家づくりにかけられる費用は、自己資金の約3～5倍と考えるとよいでしょう。借入額については、いくら借りられるかではなく、いくら返せるかという観点での検討が重要。返済額を年収の25％以下に抑えることが望ましいといわれています。

そこで気になるのが自己資金づくりです。実際の自己資金の貯め方としては、銀行の積立定期預金、会社の財形貯蓄、個人向け国債などがありますが、効率的に貯めるには、いつまでにいくら貯めるのかを明確にすることが大事です。こういった計画が得意ではない方にはファイナンシャルプランナーによるライフプランニングをおすすめします。

住宅ローンは長期にわたって返済していくものなので、将来のライフプラン（人生設計）を考えながら、マネープラン（資金計画）を立てましょう。

自己資金から家づくりの予算をチェックしましょう

自己資金は総予算の20～30%は用意したほうがよいといわれています。つまり、自己資金の3～5倍が総予算（家づくりにかけられる費用）と考えるのがよいでしょう。

自己資金が約700万円の場合
家づくりにかけられる費用の目安は

700万円×3～5倍＝2,100～3,500万円

総予算を3,500万円とすると、自己資金700万円を差し引いた2,800万円が足りません。それを住宅ローンなどで調達します

3,500万円
自己資金 20%
住宅ローンの借入金 80%
700万円
2,800万円

＊参考　令和3年度住宅市場動向調査報告書（国土交通省）：注文住宅の住宅建築資金全国平均（土地購入資金を除く）3,459万円、うち自己資金972万円／2021年度フラット35利用者調査：注文住宅（全国）の所要資金3,572万円

毎月の返済額から借入可能額を知りましょう

ボーナス時加算額	金利	毎月返済額							
		8万円	9万円	10万円	11万円	12万円	13万円	14万円	15万円
なし	0.5%	3,082	3,467	3,852	4,237	4,622	5,008	5,393	5,778
	1.5%	2,613	2,939	3,266	3,592	3,919	4,246	4,572	4,899
1回10万円	0.5%	3,723	4,108	4,493	4,878	5,263	5,649	6,034	6,419
	1.5%	3,156	3,482	3,809	4,135	4,462	4,789	5,115	5,442
1回20万円	0.5%	4,365	4,750	5,135	5,520	5,905	6,291	6,676	7,061
	1.5%	3,699	4,025	4,352	4,678	5,005	5,332	5,658	5,985

※単位：万円

14年目	15年目	16年目	17年目	18年目	19年目	20年目	21年目	22年目	23年目	24～29年目	30年目
49歳	50歳	51歳	52歳	53歳	54歳	55歳	56歳	57歳	58歳	59～64歳	65歳
19歳	20歳	21歳	22歳	23歳	24歳	25歳	26歳	27歳	28歳	29～34歳	35歳
17歳	18歳	19歳	20歳	21歳	22歳	23歳	24歳	25歳	26歳	27～32歳	33歳
長子大学入学		次子大学入学		長子就職		次子就職			一括繰上返済		定年退職
1,159,596	1,159,596	1,159,596	1,159,596	1,159,596	1,159,596	1,159,596	1,159,596	1,159,596	2,790,971	0	0
11,103,623	10,103,719	9,088,712	8,058,375	7,012,476	5,950,782	4,873,053	3,779,047	2,668,515	0	0	0

長子の就職によって教育費のピークは越えました。貯蓄を本格的に再開します

再開した貯蓄によって、残りのローンを一括返済します。早めに返済を終えることで、今後の貯蓄は老後資金に充てられます

CHECK!

実施した項目をチェックしましょう

- □ 預貯金などから自己資金の見当をつける
- □ 親に資金援助を相談する
- □ 住宅ローンの利用が返済可能な範囲か検討する
- □ 将来のライフプランとマネープランを考える

親から資金援助を受ける場合 3つの方法があります

親からの資金援助

贈与税の特例を利用

［暦年課税］ 110万円まで非課税（基礎控除）
［相続時精算課税］ 2,500万円まで非課税
［住宅取得等資金の非課税］ 最大1,000万円まで非課税

贈与税がかからない（もしくは軽減される）

建物を親との共有名義に

資金負担に応じた持ち分比率で
建物を共有名義にする

贈与税がかからない

親から借金する

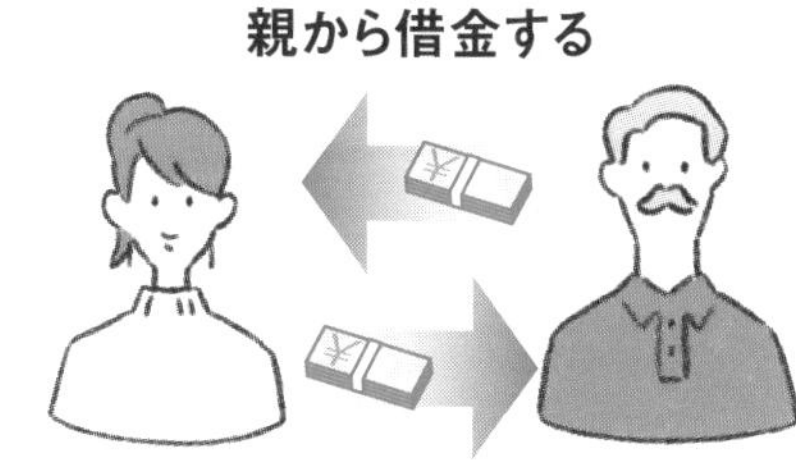

確実な返済の証拠があれば
借入金と認められる

贈与税がかからない

「相続時精算課税」を選ぶと2,500万円までは無税

贈与税の課税方法には「暦年課税」と「相続時精算課税」があり、贈与をした人が60歳以上の親や祖父母で、受ける人が18歳以上の子や孫（直系）の場合、贈与額が2,500万円までは無税になる「相続時精算課税」を選択することができます。「相続時精算課税」は、相続時に相続財産と合算されて課税されますが、相続税の税率によっては税額が少なくなるので、利用価値はあります。ただし以後「暦年贈与」は利用できないので注意が必要です
※2023年1月1日より制度が変わり、暦年贈与とは別に基礎控除110万円が使える

「住宅取得等資金の非課税」も利用すると3,500万円までは無税

「住宅取得等資金に係る贈与税の非課税」も、2023年12月31日まで延長されました。直系尊属から2023年12月31日までに受けた贈与により質の高い住宅を贈与の翌年3月15日までに取得・居住した場合、非課税限度額は最大1,000万円なので、「相続時精算課税」と併用すると、最大3,500万円の贈与が無税になります

●将来のライフプランとマネープランを考えましょう

借入額2,800万円、1.5%固定金利、返済期間30年（元利均等返済、ボーナス時加算なし）、期間短縮型の返済計画例

年月	1年目	2年目	3年目	4年目	5年目	6年目	7年目	8年目	9年目	10年目	11年目	12年目	13年目
夫婦年齢	36歳	37歳	38歳	39歳	40歳	41歳	42歳	43歳	44歳	45歳	46歳	47歳	48歳
長子年齢	6歳	7歳	8歳	9歳	10歳	11歳	12歳	13歳	14歳	15歳	16歳	17歳	18歳
次子年齢	4歳	5歳	6歳	7歳	8歳	9歳	10歳	11歳	12歳	13歳	14歳	15歳	16歳
ライフプラン		長子 小学校 入学		次子 小学校 入学				長子 中学校 入学		次子 中学校 入学 500万円 繰上返済	長子 高校入学		次子 高校入学
年間返済額（円）	1,159,596	1,159,596	1,159,596	1,159,596	1,159,596	1,159,596	1,159,596	1,159,596	1,159,596	6,159,596	1,159,596	1,159,596	1,159,596
借入残高（円）	27,255,292	26,499,336	25,731,964	24,953,000	24,162,271	23,359,599	22,544,805	21,717,705	20,878,113	14,956,659	14,014,951	13,059,019	12,088,649

ローン返済10年目。返済とは別に貯蓄した500万円で一部繰り上げ返済します

07 予算を決める

住宅ローンを選ぶ

住宅ローンの種類はさまざま。正しい知識と情報を身につけ、自分に合った借り方・返し方を選びましょう。

住宅ローンは、金利や返済期間・方法などによって月々の返済額だけでなく、総返済額も大きく異なってきますので、それぞれの特徴を理解し適切なものを選びたいものです。

金利は、長期間にわたって低利に越したことはありませんが、**固定金利**の期間が長いほど、利率が高く設定されています。**変動金利**のほうが低い場合は、その時点では有利ですが、金利政策や国際金融情勢の変化などにより、短期間に利率が大きく上昇する可能性があります。正解はないのですが、自分の状況によってよく検討し、選択する必要があります。

返済方法には、毎月の返済額が一定している**元利均等返済**と、当初の返済額は高いですが徐々に減っていく**元金均等返済**があります。元利均等返済のほうが一般的ですが、総返済額は元金均等返済のほうが少ないので、当初家計に余裕があれば検討してみましょう。

借入先としては、公的融資である**財形住宅融資**や、**住宅金融支援機構**と民間金融機関が提携する長期固定金利型の**フラット35**のほか、民間融資にも、固定金利が一定期間適用されたあと固定か変動かを選択できる固定期間選択型などの有利な住宅ローンがあります。

各種住宅ローンを比較してみましょう

	返済方法（金利、期間など）	物件条件	融資額	申込資格
財形住宅融資	[金利タイプ] 5年固定金利型 [返済期間] 10年以上35年以内 （中古住宅は条件によって25年以内） ※完済時年齢満80歳	[住宅床面積] 70〜280㎡ [その他] 住宅金融支援機構の建築基準にあてはまる住宅であることなど	100万円から最高4,000万円（財形貯蓄残高の10倍まで）（10万円単位） ※所要額の90％まで	●年齢が70歳未満 ●財形貯蓄を1年以上続け、残高50万円以上 ●年収に占める全借入の年間返済額の割合が、年収400万円未満の場合は30％以下、400万円以上の場合は35％以下
フラット35	[金利タイプ] 全期間固定金利型 [返済期間] 15年以上35年以内 （60歳以上の場合は10年以上） ※完済時年齢満80歳	[住宅床面積] 戸建70㎡以上 共同住宅30㎡以上 [その他] 住宅金融支援機構が定めた技術基準に適合する住宅建築費（土地代含む）が1億円以下	100万円以上8,000万円以下（1万円単位） ※所要額の100％	●年齢が70歳未満 ●年収に占める全借入の年間返済額の割合が、年収400万円未満の場合は30％以下、400万円以上の場合は35％以下
民間融資（例）	[金利タイプ] 最長35年固定金利型 固定金利期間選択型 変動金利型　など [返済期間] 最長35年 ※完済時年齢80歳未満、金融機関によって異なる	特になし	1億円（10万円単位） ※上限は評価額の100％以内が一般的 ※金融機関によって異なる	●年齢が70歳未満 ●年間返済額が年収の45％以内（年収による）など ●前年年収が100万円以上など ※金融機関によって異なる

CHECK!

実施した項目をチェックしましょう

- □ 住宅ローンのさまざまな商品の情報を集める
- □ 自分に合った住宅ローンを選ぶ
- □ 返済期間、返済方法を検討する
- □ 住宅ローンのシミュレーションを行う

➔ 返済期間によって返済額が変わります

返済期間を長くすれば、毎月の返済額を低く抑えることができますが、利息が多くなり総返済額は増えてしまいます。繰り上げ返済(81頁参照)で返済期間を短縮すればよい、という考え方もありますが、将来、貯蓄が増えなければ実現しません。家族のライフプラン(生活設計)を考えて返済期間を決めましょう

返済期間による返済額の違い

返済期間	毎月返済額	総返済額
25年	11万1,982円	3,359万4,480円
30年	9万6,633円	3,478万7,952円
35年	8万5,731円	3,600万7,093円

※借入額2,800万円、金利1.5%、元利均等返済、ボーナス返済ゼロの場合
返済期間を5年延ばすと、総返済額は約120万円増えることに!

➔ 金利によって返済額が変わります

住宅ローンの返済は長期なので、わずかな金利差でも返済額は大きく変わります(下表)。金利のタイプは主に3種類。「完全固定型」は金利が高めですが、金融情勢などに左右されず返済額は明確。「変動型」は固定型より低金利ですが、半年ごとに適用金利、5年ごとに返済額が見直されます。「固定期間選択型」は固定期間が短いほど金利が低くなっています

金利による返済額の違い

金利	毎月返済額	総返済額
0.5%	8万3,773円	3,015万8,114円
1.0%	9万　59円	3,242万1,051円
1.5%	9万6,633円	3,478万7,952円

※借入額2,800万円、返済期間30年、元利均等返済、ボーナス返済ゼロの場合金利0.5%の差が、約230万円の返済額の差に!

➔ シミュレーションをしてみましょう

住宅金融支援機構や各金融機関のホームページ上で公開している住宅ローンシミュレーションを利用すると、返済額や借入可能額を簡単に算出することができます

住宅金融支援機構のホームページのフラット35のローンシミュレーション
https://www.flat35.com/simulation/sim1.html

ライフサイクルを踏まえた資金計画シミュレーションや返済プランを比較できるものもあります

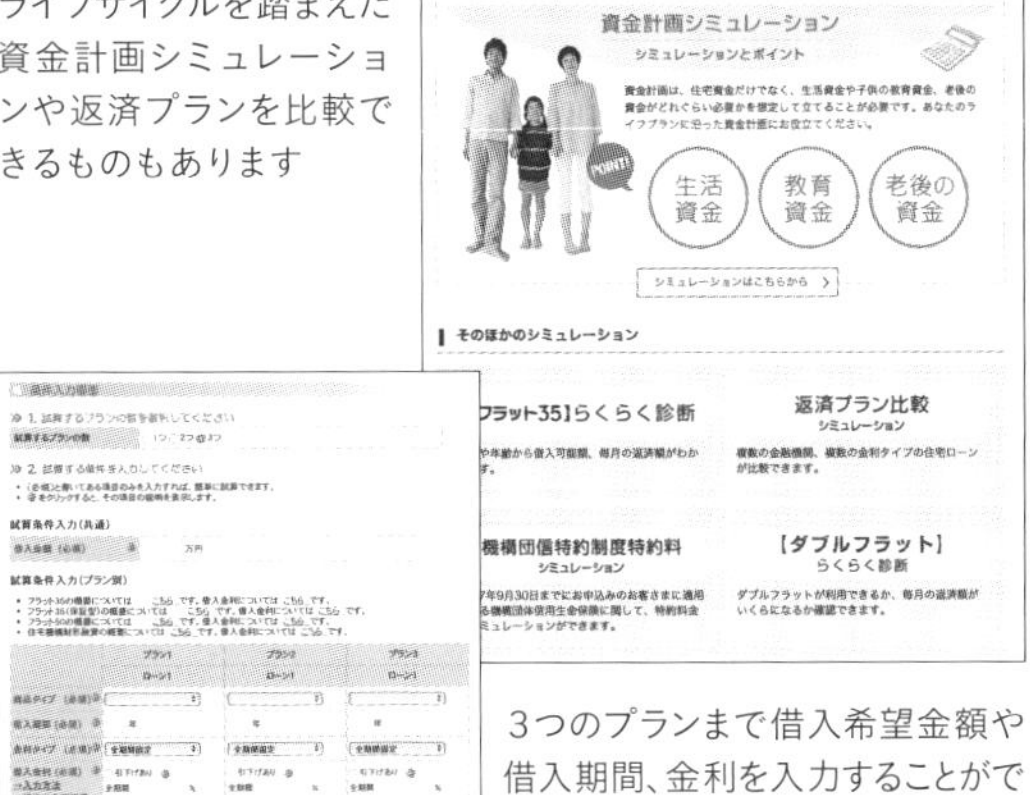

3つのプランまで借入希望金額や借入期間、金利を入力することができ、毎月の返済額が計算できます

➔ 家計に合った返済方法を選びましょう

返済方法には、「元利均等返済」と「元金均等返済」があります。元金分と金利分の合計を一定にした「元利均等返済」は、毎月の返済額が完済まで一定なので、家計のやりくりを考えるのに便利です。そのため、住宅ローンの大半がこの元利均等返済になっています。一方、元金のみを一定にした「元金均等返済」は、元利均等返済より当初の返済額は多くなりますが、総返済額は少なくなるというメリットがあります

元利均等返済

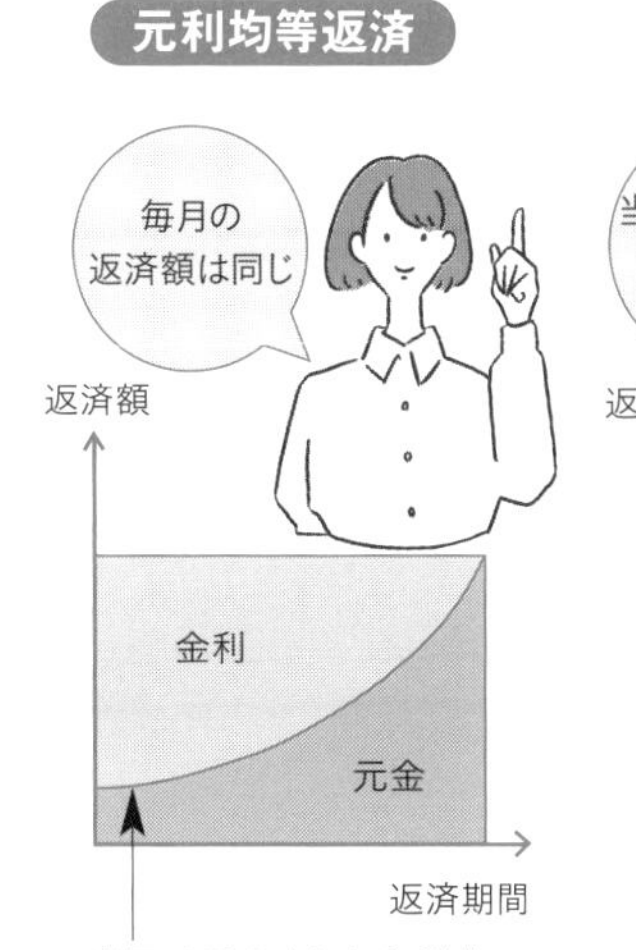

当初は元金よりも金利分のほうが多く、元金がなかなか減りません

元金均等返済

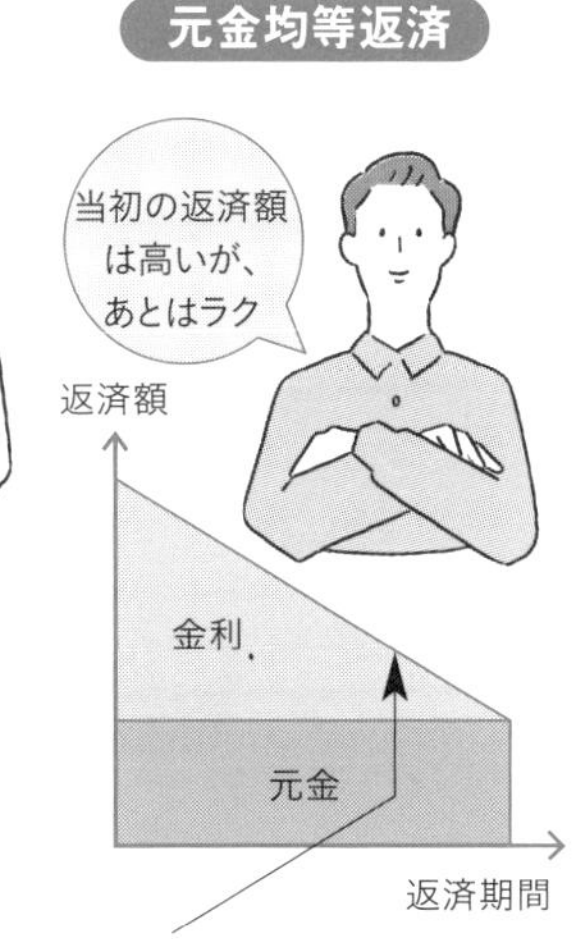

元金が減るので、金利分を含めた返済額は着実に減少していきます

COLUMN

実績・保証を確認する

施工会社が倒産して工事が中断してしまったり、欠陥住宅になってしまった、という万が一の事態の対策として、会社の実績や規模、保険加入の有無などを調べておきましょう。

会社案内の資料やホームページで、これまでの実績を見るとともに、資本金や一級建築士などの有資格者数、設立年などについても調べましょう。客観的なデータを知りたい場合は、都道府県の建築指導担当部署へ。建設会社の登録台帳から、決算書など経理関係の書類を閲覧してみましょう。

また、設計・施工を一貫して行う工務店やハウスメーカーの場合は、工事が設計どおりに行われているかを公正に検査する**工事監理体制**の有無を調べます。

保証体制では、法律で10年間の**瑕疵担保責任**が施工会社に課せられていますので（77頁参照）、保険への加入や保証金の供託（法務局などに預けておく）の有無を確認しましょう。

そのほか、工事中に万が一、施工会社が倒産してしまった場合の対策となる「住宅完成保証制度」に登録している会社や、工事中の火災など不測の事故の補償となる「建設工事保険」に加入している会社なら、さらに安心といえるでしょう。

工事現場見学会に行きましょう

工事に関わる保険制度とは

住宅建築で生じる損害は金額が大きくなることが多いため、保険に加入しているかどうかは重要なこと。
依頼したい会社が保険に入っていなかったら、登録を打診するのも方法です

●住宅瑕疵担保責任保険
住宅の瑕疵に対して補修などをした場合には保険金が支払われます

●住宅完成保証制度
住宅の建設工事中に業者が倒産して工事が中断してしまったとき、費用の補償か代替業者の紹介を受けられます

●建設工事保険
火災や台風、盗難、作業ミスなどによって、工事対象に生じた物的損害が補償されます

●請負業者賠償責任保険
工事中の物損事故や人身事故に対する補償が行われます

会社独自の保証制度の例

法律で定められた瑕疵担保責任に加えて独自の点検・メンテナンスを行うことを条件に、10年以降も保証体制を整えている会社もあります

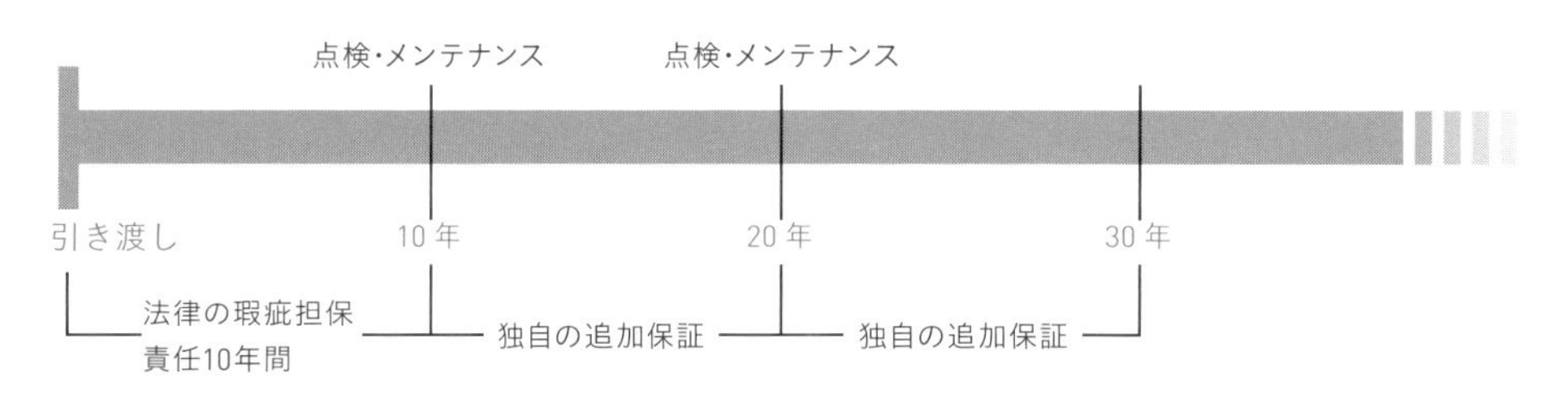

Stage 2

土地・依頼先を探す

土地探しから購入までには、
さまざまなチェックポイントや
複雑な手続きがあります。
そろそろ、家づくりの
パートナーも決定する時期。
幅広く情報を集めながら、
納得のいく選択をしましょう。

08 流れを知る

戸建住宅に住む際の流れを知る

ここでは、戸建住宅を購入する際の流れを把握します。土地取得から依頼先検討のタイミングを理解しながら、段取りよくスムーズに進めます。

前章でも触れましたが、「一戸建ての住宅に住む」にも、**様々なアプローチ方法**があります。土地探しからはじめて注文住宅を新築する、建売の住宅を探してみる、中古住宅を購入後、もしくは現在居住中の住宅をリノベーションするなど、選択肢は多岐にわたります。また、土地探しから始めたり、中古住宅を購入されたりする方は不動産業者、建売住宅を購入される方は建築会社、リノベーションを検討する方はリノベーションを得意とする設計会社や事務所と、目指すゴールによって訪問すべき場所も変わってきます。

また、資金を用意する、いわゆる**ローンの開始時期**も変わってきます。銀行にもよりますが、土地購入時からローンを組むケースでは、注文住宅の工事を手がける建築会社との契約書や間取り図面などもローンの審査に必要になる場合が多く、早急な行動や選択が求められます。

この項目では、一戸建ての住宅を取得するにあたってどの様な選択肢があるのか、どの段階でどういった検討が必要になるのか、などの目安を分かりやすく把握できるよう、フローチャートにまとめました。まずは家づくりの全体像を把握し、必要な時期に必要な知

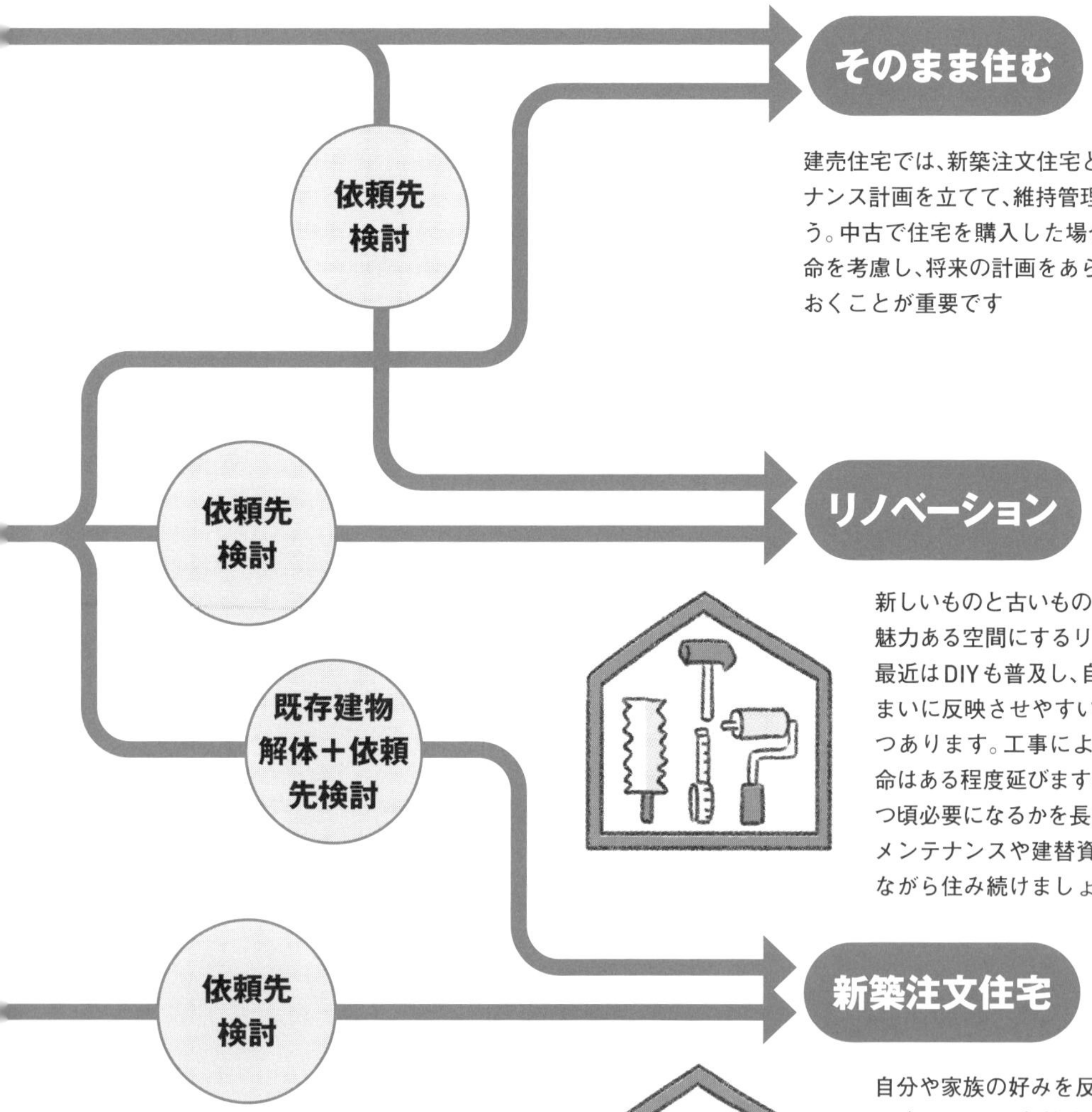

依頼先検討

依頼先検討

既存建物解体＋依頼先検討

依頼先検討

そのまま住む

建売住宅では、新築注文住宅と同様にメンテナンス計画を立てて、維持管理に努めましょう。中古で住宅を購入した場合は、住宅の寿命を考慮し、将来の計画をあらかじめ考えておくことが重要です

リノベーション

新しいものと古いものを融合させて、魅力ある空間にするリノベーション。最近はDIYも普及し、自分の好みを住まいに反映させやすい環境が整いつつあります。工事によって建物の寿命はある程度延びますが、建替えがいつ頃必要になるかを長期的に見据え、メンテナンスや建替資金の検討をしながら住み続けましょう

新築注文住宅

自分や家族の好みを反映させた家をつくれるのが、新築注文住宅の魅力。理想の我が家で心地よく長く暮らすために、1ヶ月につき1万円、1年間で12万円を目安としてメンテナンス費用を積み立てておくと安心です

識を得ながらダンドリよく進められるようにしていきましょう。

CHECK!

実施した項目をチェックしましょう

- □ 戸建住宅取得の流れを理解する
- □ 依頼先を検討するタイミングを把握する
- □ リノベーションか新築などの選択肢を含めて検討する

戸建住宅を建てるまでのフローチャート（例）

土地なし

インターネットで土地情報を検索したり、不動産屋を回ったりなどして敷地の情報を集めます。Webサイト未掲載の案件もありますので、店舗にも積極的に足を運んでみましょう

土地＋建物購入

土地＋建物購入

土地購入

建売住宅（土地付き）

建売住宅は、土地と建物をセットで販売することで、価格が抑えられている点が魅力です。完成した建物の状態を確認して購入できる反面、工事中のチェックはできません。工事中の資料などを可能な限り確認させてもらうと、安心して入居することができます

既存建物ありの土地

既存建物がある土地で家づくりを検討する場合、様々な選択肢があります。既存建物の解体には、30坪程度の建物の場合でおよそ200万円の費用がかかります。この点も資金計画に盛り込んで考える必要があります

土地あり

既に土地を取得している場合は、現在の敷地の状態を確認しておきます。ある程度時間をかけることで、1日もしくは1年を通じた日差しの入り方なども確認しておくと家づくりに役立ちます

更　地

土地をまだ取得していない場合は、土地探しの段階から依頼先に相談してみるのもお勧めです。諸条件を確認していくなかで、プロならではの視点でアドバイスがもらえたり、総予算とのバランスも併せて検討できたりします。依頼先との相談や依頼先の決定は、早ければ早いに越したことはありません

更地の場合、建物を思い通りのイメージで組み立てられます。近隣の建物が既に建っている場合は、周辺への日当たりや視線などに配慮し、住み始めた後も近所の方と良好な関係が築けるような住宅計画を心掛けましょう

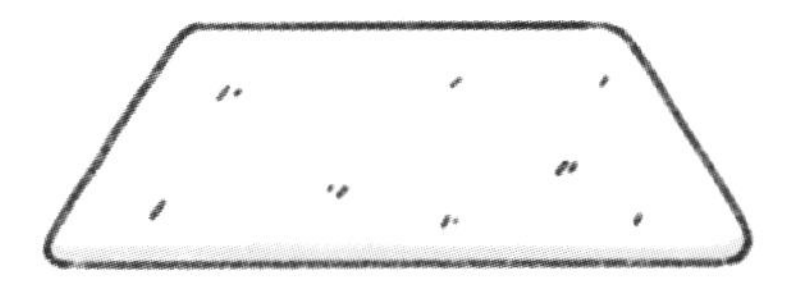

09 土地を探す

土地探しの進め方

土地探しを始めましょう。まずは、土地の条件を整理することが大切です。引き渡しまでの順番を理解して、1つずつ進めてみましょう。

土地探しを進めようと思ったものの、なにから始めれば良いのでしょうか？　多くの人にとって、土地探しは人生で一度のみ、初めてのことなので分からなくて当然です。

一般的に、土地探しには3〜6か月、場合によっては1年以上かかることもあります。入居時期が決まっている場合は、入居希望日の1年半前には土地探しを始めることをおすすめします。「家づくりの7割は土地探し」と言われるほど、土地探しは重要で難しいステップです。ポイントを押さえて、失敗しない土地選びを進めましょう。

注文住宅の土地探しはスピード感が重要で、良い土地は早い者勝ちです。良い土地を逃さずに入手するためには、素早い判断が必要です。まずは、土地に求める条件の優先順位を整理することから始めましょう。

忙しい人や迷ってしまう人は、設計士や不動産会社などに相談しながら進めることをおすすめします。希望の家を建てるためには、どのエリアにどれくらいの土地が必要？　その土地に建てられる建物のスケールや工法は？　といった問題は悩ましく難しいものです。良い専門家を早い段階で見つけ、アドバイスをもらいながら進めましょう。

土地探しの進め方と、契約から引き渡しまでの流れ

1 エリアを決める

生活利便性や自然環境などを考えながら、住むエリアをおおまかに絞ります。日々の不便さは最初は我慢できても、ずっと続くとなると大きな負担になります。下記のような点に注意して選びましょう。

- 家族の日々の生活のしやすさ
- 通勤や通学の利便性
- 公園などの自然環境

2 予算制約を確認する

家づくりの「総予算」を決めましょう。「総予算」から「家の予算」「諸費用」(18頁参照)を引いて「土地の予算」を計算します。

- エリアや諸条件によって、土地の坪単価は異なります。坪単価を確認して、購入できそうな土地の広さの目安を把握しましょう
- 高低差があったり、インフラが届いていなかったり、土地によっては追加で予算を組まないといけない場合もありますので注意しましょう

3 建てたい家をイメージして、条件に優先順位をつける

どんな家が建てたいか(例)

- 子育てがしやすい
- テレワークがしやすい
- 庭でバーベキューをしたい
- 景色の良い家で過ごしたい

叶えたい条件(例)

- 会社や学校へのアクセスが良い
- 公園や幼稚園が近くにある
- 2台分の駐車場が必要

4 土地を探す

土地を探す方法には大きく下記の4種類などがあります。それぞれのメリットとデメリットを理解して、最適な方法で土地を探してみましょう。いくつかの方法を併用することも可能です

	メリット	デメリット
インターネットで探す	・空いた時間や思い立った時に、すぐに調べられる ・希望条件を登録することで、自動的に情報が入ってくるように設定することもできる	・情報の更新頻度によって、売約済の土地も含まれてしまう ・情報が膨大なため、選びきれない
現場で探す(チラシ、人の紹介、歩いて見つけるなど)	・「売却中」などの看板を探しながら歩くことで、同時にその土地の周囲の環境をチェックすることができる ・インターネットに上がっていない土地が見つかることがある	・時間と手間がかかる
不動産会社に依頼して探す	・インターネットに掲載されていない未公開土地情報に出会える可能性がある ・面倒な手続きを代行してもらえる	・不動産の店舗に実際に足を運んで話をするため、時間と手間がかかる
住宅会社に依頼して探す	・間取りや予算計画を同時に進めることができる ・1つの窓口で、じっくりかつスムーズに家づくりを進めることができる	・気に入る土地を見つけてもらった場合、基本的には他の会社で家を建てることはできない

5 実際に土地を見に行く

気になる土地が見つかったら、現地に足を運んで見学しましょう。天候や時間帯、平日・休日などによっても印象は変わるため、一度だけでなく何度か訪れることをおすすめします。ほかの購入希望者に先を越されないよう、不動産担当者とは積極的に連絡を取りましょう

CHECK!

実施した項目をチェックしましょう

- ☐ エリアと予算を考える
- ☐ 土地に求める優先順位を整理する
- ☐ 土地を探す
- ☐ 理想のプランが入るか調整する

COLUMN

敷地形状のあれこれ

土地探しではいろいろな土地に出会うものです。少し変わった敷地なら、コストを抑えて面白い計画ができるかもしれません。**三角地**は、デッドスペースが生まれることもありますが、土地の形状を生かした個性的な建物を建てられる可能性があります。路地部分が細長い形状の**旗竿地**では静かで通行人の視線を気にしないプランを、**うなぎの寝床**と呼ばれる、間口に対して奥行きが深い敷地では、空間を広く見せるなど奥行きの長さを生かしたプランを検討してみましょう。また、**傾斜地**や**崖地**は、眺めが良いことが多く、ロケーションを活かした家づくりを楽しめるでしょう。

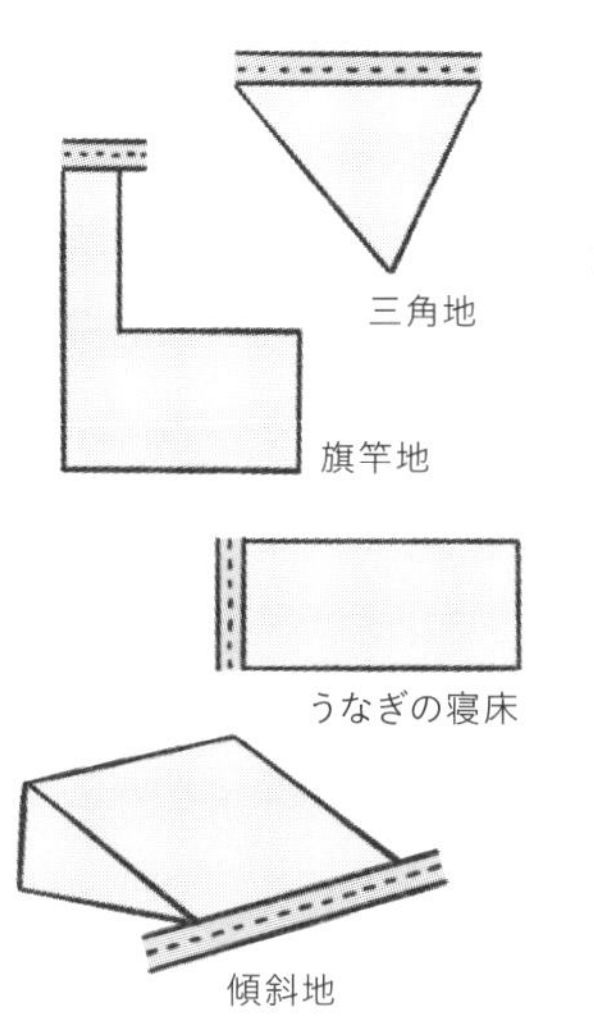

6 購入申込と買付証明書の提出

購入申込

土地に良い印象を受けたら、即座に購入申込を行いましょう。通常、最初に申し込みをした人が優先的に検討されます。購入申込だけでは売買契約が成立するわけではないので、土地が購入可能か確認する段階で、早めに申し込むことをおすすめします

買付証明書の提出

購入申込後、「買付証明書」を提出して土地を仮押さえします。「買付証明書」はサインや印鑑のみで提出でき、金銭は必要ありません。基本的には、この「買付証明書」を提出した順に土地を購入できるようになります

7 住宅ローンの仮審査を行う

契約前に住宅ローンの仮審査を行います(通常は2〜3日程度)

※買付証明書の提出前に行う場合もあります

8 理想の家が建つか確認する

買付証明書の提出、住宅ローンの仮審査の期間を使って、理想の家が建てられるか確認します。ハウスメーカーや工務店、設計事務所を選定し、早速プランの相談をしましょう。最終案までたどり着ければベストですが、まずは希望のかたちがおおよそ入るかどうかが確認できれば大丈夫です

9 土地売買契約・住宅ローンの本審査

宅建士から「重要事項」の説明を受け、売買契約を結びます(38頁参照)。売買契約後、住宅ローンの本審査となります。通常は1〜2週間程度ですが、銀行によっては1か月程度かかる場合もあります

10 金消契約と土地の登記手続き

住宅ローンの本審査が通ると、金融機関と「金銭消費貸借契約(金消契約)」を結びます。この契約をもって正式な融資決定となります。融資によって土地の残金が支払われると、土地の引き渡しとなります。所有権移転登記が司法書士によって行われることで、土地に関する契約は全て完了です(40頁参照)

11 失敗しないために

検討から2か月以内の土地決定を目指しましょう

2か月を過ぎても土地が見つからない場合は、新しいエリアに場所を移す、条件を再検討するなど、土地探しが停滞しないように動きましょう

100点満点の土地はない

「完璧な土地」はなかなか見つけられるものではありません。3つの条件のうち2つが合えば「良し」と捉え、土地だけでなく建物と合わせて100点を目指すと良いでしょう

10 土地を探す

周辺状況を確認する

「住宅は環境で買う」といわれるほど周辺状況は重要な要素。不動産会社任せにせず、自ら動いて調べましょう。

土地探しは、いい情報を早めに入手することが決め手ですから、不動産会社との仲介契約の条件は、仲介業者を特定しない**一般媒介契約**がおすすめです。たとえば大手の不動産会社と地元の不動産店、といったようにタイプの違う会社に声をかけることで、幅広い物件情報を入手しやすくなります。希望に近い物件や気になる物件があれば、すぐ販売元に連絡して現地を見学しましょう。

不動産会社の担当者が案内してくれた土地が気に入ったら、後日、再度自分の足で行ってみましょう。最寄り駅やバス停から現地まで、自分で歩くことにより、広告ではわからない電車やバスの本数、乗換えの移動距離、駅周辺の雰囲気などを確認することができます。時間に余裕があれば、曜日・時間帯を変えて行ってみるとよいでしょう。駅前の賑やかさなどは、平日の通勤時と休日の昼間ではずいぶん違い、夜道の明るさや人通りは、昼間に行ってもわからないからです。

役所に出向き、行政サービスの内容を確かめることも不可欠です。そのほか、交通の利便性、騒音、悪臭などの住環境、生活利便性など重要なポイントについてチェック項目をまとめましたので、整理してみましょう。

交通利便性をチェックしましょう

チェック項目	結果	調査方法
最寄駅までの交通手段／所要時間	徒　歩（　　　）分　自転車（　　　）分 バ　ス（　　　）分	不動産会社に確認するだけではなく、最寄駅まで行き、所要時間を計る
最寄駅から勤務先・通学先までの所要時間と状況	通　勤（　　　）分　通　学（　　　）分 混雑度　□良　□普通　□悪 乗換え（　）回　乗継ぎ□良　□普通　□悪	朝のラッシュ時や帰宅時間に乗ってみる。乗換回数や乗り継ぎのしやすさ、混雑度などを総合的に評価
電車・バスの始発・最終の時刻	始発（　　時　　分）最終（　　時　　分）	時刻表等で確認
交通費	往　復（　　　　）円 定期代（　　　　）円／月	バス・電車等の往復交通費・定期代を確認
道路網の整備状況	道　幅（　　　）m　車線数（　）車線 混雑度　□良　□普通　□悪	周辺の幹線道路、地区内道路などの道幅、車線数、混雑度などを調べる

住環境をチェックしましょう

チェック項目	結果	調査方法
騒音・大気汚染、悪臭等の有無	騒　音　□良　□普通　□悪 大気汚染　□良　□普通　□悪 悪　臭　□良　□普通　□悪 その他（　　　　　　）	幹線道路や工場、鉄道等による騒音や大気汚染、悪臭などがないかどうかを不動産会社に聞くほか、現地を訪れ確認する
街並み等の住環境	土地利用の状況（　　　　　　） 敷地規模　□広い　□普通　□狭い（　）㎡位 美しさ・成熟度　□美　□普通　□醜	周辺地域の標準的な土地利用の状況、それぞれの敷地の規模、街並みとしての美しさを実際に歩いて総合的に把握する
防犯・防災面から見た安全性	防犯上の評価　□良　□普通　□悪 防災上の評価　□良　□普通　□悪 避難場所（　　　　）距離（　）m 所要時間　徒歩（　　　）分	防犯上、問題の多い地区が近くにあるかどうか、災害時の避難場所が近くにあるかどうかを不動産会社に聞いたり、周辺を歩いて把握する

CHECK!

実施した項目をチェックしましょう

- □ 交通・生活の利便性をチェックする
- □ 周辺の住環境を調べる
- □ 行政サービス・医療事情を調べる
- □ 曜日・時間帯を変えて再度訪問する

生活利便性をチェックしましょう

チェック項目	結果	調査方法
買物の利便性 （商店街／スーパー等）	□徒歩　□自転車　□車　距　離（　　　）m 所要時間（　　　）分　駐車台数（　　　）台 閉　店（　時　分）　値段・品揃え　□良　□普通　□悪	購入予定地からの距離・交通手段・所要時間、駐車台数、閉店時間、商品の値段、品揃えなどを実地調査する
金融機関の利便性	□郵便局　□（　　　）銀行　□（　　　）信用金庫 営業時間（　時　分 ～　時　分）	郵便局・銀行・信用金庫などの金融機関が近くにあるかどうかを調べる
行政機関の利便性	役所　□徒歩　□自転車　□車　□バス 距離（　　　）m　所要時間（　　　）分 警察　□徒歩　□自転車　□車　□バス 距離（　　　）m　所要時間（　　　）分	役所・出張所、警察署・派出所などへの距離、交通手段、所要時間などを実地調査する
飲食施設等の利便性・充実度	レストラン　□有（□美味　□普通　□不味）　□無 駐車台数（　　　）台	レストランなどが近くにあるかどうか、駐車台数、値段などを実地調査する
医療施設の利便性・充実度	□総合病院　□内科　□小児科　□保健所　□その他（　　　） 評価　□良　□普通　□悪	総合病院、内科・小児科などの各種医院、保健所などが近くにあるかどうかを実地調査する
福祉施設の利便性・充実度	福祉施設　□無　□有（　　　） 距離（　　　）m　所要時間（　　　）分 □徒歩　□自転車　□車　□バス　評価　□良　□普通　□悪	デイ・ケアセンター、ケアハウス、特別養護老人ホームなどの福祉施設までの距離を実地調査する

行政サービスをチェックしましょう

チェック項目	結果	調査方法
文化施設・サービスの充実度	文化施設　□無　□有（　　　） 距離（　　　）m　所要時間（　　　）分 □徒歩　□自転車　□車　□バス　評価　□良　□普通　□悪	図書館、公民館などの施設が近くにあるかどうか、施設の充実度、利用のしやすさを地元の人や自治体に聞く
医療サービスの充実度	医療費補助　□無　□有（　　　） 定期検診　□無　□有（　　　） 成人病検診　□無　□有（　　　）	自治体による医療費補助、定期検診、成人病検診などの医療サービスの状況を自治体に問い合わせるか、自治体の広報誌などから把握する
福祉サービスの充実度	各種補助　□無　□有（　　　） ケアサービス　□無　□有（　　　） その他（　　　）	高齢者に対する自治体の各種補助やケアサービスの状況を自治体に問い合わせるか、自治体の広報誌などから把握する
住宅取得支援制度の充実度	融資　□無　□有　助成　□無　□有 その他（　　　）	自治体融資や各種助成制度など、住宅取得や住宅新築を支援する制度について役所に問い合わせる

子育て・教育環境をチェックしましょう

チェック項目	結果	調査方法
保育環境	□保育所・園　□幼稚園 募集時期（　月　日）　空き状況　□無　□有 時間外保育　□無　□有（　時まで）	保育所や幼稚園などは近くにあるか、募集時期や空き状況はどうか、時間外保育の有無などを自治体や施設に問い合わせる
周辺の子供の遊び場	公園・遊び場　□無　□有（□近い　□普通　□遠い） 安全度　□良　□普通　□悪	公園が近くにあるか、安全な環境かなどを地元の人に聞くか実地調査する
小学校・中学校への通いやすさ	学区（　　　） 距離（　　　）m　所要時間（　　　）分 □徒歩　□自転車　□車　□バス	どこの学区か、学校までの距離、所要時間はどれくらいか、自治体に問い合わせたり、実際に学校まで行って確認する
学校の教育環境	校風（　　　）　雰囲気（　　　） 進学状況（　　　）	学校の教育方針や雰囲気、教育水準などについて、不動産会社や地元の人に聞いて確認する

11

土地を探す

土地の状況を確認する

土地を訪れると、日照・通風、プライバシーの確保などプランニングに影響するさまざまな条件が見えてきます。

実際に土地を訪れると、広告や資料ではわからない多くの状況を確認することができます。カメラやメジャー、方位磁石をもっていくと役に立ちます。

まず、不動産会社から示された物件概要（住所、土地面積、区画、方位、形状など）や敷地図と違う点はないかを確認します。それから、日当たりや風通し、騒音や悪臭など現場でしかわからない条件を確認します。

道路との接し方は玄関の位置を決める材料となります。また、隣家の建物の高さや向きも要チェック。都市部で住宅が密集している場合は、プライバシーと採光の両方が確保できる窓の設け方も重要になるからです。

土地の履歴も重要です。以前の用途が工場などであれば、土壌が汚染されていないか、海や沼を埋め立てた土地なら、地盤は軟弱ではないか、などを確認しておきましょう。

しかし、土地についてすべての情報を素人が把握するのは難しいもの。土地選びの最終段階では、信頼できる設計者や施工会社、地盤の専門家に、現地に同行してもらうのがよいでしょう。状況をプロの目で確認してもらえると、希望するプランが実現するかどうかについて意見を聞くことができます。

➔ 住宅の建設に適する土地の条件とは？

◎（大変よい）や○（よい）の好材料が多いほど住宅建設に適しますが、その分、土地の価格は高くなりがち。一方、△（あまりよくない）や▲（よくない）は設計・施工上の対策が必要になり、コストアップになる可能性があります

環境条件

チェック項目	評価項目
道路の向き	◎南側道路 ○東側道路・西側道路 △北側道路
前面道路の幅員	◎６ｍ以上／歩道付き ○４ｍ以上 ▲２項道路
日照・通風	◎敷地にゆとりがあり日照・通風良 ○ある程度の日照・通風が確保できる ▲建て込んでいて日照・通風不良
水はけ・湿り気	◎高台で水はけの良い土地 ○平坦地で普通の土地 ▲まわりより低く水はけの悪い土地
街並み・景観・住環境	◎街並みの整った計画的な住宅地 ○戸建て住宅中心の一般的住宅地 △店舗なども混在する住宅地 ▲工場なども混在する地域
周辺の平均的な敷地規模	◎200㎡以上 ○150㎡以上 △100㎡以上 ▲100㎡未満
隣接地の状況	◎一般の戸建て住宅 ○住居系用途（アパート等）／空き地 △非居住系用途・高層建物 ▲嫌悪施設、高圧線などが近くにある

敷地条件

チェック項目	評価項目
敷地形状	◎整形（長方形） ○ほぼ整形 ▲不整形・旗竿敷地
地形	◎平坦もしくはやや南傾斜 ○やや東傾斜／西傾斜 △やや北傾斜 ▲傾斜地／崖地
間口	◎12ｍ以上 ○８ｍ以上 △５ｍ以上 ▲５ｍ未満
広さ（建てたい住宅とのバランス）	◎余裕をもって建てられる ○何とか建てられる ▲建設可能か不安がある
道路との高低差	◎道路よりやや高い ○道路とほぼ同じ ▲道路より低い
地盤	◎台地などの良好な地盤 △台地と谷地（低地）の境（造成工事の良し悪しによる） ▲谷地（低地）などの軟弱地盤
ハザードマップ	◎影響のないエリア ▲影響のあるエリア（大雨時や河川氾濫時の水没など）

CHECK!

実施した項目をチェックしましょう

- □ 日照・通風、水はけなど現地の状況を調べる
- □ 道路や隣家との接し方を調べる
- □ 給排水など設備の状況を調べる
- □ 土地の履歴を調べる

建築計画に役立つ情報を整理しておきましょう

あてはまるものにチェック、または書き込んでみましょう

登記事項証明書の記載 ※の項目を除く	地名・地番	
	※住所表示	
	地目	□ 宅地　□ 田　□ 山林　□ その他（　　）
	登記上の面積	㎡　坪　うち私道負担分　㎡
	※実測面積	㎡　坪
	所有権	□ 自己所有地　□ 借地（地主：　　）
	抵当権などの条件	
法規制	都市計画区域	□ 市街化区域　□ 市街化調整区域　□ 未線引き地域　□ 都市計画区域外
	用途地域	□ 第１種低層住居専用地域　□ 第２種低層住居専用地域 □ 第１種中高層住居専用地域　□ 第２種中高層住居専用地域 □ 第１種住居地域　□ 第２種住居地域　□ 準住居地域　□ 田園住居地域　□ 近隣商業地域 □ 商業地域　□ 準工業地域　□ 工業地域　□ 工業専用地域　□ なし
	防火・準防火地域	□ 防火地域　□ 準防火地域　□ 法22条区域（屋根不燃化区域）　□ 指定なし
	建蔽率	%（建築面積の限度：土地面積×建蔽率／100＝　　㎡まで）
	容積率	%（延床面積の限度：土地面積×容積率／100＝　　㎡まで）
	高さ制限	絶対高さ制限　□ 有（高さ　　m）　□ 無　　道路斜線　勾配（　　） 隣地斜線　□ 有　□ 無　　北側斜線　□ 有（高さ　m以上で勾配）　□ 無
	計画道路の予定	□ 有　□ 無
	建築協定	□ 有　□ 無
	その他の制限	
土地が接する道路	道路の所有	□ 公道　□ 私道（所有者：　　）
	道路幅員	m（　　側）
	土地と接する長さ	m
設備関係	水道	□ 公営　□ 私営　□ 井戸
	ガス	□ 都市ガス（　　ガス）　□ プロパン
	電気	小売電気事業者
	雨水・雑排水	□ 本管　□ U字溝
	汚水	□ 水洗放流　□ 浄化槽　□ 汲取り
土地と周囲との状況	方位 前面道路幅　m 間口　m 奥行き　m 道路との高低差　m 隣地との高低差　m 【描き方の例】道路4.2m　7.7m　14.7m　敷地	

12 土地を探す

土地価格の目安を知る

土地がなければ、家は建てられません。決まっていない場合は、まず、土地探しからスタート。相場を知り適正な価格で取得しましょう。

不動産広告には、売り出し中の土地情報がたくさん並んでいます。手頃だなと思う物件があったとしても、予算決めをする前、地価の相場を知る前に飛びついてはいけません。

まずは予算的にいくらまでかけられるかを把握しましょう。建設予算との兼ね合いで検討します。仲介手数料（土地価格の3％＋6万円くらい）がかかることも忘れずに。

次に、建てたい地域の相場を調べましょう。必要な面積の土地が、予算的に取得可能かどうかを調べます。その方法は主に2つ。まず、国が毎年1月に発表する地価の指標である**公示価格**を見ること。国土交通省のwebサイトで調べることができ、所在地の市区町村に問い合わせれば教えてもらえます。

また、相続税の**路線価**を利用する方法もあります。国税庁のwebサイトで検索してみましょう。ただし、角地など道路の接道状況、敷地の形、面積などによって、実際の評価額は異なります。

こうして適正な価格を知る目的は、「お買い得」な土地を見つけるためではありません。マイホームを建てる地域選びの目安とし、そして、相場を把握したうえで納得できる土地取得へとつなげるためなのです。

公示価格のチェック

公示価格を調べることができるwebサイト

国土交通省「土地総合情報システム」
https://www.land.mlit.go.jp/webland/
（地価公示・都道府県地価調査＞検索地域指定（地名入力）へ）

地価公示の検索画面

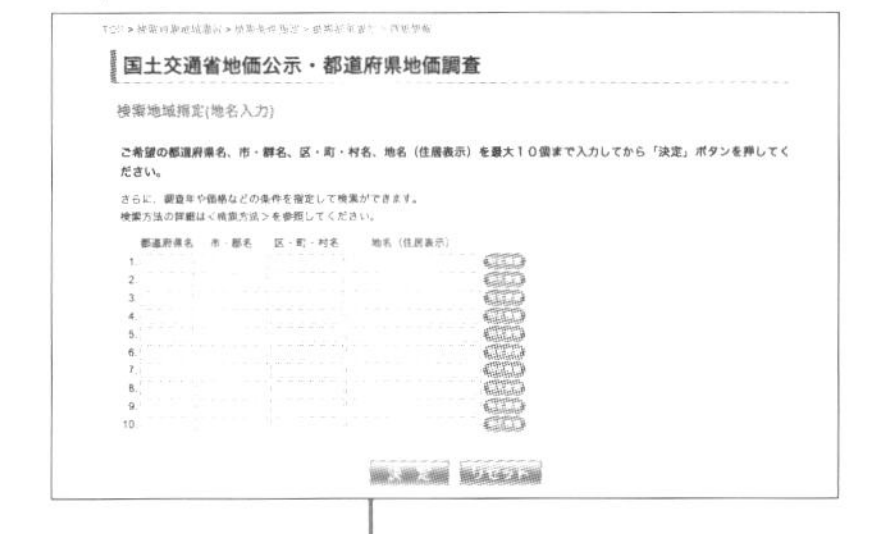

①検索したい土地の住所を入力します

②調査年は「最新」を、調査条件は「住宅地」をチェックします

検索条件を入力し、「検索」ボタンを押すと該当する土地が一覧で表示され、その詳細情報を閲覧することができます

公示価格の表示例

標準地番号	横浜鶴見-1
調査基準日	令和2年1月1日
所在及び地番	神奈川県横浜市鶴見区下末吉〇丁目〇番〇
住居表示	下末吉〇-〇-〇
価格（円/㎡）	268,000（円/㎡）
交通施設、距離	鶴見、1,600m
地積（㎡）	132（㎡）
形状（間口：奥行き）	（1.0：1.2）
利用区分、構造	建物などの敷地、S（鉄骨造）3F
利用現況	住宅
給排水等状況	ガス・水道・下水
周辺の土地の利用現況	一般住宅、アパート等が混在する住宅地域
前面道路の状況	西　4.7m　市道
その他の接面道路	
用途区分、高度地区、防火・準防火	第一種住居地域、準防火地域
建ぺい率（%）、容積率（%）	60（%）、200（%）
都市計画区域区分	市街化区域

住所（住居表示）とは必ずしも一致しないので要注意

1㎡あたりの地価の目安。「購入したい土地は、これより駅に近いから高いかも」という感じで、見当をつけてみましょう

CHECK!

実施した項目をチェックしましょう

- □ 土地購入の予算を決める
- □ 家を建てたいエリアを選ぶ
- □ ハザードマップをチェックする
- □ 公示価格を調べる

ハザードマップを調べましょう

ハザードマップを調べることができるWEBサイト

国土交通省「ハザードマップポータルサイト」
https://disaportal.gsi.go.jp

場所を入力すると、洪水や土砂災害・津波のリスク情報や道路防災情報、土地の特徴・成り立ちなどを地図や写真に重ねて表示できます

路線価を調べましょう

路線価を調べることができるwebサイト

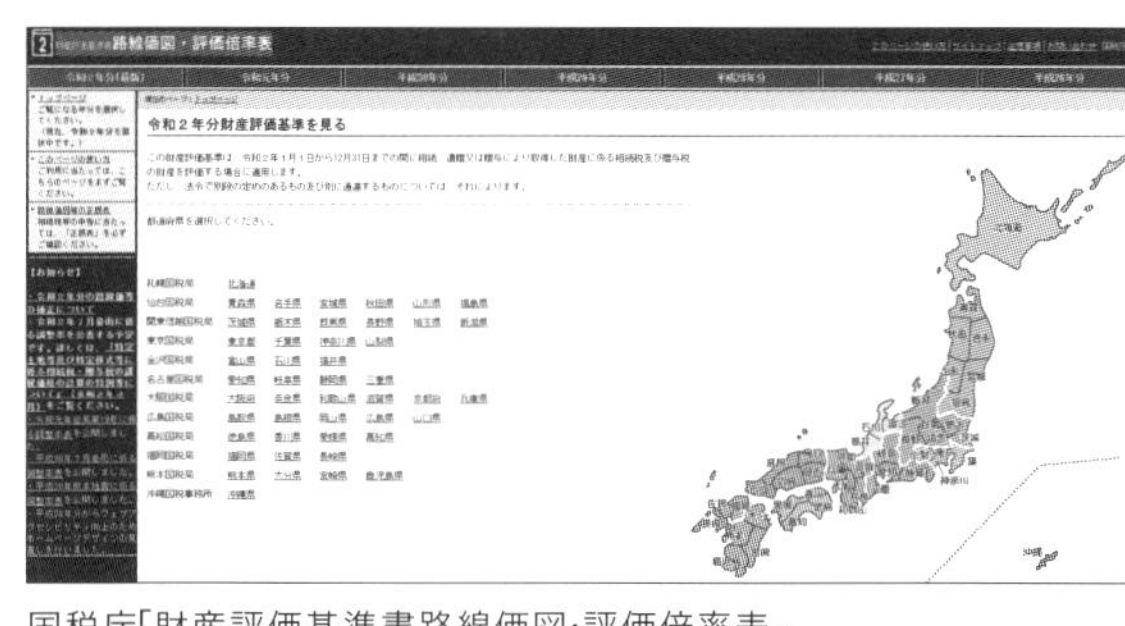

国税庁「財産評価基準書路線価図・評価倍率表」
https://www.rosenka.nta.go.jp

路線価の表示例

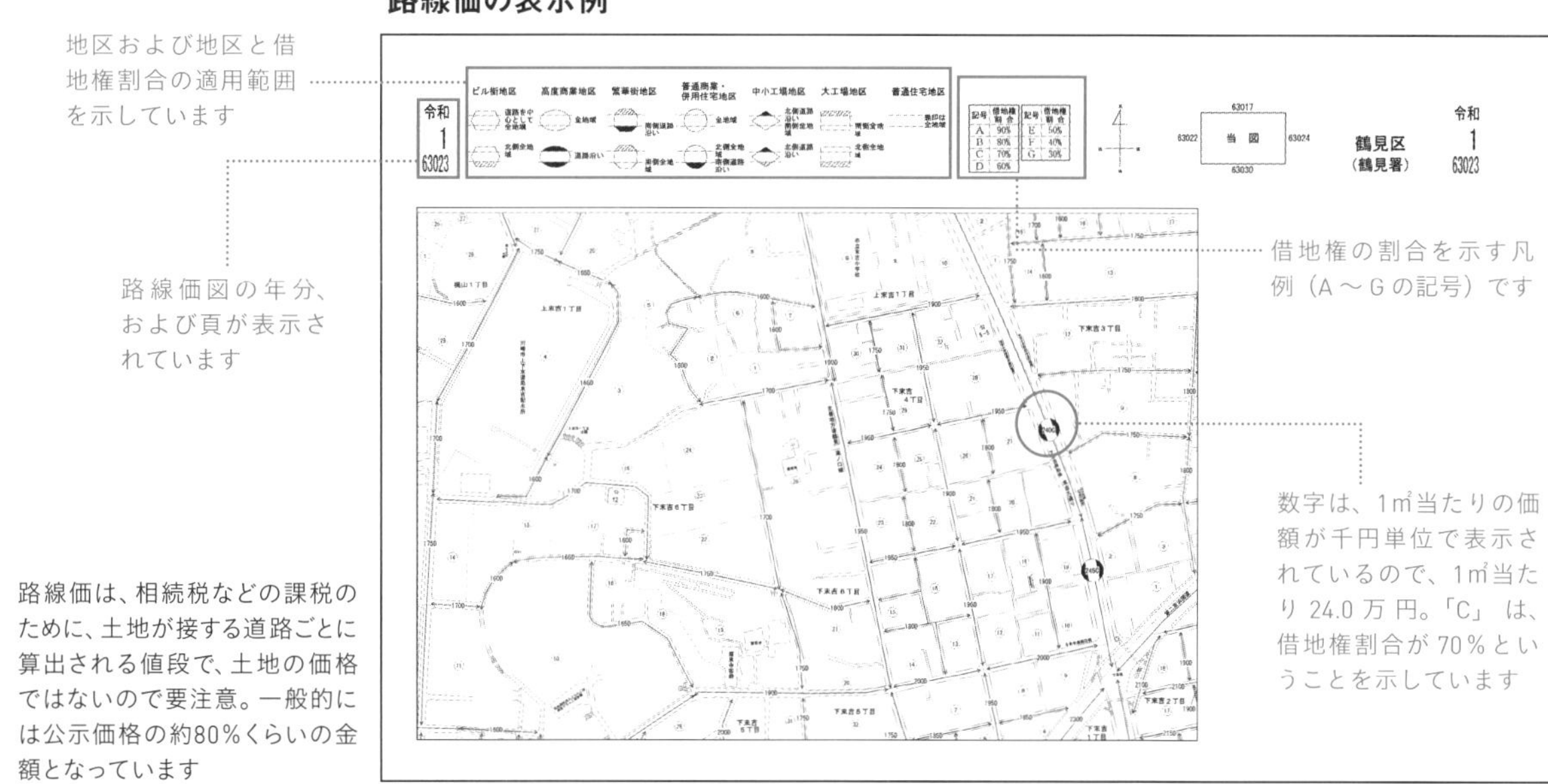

地区および地区と借地権割合の適用範囲を示しています

路線価図の年分、および頁が表示されています

借地権の割合を示す凡例（A～Gの記号）です

数字は、1㎡当たりの価額が千円単位で表示されているので、1㎡当たり24.0万円。「C」は、借地権割合が70％ということを示しています

路線価は、相続税などの課税のために、土地が接する道路ごとに算出される値段で、土地の価格ではないので要注意。一般的には公示価格の約80％くらいの金額となっています

13 土地を探す

法規制を調べる

土地情報でまず確認するのは、法規制。家を建てられる土地か、建てる面積や高さに制約があるかを把握しましょう。

気になる物件を見つけたら、どんな**法規制**があるかを不動産業者に聞いたり、役所で調べましょう。家を建てられない土地や、建物に制約を受ける土地があるからです。

都市計画法上、市街化を抑える目的で指定された**市街化調整区域**には、原則として住宅を建てられません。一方、市街化が意図された**市街化区域**であっても、**用途地域**が**工業専用地域**であれば住宅の建築は不可となります。

また、**建築基準法**においては、幅4m以上の道路に2m以上接していない土地では原則、建築が認められません。接する道路が**2項道路**という指定を受けている場合は建設可能ですが、土地の一部が道路とみなされ、敷地として使える面積は減ってしまいます。

こうした問題のない土地でも、用途地域ごとに、**建蔽率**（けんぺいりつ）や**容積率**による面積の制限があり、建物の高さにも制約があります。また、火災時の被害の拡大を抑えるために構造や建築材料が制限される**防火規制**も考慮する必要があります。そのほか、地域による建築協定の有無も調べておきましょう。

法規制を把握しておくと、現状は隣地が更地でも、将来どんな建物が建つかを予測できる利点があります。

➔ 住宅を建てられる地域か調べましょう

都市計画法の地域区分イメージ

都市計画法では、全国の約4分の1を「都市計画区域」に指定しています。そのなかで、原則として家を建てられないのは、市街化調整区域の土地と、市街化区域内の用途地域のうち、工業専用地域内の土地です

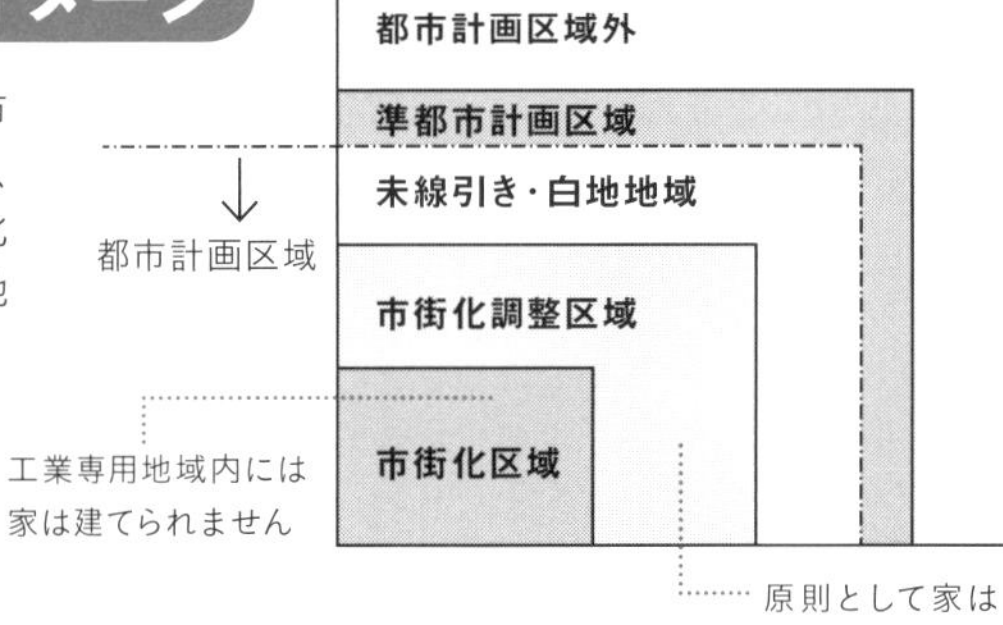

用途地域の種類と内容

市街化区域内は都市計画上の用途に応じて土地の利用方法が定められています。これを「用途地域」といい、下表の13の用途に分けられています。住宅は工業専用地域以外の地域で建設できます。表の上方にある地域ほど住環境として恵まれていますが、建蔽率・容積率、建物の高さ制限など法規制は厳しくなります

分類	用途地域	趣旨
住居系	第１種低層住居専用地域	低層住宅のための良好な住居環境を保護する地域。住宅以外では、小・中学校、高校、図書館、老人ホーム、保育所などが建てられます
	第２種低層住居専用地域	小規模な店舗の立地を認める低層住宅の専用地域。住宅以外では、２階以下かつ150㎡以下のコンビニ、レストランなどが建てられます
	第１種中高層住居専用地域	中高層住宅のための良好な住居環境を保護する地域。住宅以外では、大学、病院、２階以下かつ500㎡以下の店舗、居酒屋などが建てられます
	第２種中高層住居専用地域	必要な利便施設の立地を認める中高層住宅の専用地域。住宅以外では、２階以下かつ1500㎡以下の店舗、オフィスなどが建てられます
	第１種住居地域	大規模な店舗、事務所の立地を制限する住宅のための地域。住宅以外では、3000㎡以下の店舗、オフィス、ホテル、ゴルフ練習場などが建てられます
	第２種住居地域	住宅と店舗、オフィスなどの併存を図りつつ、住居の環境を保護する住宅地域。住宅以外ではパチンコ、カラオケボックスなどが建てられます
	準住居地域	幹線道路の沿線などで、地域の利便の増進を図りつつ、これと調和した住居の環境を保護するための地域。200㎡未満の劇場、映画館などが建てられます
	田園住居地域	農業の利便の増進を図りつつ、これと調和した低層住宅に係る良好な住居の環境を保護するための地域です
商業系	近隣商業地域	近隣の住宅地の住民のための店舗、オフィスなどの利便の増進を図る地域です
	商業地域	主として商業その他の業務の利便の増進を図る地域です
工業系	準工業地域	主として環境の悪化をもたらすおそれのない工業の利便を図る地域。住宅などの混在を排除することが困難または不適当と認められる工業地です
	工業地域	主として工業の利便の増進を図る地域。住宅は建てられます
	工業専用地域	工業の利便の増進を図る地域。住宅は建てられません

CHECK!

実施した項目をチェックしましょう

- □ 土地の用途地域を調べる
- □ 土地の接道条件を調べる
- □ 建てられる面積、高さの制限を知る
- □ 土地の防火規制を調べる

建築基準法による規制を知りましょう

建蔽率・容積率による面積の制限

建蔽率とは土地における建築面積（建坪）の割合。容積率とは敷地に対する延床面積の割合のことをいい、用途地域ごとに制限が設けられています

$$\text{建蔽率}(\%)=\frac{\text{建築面積}(a)}{\text{敷地面積}(A)}\times 100$$

$$\text{容積率}(\%)=\frac{\text{延床面積}(a+b)}{\text{敷地面積}(A)}\times 100$$

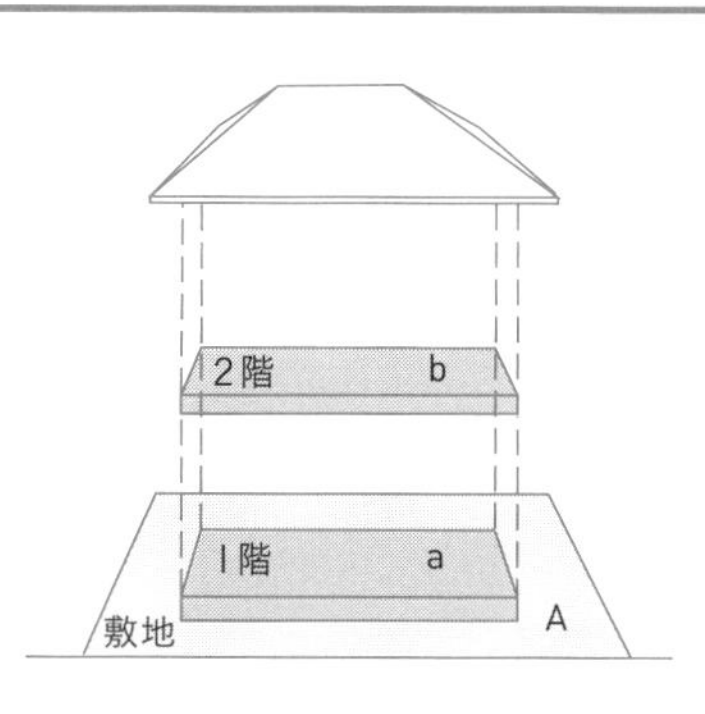

接道の義務

建築基準法では、幅4m以上の道路[※1]に2m以上接していない土地は建設地として認められません。さらに旗竿敷地は、地域の条例によりさらに厳しい規制がかかる可能性があります

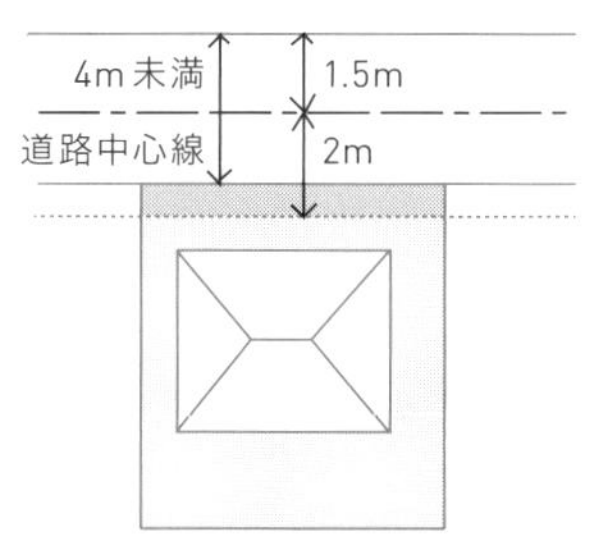

※1　幅4m未満の道路でも、「2項道路」と指定された道路では、道路中心線から2m後退した位置を敷地境界線として取り扱えば、住宅は建設可能です

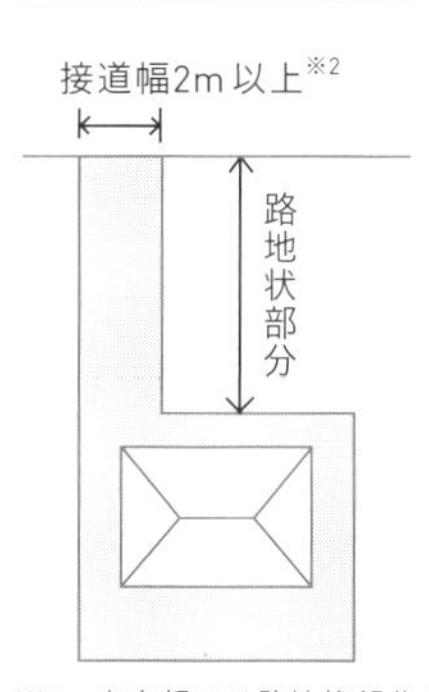

※2　東京都では路地状部分が20mを超える場合、3m以上の接道幅が必要です

高さの制限

建物の高さやデザインに影響する規制です。第1種・2種低層住居専用地域では「北側斜線制限」と「絶対高さ制限」、第1種・第2種中高層住居専用地域では「北側斜線制限」という高さの制限を受け、制限内に建物をつくらなければなりません。そのほか、「道路斜線制限」という高さの制限が全地域にかかります

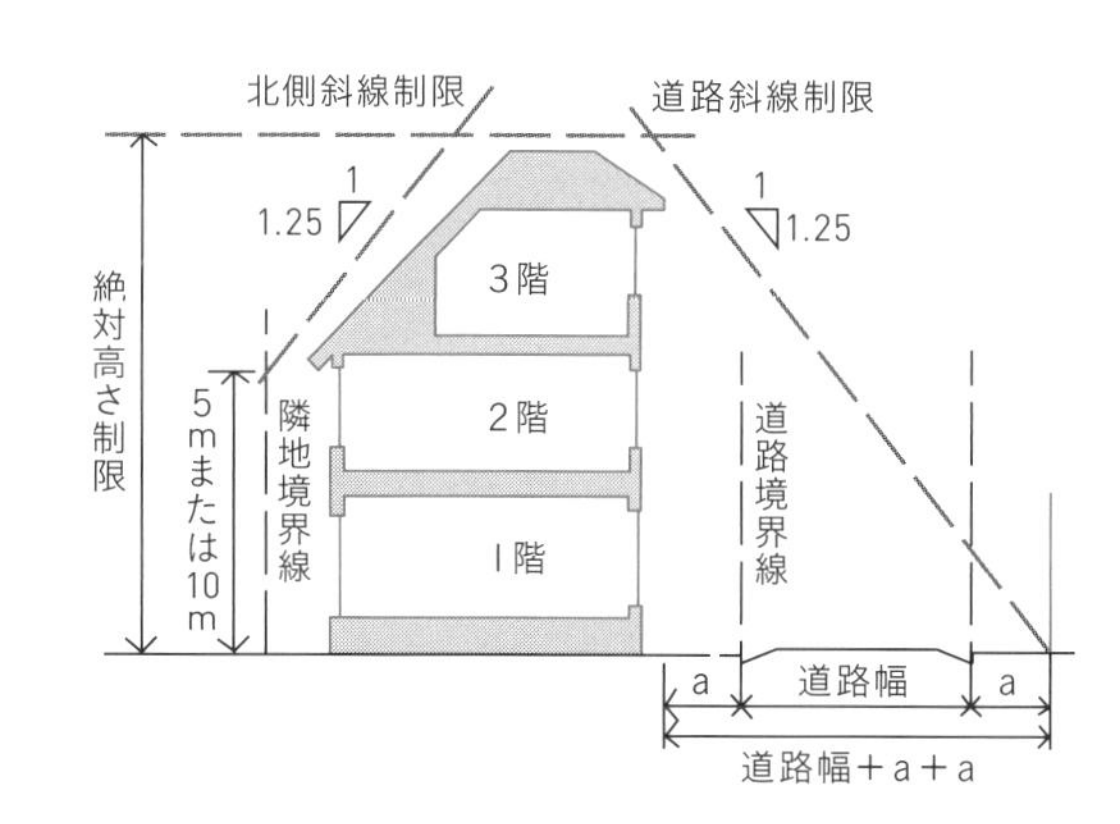

防火に関する規制

（4階以上や延床面積500㎡超の規定を省く）

	適用地域	階数（F）	延床面積（S㎡）	制限内容
構造制限	防火地域（地階を含む階数）	F≦2階	50＜S≦100	耐火または準耐火建築物としなければなりません
			100＜S	耐火建築物としなければなりません
		F≧3階	−	
	準防火地域（地上階数）	F＝3階	S≦500	耐火もしくは準耐火建築物、または政令で定める技術的基準に適合する建築物としなければなりません
防火制限	防火地域または準防火地域	屋根		耐火・準耐火建築物以外は、政令で定める技術基準に適合させなければなりません
		外壁の開口部		耐火・準耐火建築物以外は、延焼のおそれのある部分に防火戸等を設置する必要があります
		外壁		耐火構造の外壁は隣地境界線に接して設けることができます
	準防火地域	外壁・軒裏		木造建築物は延焼のおそれのある部分を防火構造とする必要があります
	法22条区域（屋根不燃化区域）	屋根		耐火または準耐火建築物以外は、政令で定める技術基準に適合させなければなりません
		外壁		木造建築物は、延焼のおそれのある部分を準防火構造以上とする必要があります

14

土地を購入する

売買契約を結ぶ

希望に合う土地が見つかったら、不動産会社の仲介のもと、いよいよ購入です。高額な買物なのでくれぐれも慎重に。

購入したい土地が決まったら、物件を紹介してくれた不動産業者（**宅地建物取引業者**、以下、宅建業者）に仲介を依頼し、希望金額や引き渡しの時期など買い手として意向を伝えます。

購入申し込み後、宅建業者は土地の物理的な条件や権利関係など重要な事項について、調査し、その結果を**重要事項説明書**という書面にまとめます。この内容をもとに、**売買契約**より前に、宅建業者の取引主任者から**重要事項の説明**を受けます。

できれば事前に**登記事項証明書**（登記簿）を取り寄せ、売り主が登記上の所有者であるかや、**抵当権**の状況など基本的な事柄については、自分の目で確認しておくようにします。不明な点があれば、必ず明らかにしたうえで契約に臨むようにしましょう。

契約当日は、仲介業者立会いのもとで売り主と買い主が売買契約書を読み合わせ、記載された契約条件を確認します。その席上であっても、不満があれば変更を申し出ることができます。納得できる契約を結びましょう。

契約を締結したら、その場で手付金（土地代の10%程度）を売り土に、**仲介手数料**の50%分を宅建業者に支払います。

重要事項説明書にはこんなことが書いてあります

1 表示（契約の概要）

- 宅建業者・宅地建物取引主任者について
- 取り引きの当事者（売り主）、代理・媒介の区分
- 物件の所在、規模、売り主の住所・氏名

2 取引物件に関する事項

- 登記事項証明書に記載されている情報（土地の名義人情報や、権利に関する事項）
- 法令に関する制限の有無（都市計画法の区分、建築基準法の用途地域、建蔽率・容積率など）
- 私道の負担の有無、内容
- 飲用水・電気・ガスの整備状況
- 物件の形状
- 造成宅地防災区域
- 土砂災害警戒区域
- 水害ハザードマップの説明

3 取引条件に関する事項

- 代金について
- 契約の解除の条件・手続きなどについて
- 損害賠償や違約金について
- 業者が売り主の場合は、手付け金について
- 支払金や預かり金の保全について
- 金銭の賃借の斡旋について
- 割賦販売について

4 その他

- 宅建業者が倒産した場合、代わって弁済してくれる「供託所」について

登記事項証明書を取り寄せましょう

登記事項証明書は、不動産の所在地を管轄する法務局の登記所で交付されます。インターネットを利用すれば請求手続きが簡単に行えます

請求方法

①請求書を登記所に直接提出
②請求書を管轄登記所に郵送
③オンライン申請「かんたん証明書請求」（申請者情報の登録が必要）

請求する際の注意点

請求に必要な地番・家屋番号は、住所とは異なります。登記済証か、登記所にある地図や役所などで確認してください

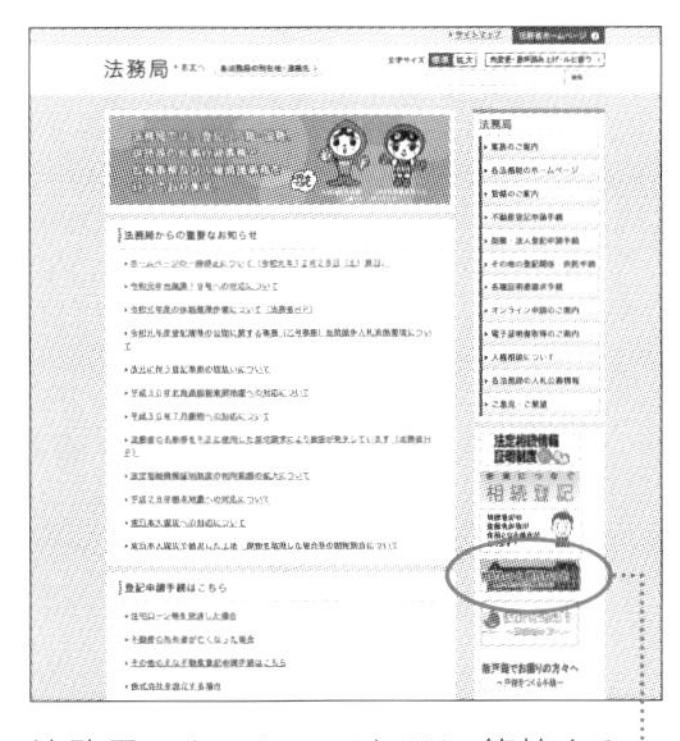

法務局のホームページでは、管轄する登記所を調べたり、オンライン申請についての情報を得ることができます
http://houmukyoku.moj.go.jp/

登記・供託オンライン申請システム「登記ねっと供託ねっと」をクリックすると、「かんたん請求書請求」のリンクボタンがあります

登記事項証明書の交付請求書。登記所にありますが、郵送による申請の場合は、ダウンロードして印刷すると便利。オンライン申請の場合は必要ありません

CHECK!

実施した項目をチェックしましょう

- □ 重要事項の説明を受け、内容を確認する
- □「重要事項説明書」と登記の内容を照らし合わせる
- □ 売買契約に必要な書類などをそろえる
- □ 売買契約書の条件を確認し、契約を結ぶ

➔ 土地の売買契約のときに用意するもの

➔ 土地売買契約書をチェックしましょう

基本的な記載事項	内容およびチェックポイント	チェック欄
当事者の氏名および住所	住民票記載の住所で記入します	□
売買対象不動産の表示	原則として登記事項証明書の表題部どおりに記載されており、この表示で売買不動産を特定します なお、古い建物がある場合などでは、現況のままか、建物を取り壊して売買するのかも明示されます	□
売買代金および その支払い方法	売買代金総額、手付金から残金支払いまでの支払い時期と支払方法について記載されます なお、公簿（登記上の）面積で取引するのか、実測面積で取引するのかを明示する必要があります	□
物件の引き渡し時期	引き渡し時期が記載されます。通常は所有権移転登記と同時になります	□
所有権移転時期と 登記申請について	どの時点で所有権移転および登記申請を行うかが記載されます 通常は売買代金全額の支払いが完了するのと同時に行います	□
代金以外の金銭 （登記費用など）の授受に関する定め	売買代金以外の金銭授受について記載されます 所有権移転登記の登録免許税、登録手数料は買い主の負担となります	□
手付け解除・その他 契約解除に関する定め	通常、当事者の一方が契約の履行に着手するまでは、買い主は手付金放棄、売り主は手付金の倍返しによって、解約ができる権利をもちます	□

基本的な記載事項	内容およびチェックポイント	チェック欄
契約違反の場合の 取り決め	売り主または買い主が期限を定めた債務の履行をせず、契約に違反した場合の措置が記載されます	□
ローン利用の特約	ローン利用がある場合、融資の実行が否認された場合の措置とその期日が記載されます 売り主が宅建業者である場合には、万一、約束した期日までに融資が下りなかった際、無条件で解約できることとし、売り主は手付金などの全額を速やかに買い主に返還する旨、取り決めるのが一般的です	□
天災地変などの 不可抗力による 損害賠償	契約から引き渡しまでの間に、天災地変などの不可抗力により取引物件に損害が発生した場合、その責任と負担について記載されます	□
瑕疵担保責任	引き渡し後、隠れた瑕疵（売り主が知り得なかった物件に関する不具合）が発見された場合に、売り主の修復などの責任について記載されます	□
公租公課の分担の 取り決め	固定資産税、都市計画税は引き渡し日による日割精算を行います 通常、引き渡しの日の前日までは売り主負担、引き渡し日以降は買い主負担となります	□

15 土地を購入する

土地の登記を行う

土地代金の支払いを済ませたら不動産の所在や権利関係の公の記録「不動産登記」の手続きをとります。

土地の売買契約が終了し、代金の支払いが終わったらすぐに、**所有権移転登記**の申請を行います。売買によって、土地の所有が自分に移ったことを法律上明らかにするためです。この手続き、とくに融資を利用する場合は、登記のプロである**司法書士**に依頼するのが一般的です。自分で行う場合は、インターネットによるオンライン申請も可能ですが、素人には難しいので、登記所の窓口で作成の仕方を教えてもらいながら行うのがよいでしょう。

具体的には、売買代金から手付金を引いた残代金支払いの際に、司法書士の立ち会いのもと手続きをとります。**権利証**（**登記済証**）、印鑑証明書、実印による登記委任状など、所有権移転登記に必要な書類が売り主から司法書士に手渡されたことを確認します。その後、司法書士が書類をそろえて（次頁参照）、所轄の法務局の登記所に申請書を提出します。

登記が完了すると、新しい登記済証（**登記識別情報**）が発行されます。登記済証はこのあと何らかの登記をする際に、必要な書類なので大切に保管しましょう。同時に、登記事項証明書を法務局から取り寄せ、権利部の記載に申請内容がきちんと変更されているかどうかを確認します。

登記事項証明書の構成を理解しましょう

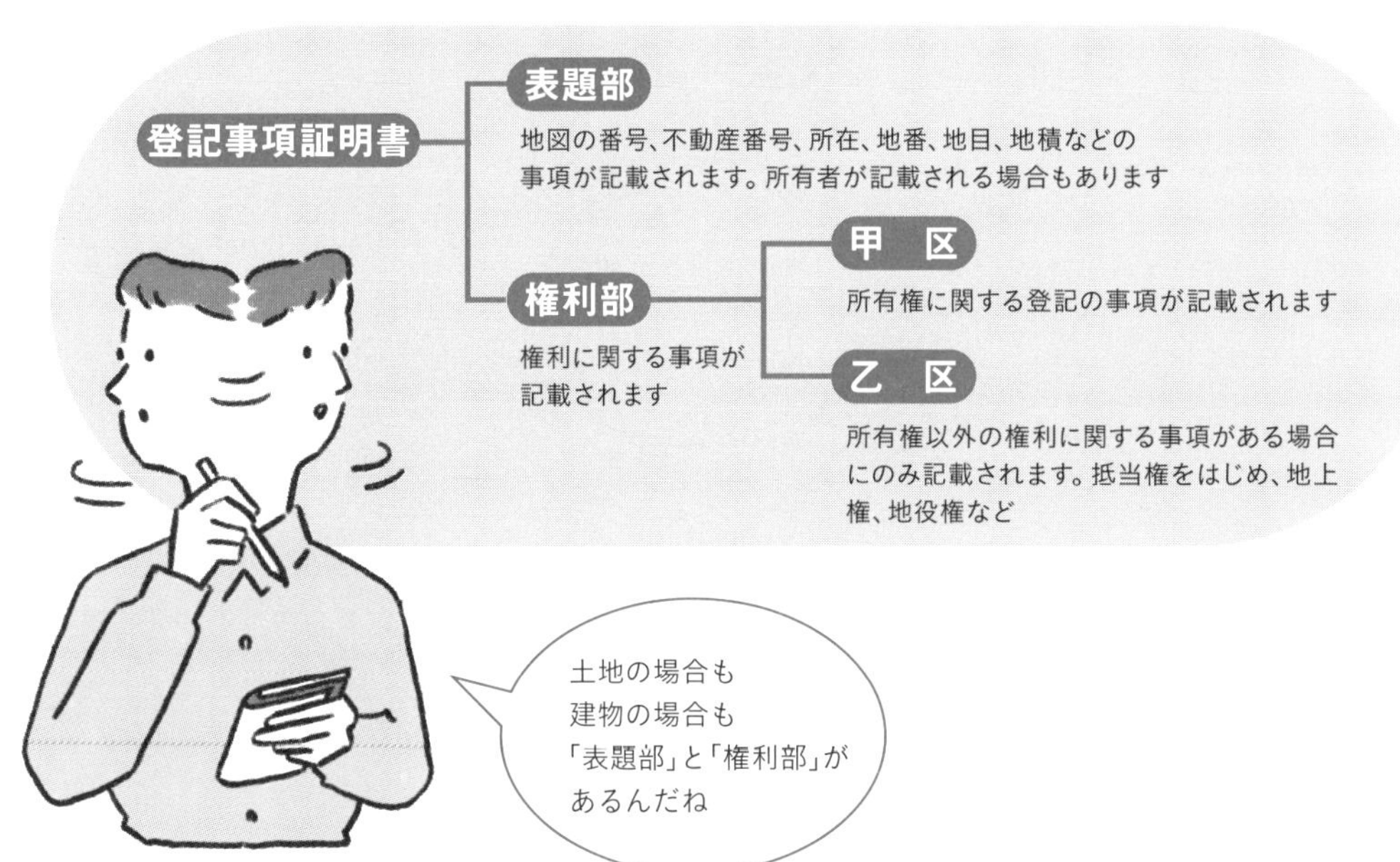

土地の登記事項証明書の表題部を見てみましょう

表題部

登記事項証明書のいちばん最初に記載される部分です。土地の現況に関する事項をチェックしましょう

○○県○○市○○区○○1丁目101　　　全部事項証明書　（土地）

表　題　部（土地の表示）		調製	余白	不動産番号	0000000000000
地図番号	余白	筆界特定	余白		
所　在	○○市○○区○○一丁目			余白	
①地番	②地目	③地積　㎡		原因及びその日付〔登記の日付〕	
101番	宅地	200　00		不詳 〔令和○年○月○日〕	
所有者	○○市○○区○○1丁目1番1号　法務太郎				

この所在と地番で物件の登記簿を特定できます

宅地、畑、山林など、土地の現況、利用目的などに重点を置いて定められています

土地の水平投影面積で、宅地などは1㎡の100分の1まで計算して記載されます。しかし、この登記面積（公簿面積）は実測面積と異なる場合も多く、売買契約では、どちらの面積で契約するかを確認します

CHECK!

実施した項目をチェックしましょう

- □ 司法書士に手続きを依頼する
- □ 登記に必要な書類を用意する
- □ 登記済証（とうきずみしょう）を受け取り、保管する
- □ 登記事項証明書を取り寄せ、内容を確認する

土地の所有権移転登記に必要な書類を知りましょう

書類	入手先	チェック欄
売買契約書	売買契約	□
売り主の印鑑証明（発行から3カ月以内）	売買契約	□
登記済証	売買契約	□
売り主の実印による登記委任状	売買契約	□
固定資産評価証明書	役所	□
買い主の住民票の抄本	役所	□
買い主の実印による登記委任状	本人	□

土地の登記事項証明書の権利部（甲区・乙区）を見てみましょう

権利部

表題部の次に記載される部分です。抵当権などほかの権利が絡む場合は、この甲区の後に「権利部（乙区）」が続きます

所有権が転移した日付と、相続・売買など所有権移転の原因が記載されます

権利部（甲区）（所有権に関する事項）

順位番号	登記の目的	受付年月日・受付番号	権利者その他の事項
1	所有権保存	令和○年○月○日 第○○○号	所有者　○○市○○区○○一丁目1番1号 法務太郎
2	所有権移転	令和4年○月○日 第○○○号	原因　令和4年○月○日売買 所有者　○○市○○区○○二丁目○番○号 ○○○○

権利部（乙区）（所有権以外の権利に関する事項）

順位番号	登記の目的	受付年月日・受付番号	権利者その他の事項
1	抵当権設定	令和4年○月○日 第○○○号	原因　令和4年○月○日金銭消費貸借同日設定 債権額　金○,○○○万円 利息　年○・○○%（年365日日割計算） 損害金　年○○・○%（年365日日割計算） 債務者　○○市○○区○○二丁目○番○号 ○○○○ 抵当権者　○○市○○区○○三丁目○番○号 株式会社○○銀行 （取扱店　○○支店）

抵当権、賃借権、地上権などの権利が付着しているかが記載されます

16 新居をイメージする

今の暮らしを見つめる

新居への要望を設計者に伝えるのは簡単なようで難しいもの。家族の日常の生活を見つめることから始めましょう。

どんな住まいにするかを家族で話し合うことが、家づくりの第一歩であり、いちばん大切なことです。設計はプロにお願いしますが、その家に暮らすのは自分たち家族。まず、家族一人ひとりの性格や日常の生活パターンを、設計者に伝えるためのプロフィールを用意しましょう。家族の食事や就寝時間の違いなどがはっきりわかり、リビングやダイニングなど、コミュニケーションの場を検討する際に参考になります。次に、住まいに関する家族の好みやライフスタイルについて確認しましょう。現在の暮らしを客観的に見つめることができ、どんな住まいが向いているのか、改めて知る機会となるでしょう。

それから、家族の希望を整理し、要望書に記入していきます。現在の家の不満を洗い出していくと要望が明確になるものです。次頁以降のチェックシートのほか、希望のイメージを表す雑誌やカタログの写真なども準備するとよいでしょう。

現実には、敷地条件や予算などの点から、すべての要望を満たすことは難しいかもしれません。しかし、要望をきちんと伝えることができれば、プロは専門知識や経験を生かした、最善のプランを提案してくれるはずです。

➔ 家族のプロフィールを書き出してみましょう

名前					
年齢					
続柄					
職業					
生活パターン	平日の夕食後の過ごし方				
	休日の過ごし方				
趣味 習い事					
車・自転車		車：(　　　)台　バイク：(　　　)台　自転車：(　　　)台			
ペット					

CHECK!

実施した項目をチェックしましょう

- □ 家族の生活パターンや好みを把握する
- □ 現在の家への不満を書き出す
- □ 理想の家のイメージを書き出す
- □ 10年後、20年後の生活を思い描く

➔ 家族のライフスタイルをチェックしましょう

食事は?

- □ 朝食、夕食とも家族一緒
- □ 朝食は別々、夕食は一緒
- □ 朝食は一緒、夕食は別々
- □ 朝食、夕食とも別々
- □ その他(　　　　　　)

調理と後片づけは?

- □ 妻がメイン
- □ 夫婦で
- □ 妻が主で、家族全員が手伝う
- □ 各自でする
- □ その他(　　　　　　)

来客は?

- □ 友人とよくパーティーを開く
- □ 仕事関係の来客が多い
- □ 両親や親戚がよく泊まる
- □ 子どもの友達がよく来る
- □ 来客は少ない
- □ その他(　　　　　　)

家族の団らんは?

- □ 食事のあと、長く話している
- □ みんなでテレビを見る
- □ LDKでそれぞれ趣味、読書、勉強などをしている
- □ 家族ばらばらに過ごすことが多い
- □ その他(　　　　　　)

整理整頓は?

- □ 物は大切にとっておく
- □ 必要のない物は捨てる
- □ 引き出しの中は整理されている
- □ その他(　　　　　　)

子どもに対しては?

- □ いつも目が届くようにしている
- □ 子どものプライバシーを尊重している
- □ 子ども自身に任せるときもある
- □ その他(　　　　　　)

庭の使い方は?

- □ ガーデニングを楽しむ
- □ 和風庭園のようにして眺める
- □ バーベキューをしたり、子どもと遊ぶ
- □ 建物優先で庭はなくてもいい
- □ その他(　　　　　　)

➔ 新しい家への希望を整理しましょう

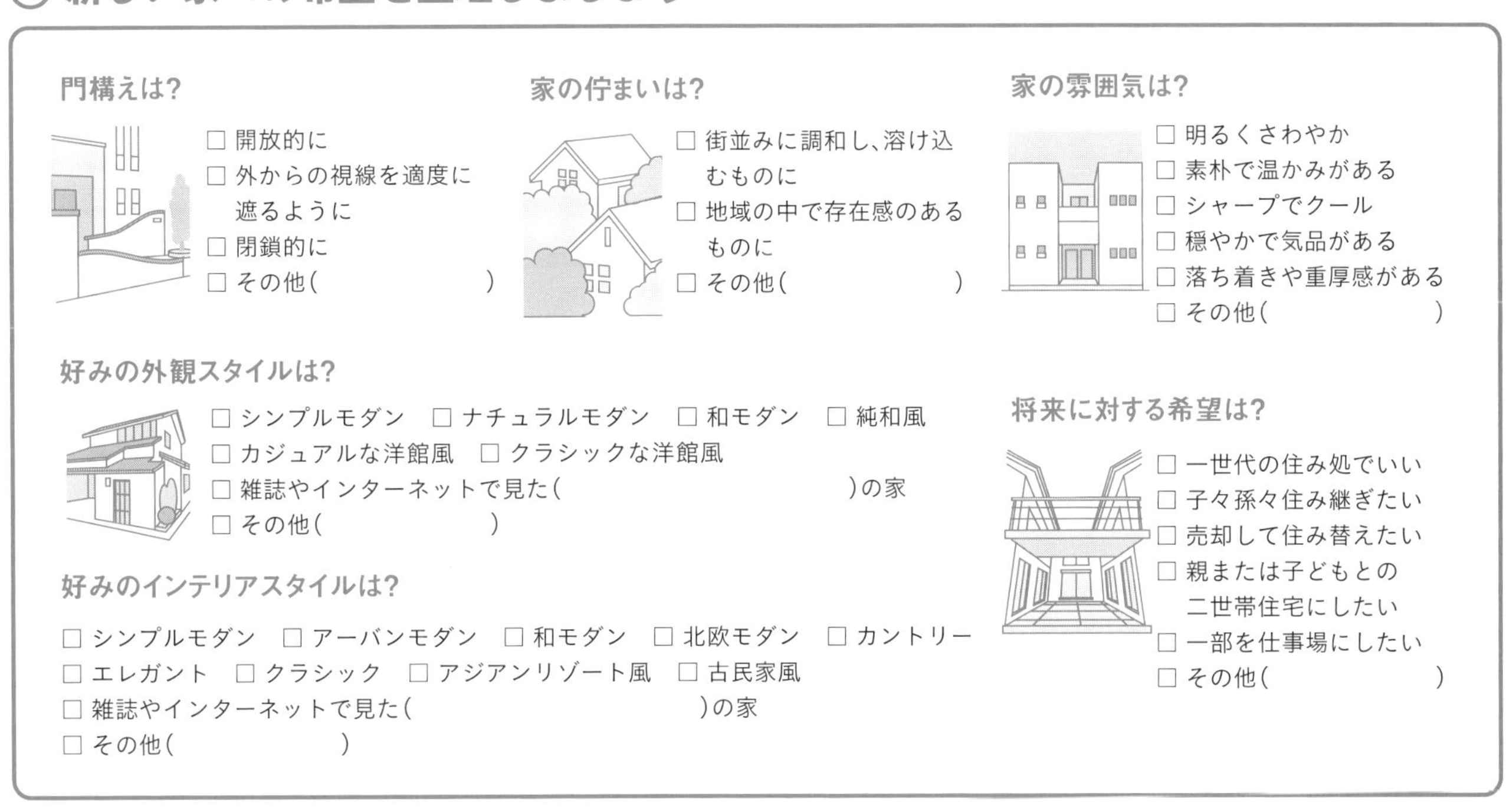

門構えは?

- □ 開放的に
- □ 外からの視線を適度に遮るように
- □ 閉鎖的に
- □ その他(　　　　　　)

家の佇まいは?

- □ 街並みに調和し、溶け込むものに
- □ 地域の中で存在感のあるものに
- □ その他(　　　　　　)

家の雰囲気は?

- □ 明るくさわやか
- □ 素朴で温かみがある
- □ シャープでクール
- □ 穏やかで気品がある
- □ 落ち着きや重厚感がある
- □ その他(　　　　　　)

好みの外観スタイルは?

□ シンプルモダン　□ ナチュラルモダン　□ 和モダン　□ 純和風
□ カジュアルな洋館風　□ クラシックな洋館風
□ 雑誌やインターネットで見た(　　　　　　)の家
□ その他(　　　　　　)

将来に対する希望は?

- □ 一世代の住み処でいい
- □ 子々孫々住み継ぎたい
- □ 売却して住み替えたい
- □ 親または子どもとの二世帯住宅にしたい
- □ 一部を仕事場にしたい
- □ その他(　　　　　　)

好みのインテリアスタイルは?

□ シンプルモダン　□ アーバンモダン　□ 和モダン　□ 北欧モダン　□ カントリー
□ エレガント　□ クラシック　□ アジアンリゾート風　□ 古民家風
□ 雑誌やインターネットで見た(　　　　　　)の家
□ その他(　　　　　　)

17

依頼先を探す

住宅の実物を見学する

依頼先選びに欠かせないのが、モデルハウスやオープンハウスの見学。会社の社風や対応を知る機会にもなります。

実物は、どんな情報にも勝ります。気になるハウスメーカーや工務店、設計事務所の住宅は積極的に見学しましょう。

工事中の現場が公開される見学会は機会があればぜひ参加してみましょう。見学時には、要望や敷地条件、予算など、自分たちの条件に置き換えながら見て歩きます。気になることがあれば何でも質問しましょう。

工務店や設計事務所では、建て主の入居前に**オープンハウス**（**完成現場見学会**）が行われることがあります。プライバシーの関係から開催情報が一般公開されないことも多いので、気になる会社に実施予定を問い合わせてみましょう。すでにご家族が入居された住宅を見学させてもらえるケースや、モデルハウスをもつ工務店もあります。

ハウスメーカーの場合は、モデルハウスへ。住宅展示場では複数の会社のモデルハウスが見られ、比較にも便利です。ただし、敷地が整形で広く、リアリティに欠けるのが難点。現実的な立地・規模で検討したい人は、引き渡し前や分譲予定の住宅が期間限定で公開される「街中型」のモデルハウスや「完成現場見学会」がおすすめです。密集地や細長敷地など状況に応じた対策を確認しましょう。

現場見学会のマナーを知りましょう

工事現場見学会やオープンハウス・完成現場見学会の多くは、個人邸。建て主の好意によって公開されるものですから、モデルハウスと同じ感覚で訪れてはいけません。下記のようなマナーを守り、有意義な見学をしたいものです

- 公共交通機関でアクセスする
- トイレは済ませておく
- 必要に応じて記帳する
- 子ども同伴の見学については事前に問い合わせる
- 許可なく写真を撮らない

そのほか、オープンハウスでは……

- 靴下や軍手を持参し、内装を汚さない
- 建物の批評はしない
- 建て主に挨拶をする

そのほか、工事現場見学会では……

- 用意されたヘルメットや軍手を着用する
- 案内されない部分には入らない
- ハイヒールやサンダルなどは避ける

工事現場見学会に行きましょう

工事現場見学会は、特に性能や構造に自信をもつ工務店、設計事務所、ハウスメーカーが開催します。公開される工事現場は、基礎段階、上棟段階などさまざま。見学会ではその会社の強みである耐震性や耐久性、断熱性など住性能の仕組みが解説されます。
ただし、見学会当日の現場は、いわばよそいきの顔。可能であれば、後日改めて現場を訪れ、普段の工事風景を見てみましょう

工事現場の見学のコツ

- **基礎現場を見る**
  地盤の状況と対策を聞く。基礎立ち上がりの高さ、配筋の密度を見ましょう
- **構造現場を見る**
  耐震性能・耐久性能・省エネ対策のための材料と施工状況を見ましょう
- **現場全体を見る**
  現場にほどよい緊張感があるか、工事車両の駐車マナー、ゴミの分別、資材の保管状況などを見ましょう

CHECK!

実施した項目をチェックしましょう

- □ 気になる依頼先のホームページを見る
- □ 工事現場見学会に参加する
- □ オープンハウスや完成現場見学会の予定を問い合わせる
- □ モデルハウスの場所を調べて、見にいく

オープンハウス・完成現場見学会に行きましょう

依頼先候補の設計・施工事例の傾向をつかむというスタンスで見学しましょう。また、建築家や施工会社とコミュニケーションがとれる貴重な機会なので、遠慮せずに住まいのポイントを解説してもらったり、積極的に質問してみましょう。建て主がいたら、家づくりの話や依頼先選び、住み心地の感想などについて聞くとよいでしょう

オープンハウスの見学のコツ

- **事前に調べる**
  事前にホームページなどで設計ポリシー、住宅の傾向を調べておきましょう
- **資料を見る**
  配布図面で、敷地条件や要望がどう反映されているかを見ましょう。展示されている、過去の住宅作品集のチェックも忘れずに
- **疑問点を質問する**
  間取りや材料について質問したり、家づくりの流れや考え方、こだわりを聞いてみましょう

モデルハウスに行きましょう

モデルハウスが建ち並ぶ住宅展示場は、意識してまわらないと「結局、何を見たのか分からない」状態に陥りがち。必ず目当てのハウスメーカーが提案するコンセプトや構造・工法を理解したうえで見学しましょう

モデルハウスの見学のコツ

- **全体像をとらえる**
  暮らしをイメージしながら、家族に心地よい空間を探しましょう
- **営業マンに聞く**
  独自の構造・工法による、間取りの特長などを聞きましょう。予算や敷地条件で対応可能かどうかも聞いてみるとよいでしょう
- **標準仕様を確認する**
  ハイグレードな内外装・設備が使われていることが多いので、標準仕様の場合を確認しましょう
- **街中のモデルハウスを見る**
  敷地条件に対応し、プライバシー対策をとりながら、どんな間取りとなっているかを確認。可能なら宿泊するのもおすすめです

18

構造を考える

構造・工法とは？

構造・工法によって間取りの自由度やデザイン、コスト、工期が異なります。代表的なものを知っておきましょう。

構造・工法（構法）とは、建て方の仕組みのこと。間取りやデザインにも深く関わりますので、特徴を理解しておきましょう。

その種類は大きく木造、鉄骨造、鉄筋コンクリート造の3つに分けられます（下図）。

木造には**在来軸組構法**（ざいらいじくぐみ）や**ツーバイフォー（枠組壁）工法**があり、多くの住宅に採用されています。このほかには、ログハウスに見られる丸太組工法などもあります。

鉄骨造は、骨組となる鉄骨（鋼材）の太さにより2つに分けられます。一般的な規模の住宅では**軽量鉄骨造**がよく見られますが、規模が大きくなると**重量鉄骨造**が適します。いずれも工場で加工した鋼材を現場で組み立てるため、**鉄筋コンクリート造**に比べると短い工期で済みます。一方、鉄筋コンクリート造は、引っ張りに強い鉄筋と圧縮に強いコンクリートが一体になって建物を支える堅牢な構造。**ラーメン構造**と**壁式構造**（かべしき）があります。耐震性・耐久性、耐火性に優れますが、工期は長めで、コストも高めといえるでしょう。

また、部材を工場で生産し現場で組み立てるハウスメーカーの**工業化住宅（プレハブ工法）**も、構造材の種類により木質系・鉄骨系・コンクリート系に分かれます。

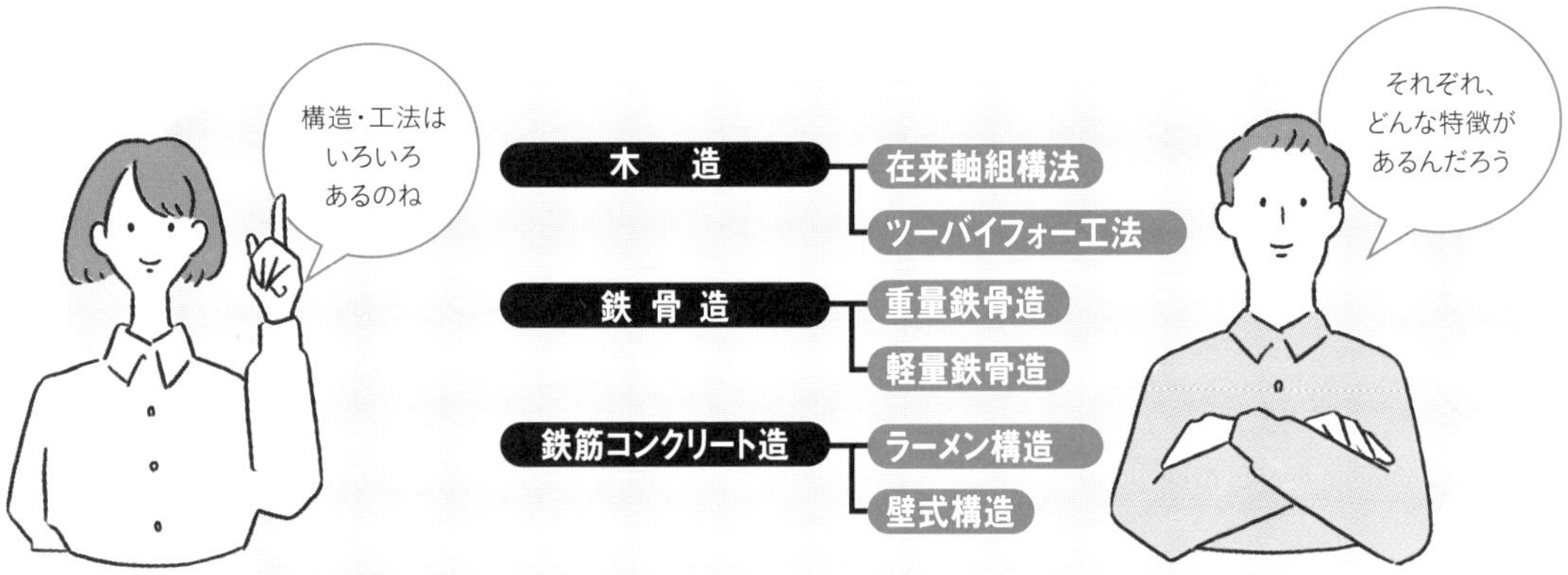

構造・工法はいろいろあるのね

それぞれ、どんな特徴があるんだろう

- **木造**
  - 在来軸組構法
  - ツーバイフォー工法
- **鉄骨造**
  - 重量鉄骨造
  - 軽量鉄骨造
- **鉄筋コンクリート造**
  - ラーメン構造
  - 壁式構造

木造在来軸組構法（ざいらいじくぐみ）

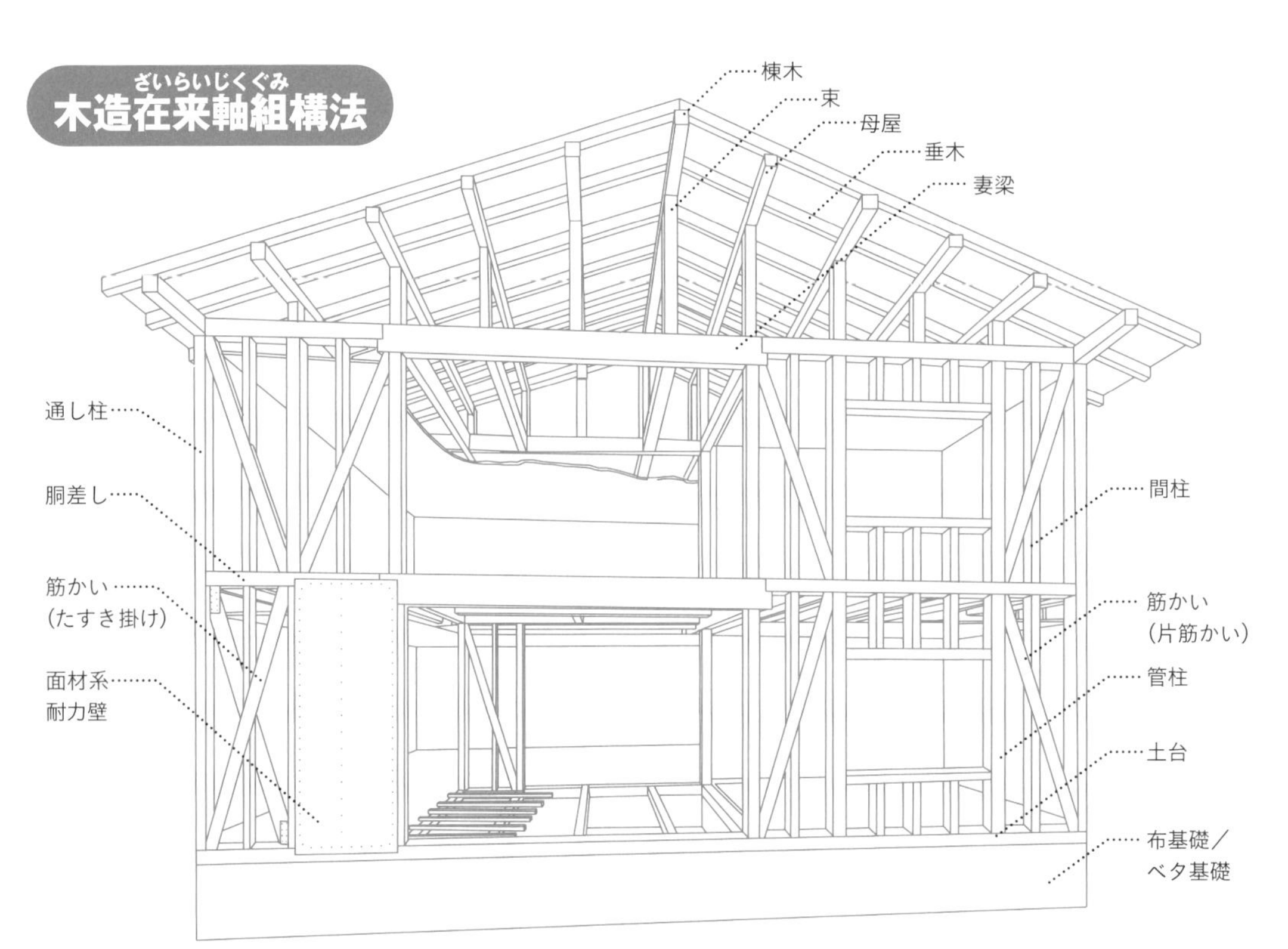

柱と梁（はり）と土台（どだい）、筋（すじ）かい、耐力壁で骨組をつくり、間取りの自由度が高い

土台、柱、梁を組み上げて建物の骨組がつくられる、もっとも一般的な構法です。筋かいという斜め材や面材系耐力壁をバランスよく配置することで、地震や風圧に耐えることができます。間取りの自由度が高く、開放的にすることも可能で、日本の高温多湿な気候・風土に適しています。比較的 リフォームがしやすいという利点もあります

CHECK!

実施した項目をチェックしましょう

- □ 木造の特徴を知る
- □ 鉄骨造の特徴を知る
- □ 鉄筋コンクリート造の特徴を知る
- □ プレハブ工法の特徴を知る

軽量鉄骨造

柱と梁、ブレース(筋かい)で支え 設計の自由度が高い

在来軸組構法に似た考え方の、柱と梁、筋かいで支える構造。木造と重量鉄骨造の中間的な構造ともいえます。部材にはJIS規格品の鋼材を使用。精度が高く強度も安定しています。ハウスメーカーのプレハブ住宅でよく見られます

重量鉄骨造

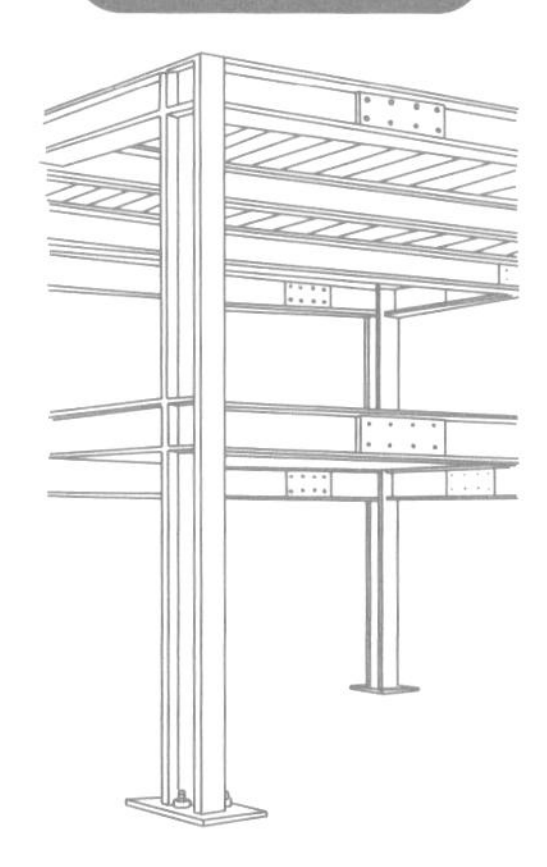

柱の間隔が大きくとれ 開放的な大空間がつくれる

軽量鉄骨より厚く強靭な重量鉄骨の柱と梁で構成され、高層の住宅にも対応可能。大開口や大空間づくりに適しています。工場で加工した鋼材を搬入し、クレーンなど大型重機を使って組み立てるので、敷地に接する道路が狭い場合は要注意です

ツーバイフォー(枠組壁)工法

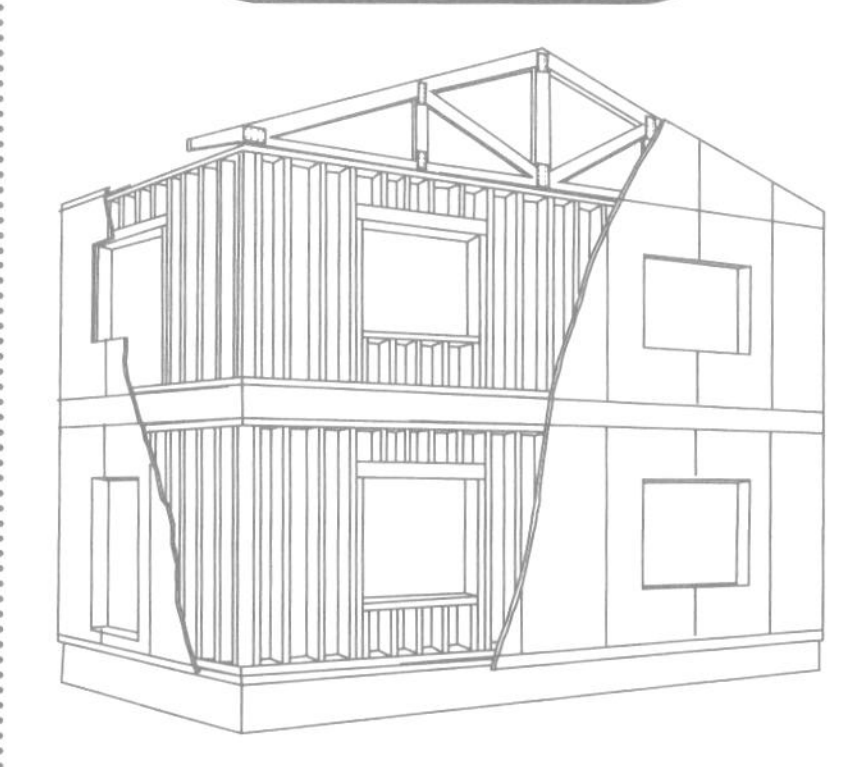

床・壁・天井の「面」で支え 耐震性に優れる

断面が2×4インチ等の木材でつくった枠に構造用合板を釘打ちしたパネルを箱のように組み立てる枠組壁工法は、通称「ツーバイフォー工法」と呼ばれます。パネルが耐力壁となり地震に強く、気密性にも優れます。施工しやすく工期も短めです

プレハブ工法(ユニット工法)

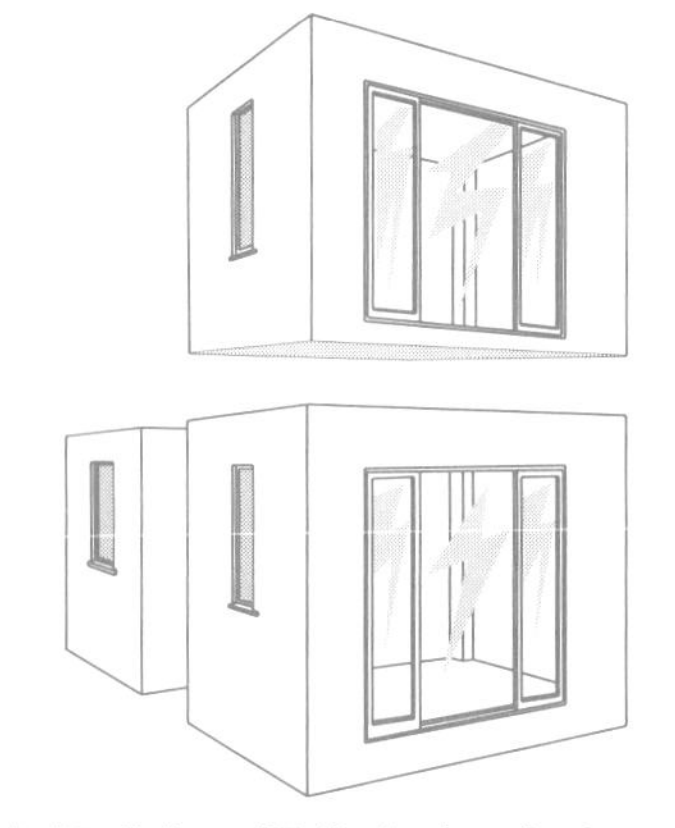

大部分を工場生産するため 工期が短くて済む

プレハブ工法とは、あらかじめ部材の多くを工場生産し現場で組み立てる工法。工場で骨組から断熱材、窓や外壁まで組み込み、完成に近い状態の箱形ユニットをつくるのがユニット工法。工期の短さが最大のメリットです

鉄筋コンクリート造 壁式構造

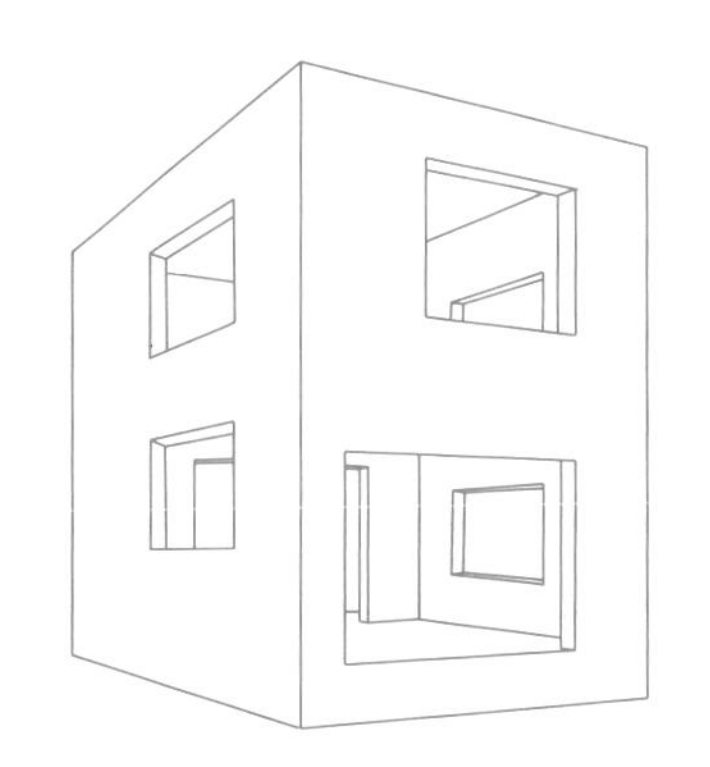

鉄筋コンクリートの壁で構成 柱のないシャープな空間に

鉄筋コンクリートの壁によって建物を支える構造。柱や梁がなくすっきりした空間になりますが、壁の量を確保するため大空間はつくりにくいなど、間取りに制約があります。リフォームの際、間仕切りの変更も限られます

鉄筋コンクリート造 ラーメン構造

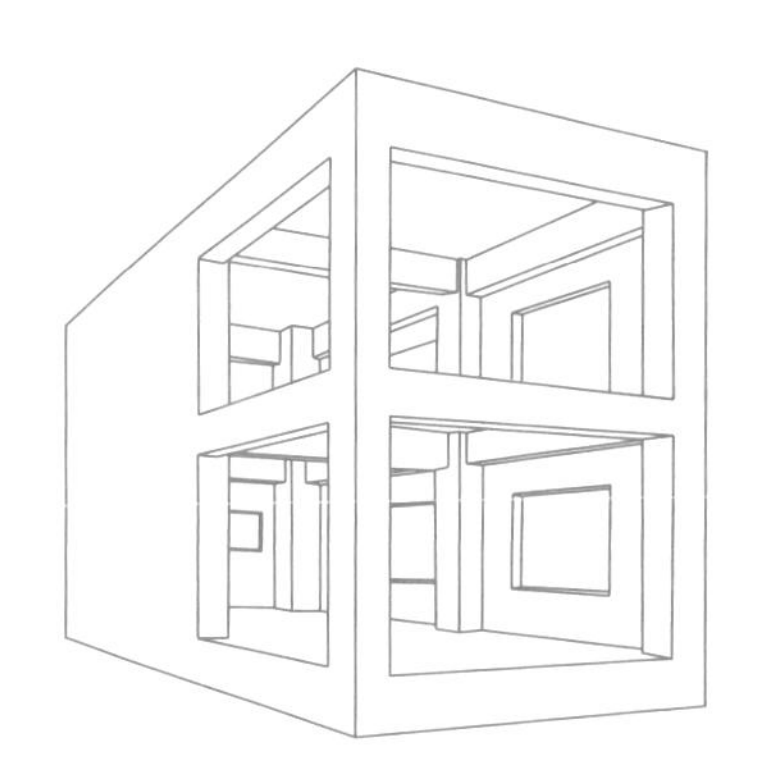

頑強な柱と梁で建物を支え 間仕切りが自由にできる

ラーメンとはドイツ語で、部材の接点を強く接合(剛接合)した骨組のこと。柱と梁による頑強な構造で、大きな開口部や自由な間仕切りが可能です。柱や梁が大きく室内に露出するため、インテリアに影響を与える場合もあります

19

性能を考える

省エネを理解する

住宅の省エネについて考えてみましょう。まず、なぜ省エネが必要なのでしょうか?

省エネは、エネルギーの安定供給確保と、地球温暖化防止の両面の意義をもっています。エネルギーの安定供給確保は、エネルギー資源のほとんどを輸入に頼っている日本にとって最重要課題の1つです。また、地球温暖化にストップをかけるためにも、1人1人が省エネを実行することが大切です。日本のCO_2排出量のうち、住まい（家庭部門）からのCO_2排出量はその16%を占め、居住中のエネルギー消費を減らすことは、CO_2削減に大きく貢献すると言われています。1人では効果が少ないように思えますが、全世帯実行すれば、大きな成果が得られます。

省エネによる効果はそれだけでなく、温熱環境が安定することで室内が快適になり、冬季のヒートショックなどの事故を防止する効果もあります。同時に、エネルギー消費量を抑えられるため、お財布に優しい一面も。

限りあるエネルギーを無駄なく上手に使っていくために、住宅でできる対策に取り組みましょう。省エネ住宅は地球にやさしいだけでなく、家族が快適で健康に、そして経済的に暮らせる住宅なのです。

省エネ住宅のポイントやメリットについて理解しましょう

省エネ住宅のポイント

- 冬に、室内の温かい空気が逃げない
- 夏に、室外の熱が室内に侵入しない
- 少ない冷暖房エネルギーで快適に過ごせる

家庭のエネルギー消費において、約30%を占めているのが冷暖房です。この冷暖房のエネルギー消費を抑えられる住宅が、省エネ性能の高い住宅です

省エネ住宅を実現するためのポイント

断熱性能の向上
エネルギーを極力必要としない住宅とするための方策。断熱性能と気密性能を高めることで、エネルギーロスの少ない住宅を目指しましょう

省エネ設備の導入
エネルギーを上手に使うための方策。高効率のエアコンや給湯・換気設備、照明機器を取り入れ、消費エネルギーを削減しましょう

創エネ設備の導入
自宅でエネルギーを創生するための方策。太陽光発電を搭載し、発電量と省エネ設備による削減分を合わせて、一次エネルギー消費量の削減率100%以上を目指しましょう

太陽光パネル
躯体の断熱
高効率設備

省エネ住宅のメリット

経済性
- 高い断熱性能や高効率設備の利用により、月々の光熱費を安く抑えられる
- 太陽光発電などの創エネについて、売電を行った場合は収入を得られる
- 補助金やローンの優遇、税金の控除などの恩恵が受けられることも多い

快適・健康
- 室温を一定に保ちやすく、快適な生活が送れる
- 効率的な断熱により冬季の室温が安定するため、ヒートショックなどの事故を防げる

レジリエンス住宅
- 災害の発生に伴う停電時においても、太陽光発電や蓄電池の活用で電気を使えるため、非常時でも安心な生活を送れる

※レジリエンス住宅とは、災害に対して優れた防災力や耐久力、災害後の対応力をもつ住宅のことです

省エネのポイントを理解し、地球にも家族にもやさしい省エネ住宅を建てましょう。

CHECK!

実施した項目をチェックしましょう

- □ 住宅における省エネについて知る
- □ ZEHを理解する
- □ 省エネ住宅を実現するためのポイントを理解する
- □ 家の断熱に関する数値に興味をもつ

省エネ住宅は、ZEH水準を目指しましょう

住宅の省エネに関する基準

- ●「HEAT20、G3相当」(上位断熱性能:断熱等級7)
- ●「HEAT20、G2相当」(上位断熱性能:断熱等級6)
- ●**「ZEH水準」(目指すべき断熱性能:断熱等級5)**
- ●「住宅の省エネルギー基準」(ベースとなる断熱性能:断熱等級4)

※2025年施行の「省エネ基準への適合義務化」によって、断熱等級4以上が義務化されます

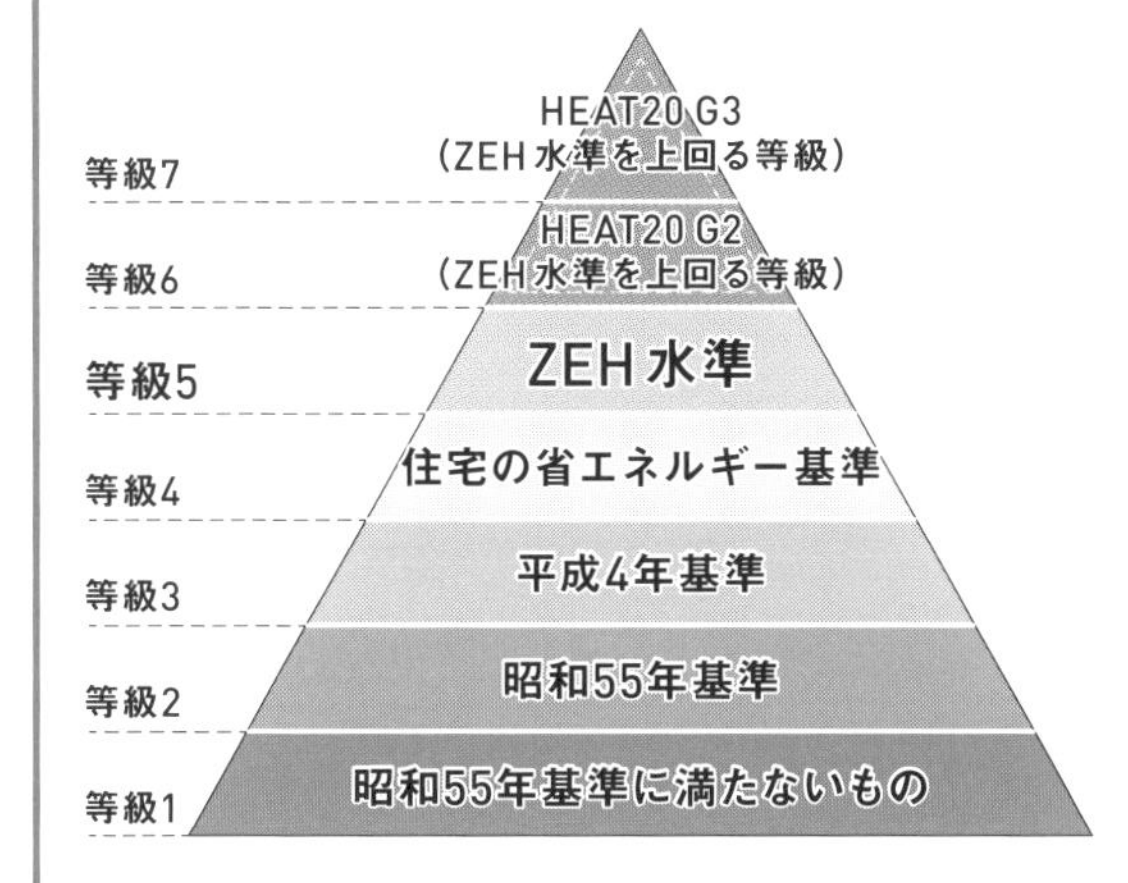

ZEH(ゼッチ)(ネット・ゼロ・エネルギー・ハウス)

住宅が目指すべき水準であるZEHとは、断熱性能の向上と、高効率な設備システムの導入により、大幅な省エネルギーを実現するとともに、太陽光発電などの再生可能エネルギーを導入することで、年間の一次エネルギー消費量の収支をゼロとすることを目指した住宅です

ZEH水準の省エネ住宅による、補助金や減税などのメリット

経済性

- ●ZEH水準の住宅の**導入コストは約40～70万円**
- ●住宅の性能などに応じて**補助金が55～140万円支援**されます(時期や内容によって補助金は異なります)
- ●住宅ローン減税で**戻ってくる額が最大182万円アップ**(※1)
- ●フラット35借入金利の引下げにより、**総返済額が280.3万円ダウン**(※2)

補助額
最大
最大140万円／戸

住宅ローン減税
戻ってくる額が
最大
182万円
アップ(※1)

フラット35 借入金利の引下げ
総返済額が
280.3万円
ダウン(※2)

※1 借入金額7,500万円、年収800万円、入居2023年12月、借入期間35年、金利1.5%(全期間固定)、元利均等方式、ボーナス時加算なし、住宅ローン減税(低炭素住宅)を適用
※2 借入金額7,500万円、フラット35S(ZEH)を適用

(国土交通省ホームページ参照)

省エネ基準と断熱に関する用語のポイント

断熱等級

正式名称は「断熱等性能等級」といい、住宅の断熱性能がどのくらいかを示します。国土交通省が制定した「住宅の品質確保の促進等に関する法律(品確法)」において設けられました。等級は1～7の7段階あり、数字が大きいほど断熱性が高いことを示します。等級を満たすには、それぞれの基準を満たすように、断熱材や開口部などの建材を選ぶ必要があります

U_A値(外皮平均熱貫流率)

断熱性能の指標で、住宅内部から外皮(床、外壁、屋根・天井、開口部など)を通過して、熱がどれくらい逃げているかを数値で表します。数値が小さいほど性能が高くなります

一次エネルギー消費量

建物で消費するエネルギーを熱量換算したものです。冷暖房、換気、照明、給湯、家電などの5つの項目におけるエネルギー消費量を合計した数値から算出され、それらに加えて、太陽光発電など「エネルギーを創り出す設備(創エネ設備)」を採用すれば、住宅の一次エネルギー消費量を削減できます

ZEH水準を上回る等級

ZEH水準を上回る、断熱等級6・7は、それぞれHEAT20(20年先を見据えた日本の高断熱住宅研究会)のG2、G3と同等のレベルとされています。HEAT20は、室温とエネルギーからなる2つの指標で構成される4つの「住宅シナリオ」を満たすことを目的としています

断熱性能に基づくU_A値の基準値

グレード／地域区分・地域例		1	2	3	4	5	6	7	8
		夕張	札幌	盛岡	秋田	仙台	東京	鹿児島	沖縄
等級7	HEAT20 G3	0.28	0.28	0.28	0.34	0.34	0.46	0.46	―
等級6	HEAT20 G2	0.34	0.34	0.38	0.46	0.48	0.56	0.56	―
等級5	ZEH水準	0.40	0.40	0.50	0.60	0.60	0.60	0.60	―
等級4	住宅の省エネルギー基準	0.46	0.46	0.56	0.75	0.87	0.87	0.87	―

20 性能を考える

住宅の性能とは？

地震・火事・台風といった災害対策、長く住むうえで重要な耐久性、省エネ対策などの基本的な性能を理解しましょう。

住宅の**性能**を考えることは、間取りを考えるのと同じか、それ以上に重要なプロセスといっても過言ではありません。地震や火事などの災害に対する備えや、シックハウス対策、防犯対策など、少し挙げただけでも家族の安全・安心や住み心地を左右する大事なものということがわかるでしょう。

ここでは、「性能を測るものさし」と呼ばれる**住宅性能表示制度**の区分に基づいて、10分野の性能の考え方を紹介します。それぞれ、標準レベルでいいのか、少し高めがいいのか、最高水準にしたいのかを家族と話し合って決めていきましょう。必要な性能は敷地の状況や家族のライフスタイルで異なりますから、「閑静な住宅街だから、騒音対策は標準レベルで」というように考えていきます。また、採光のために窓を大きくとると耐震性が下がるなど、相反する関係のものもあります。いずれも高い性能を備えるにはそれなりにコストがかかりますので、優先順位をつけて検討する必要もあるでしょう。耐震性や耐久性、省エネ性に優れた認定**長期優良住宅**や認定**低炭素住宅**にすると、ローンや税金面で優遇されるというメリットもあります。

地震などに対する強さ——構造の安定(耐震性等)

地震や台風などに直面しても倒壊せず、かつ損傷を抑える強い建物をつくるには、在来軸組構法では、柱・梁などの建物を支える軸組の強さとは別に、「耐力壁」が重要な役割を担います(図①)。十分な強さの耐力壁を家全体にバランスよく配置して、地震などの力を受けても変形しにくい安定した構造にします。接合金物を使い、基礎と土台と柱を緊結することも重要です(図②)。なお、こうした耐震の考え方とは別に、特殊な装置を使用する「免震」という方法もあります

※住宅性能表示制度では必須項目です

木造住宅の地震対策

②接合金物の設置

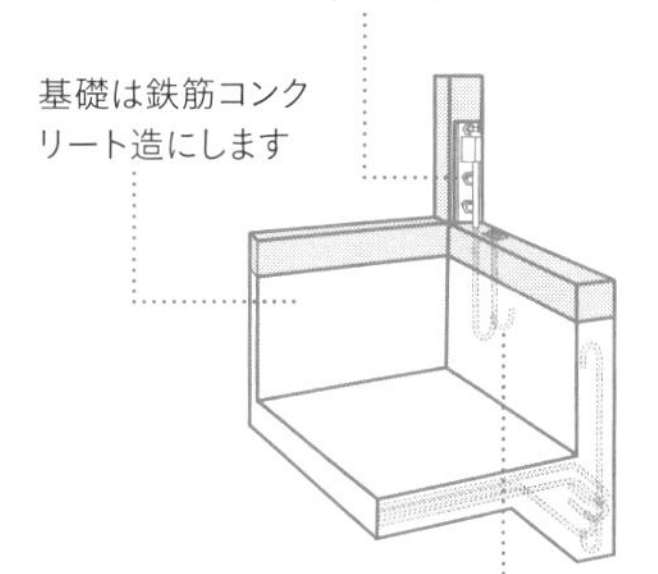

地震などの力で建物の土台が基礎から外れないように、基礎に埋め込んだアンカーボルトで緊結します

①耐力壁の配置

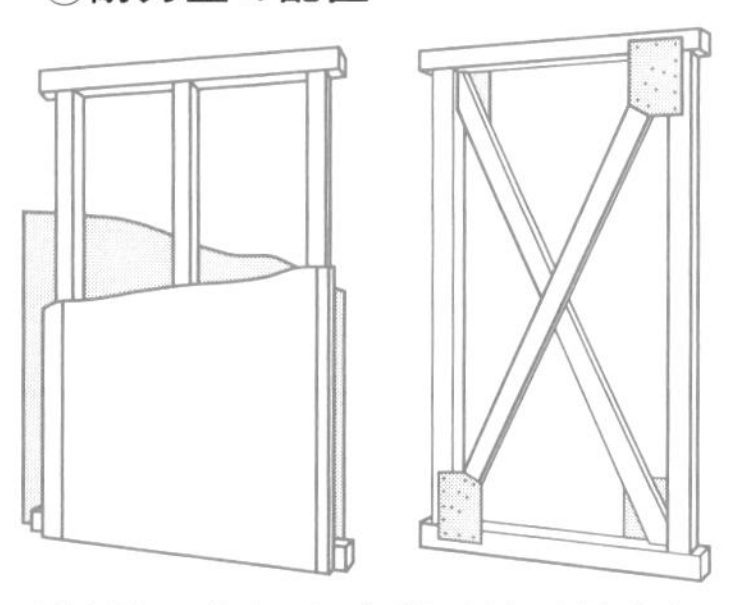

耐力壁は、筋かいと呼ばれる斜め材を入れたもの(右)や構造用合板等を張ったもの(左)などがあり、部材の組み合わせや金物の留め方などで強さが異なります

火災に対する安全性——火災時の安全

火災に対する安全性を高めるには、3つの視点からの対策が必要です。まず、近隣の火事などのもらい火を防ぐため、延焼のおそれのある部分の外壁・軒裏・窓などの開口部に延焼をくいとめる耐火性能をもたせること(①)。次に、火災の発生を家族全員に知らせるため感知器・警報器を居室につけること(②)。そして、速やかに安全に避難・脱出できるかどうかを検討します(③)

※住宅性能表示制度では選択項目です

火災対策のイメージ

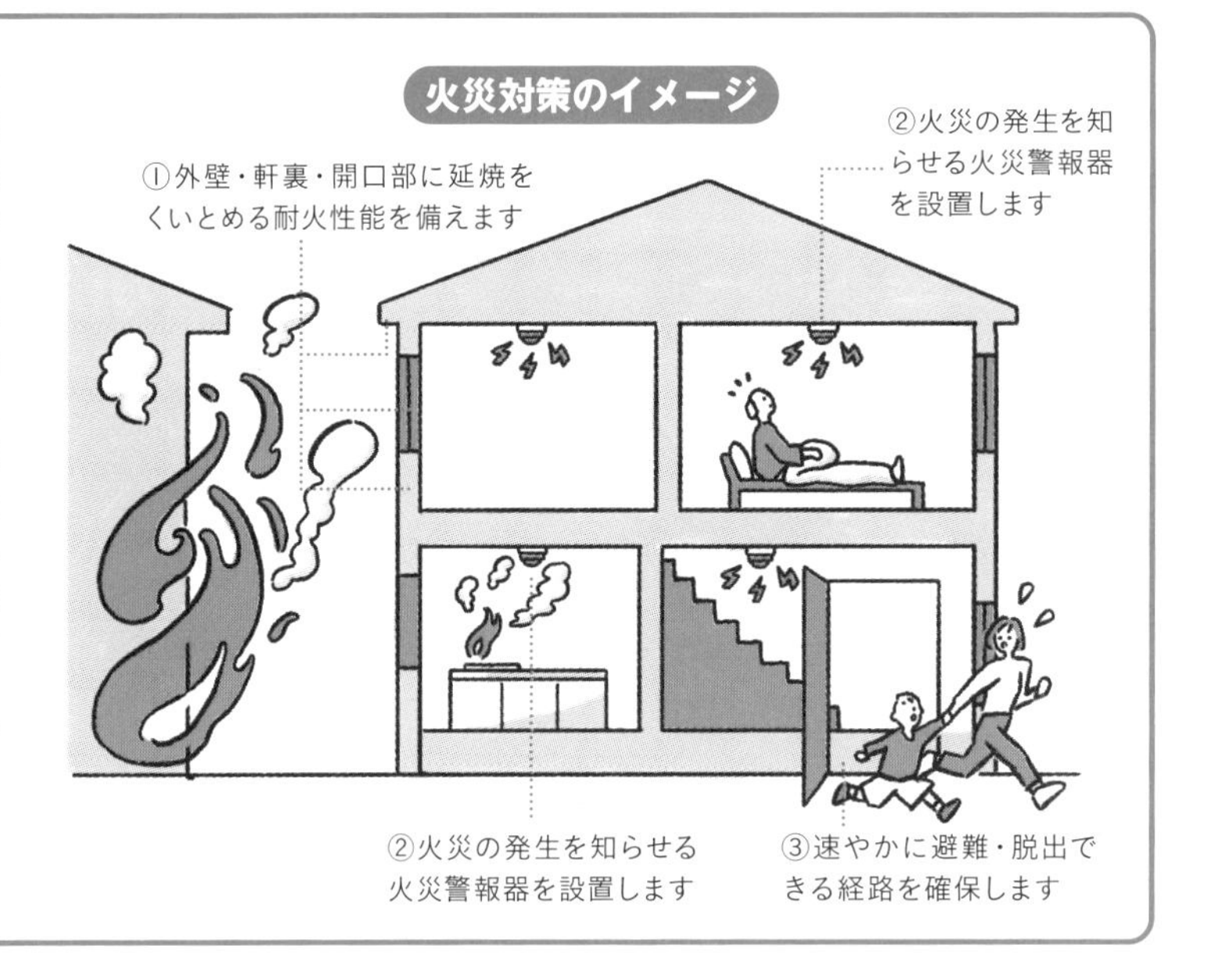

柱や土台などの耐久性——劣化の軽減(耐久性)

建築に使われる材料は、時間の経過とともに、湿気や空気中の汚染物質などの影響を受けて、腐ったり錆びたりします。住宅の耐久性を高めるためには、構造躯体について、こうした劣化を遅らせることが重要。特に、壁の中や床下は気づかないうちに劣化が進みやすいので対策が必要です。

方法は構造材によって異なりますが、木造住宅では柱や土台などの腐朽やシロアリ被害を防ぐために、高耐久の木材を使用し、通気・換気の工夫を床下(図①)や壁内(図②)などに施します
※住宅性能表示制度では必須項目です

②壁体内通気工法

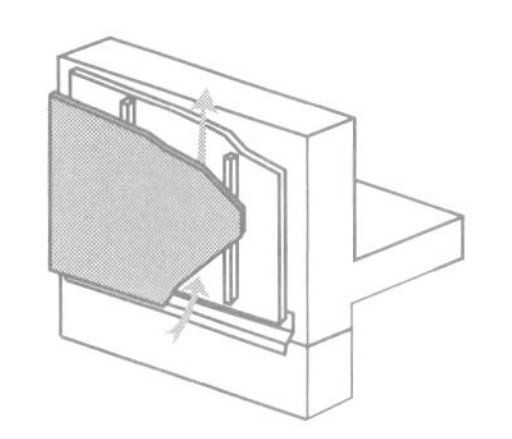

外気との温度差で結露が発生しやすい壁内部に空気の通り道となる通気層をつくり、湿気を排出します

①基礎パッキン工法

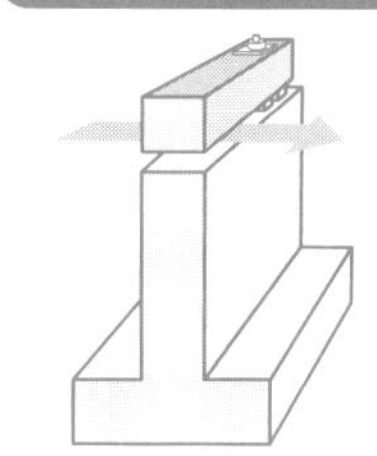

基礎と土台の間にパッキンを挟み込み、その隙間から床下の換気を促します。床下換気口を設けるよりも通気量に優れます

配管のメンテナンス性——維持管理・更新への配慮

建物を長持ちさせるためにはメンテナンスが欠かせません。目に見える外壁や内装などは管理しやすいのですが、床下や壁内を通る給排水管・給湯管・ガス管の管理は難しく、老朽化すると漏水やガス漏れの危険も。配管は15～20年ごとに全面交換が必要なので、貫通する部分を除き、コンクリートに埋め込まないようにします。さらに、定期的に点検や掃除がしやすいように、点検口や掃除口などを設けます
※住宅性能表示制度では必須項目です

点検口の設置

キッチン、洗面室、トイレ、浴室など水まわり空間には点検口を設けます

省エネルギー対策——温熱環境・エネルギー消費量(省エネ性)

室内を快適な温度に保ちながら、冷暖房にかかるエネルギーを削減するには、住宅の断熱性・気密性を高めることが重要です。

在来軸組構法の場合、断熱材の施工方法には、柱や間柱、梁、根太などの構造体の間に断熱材を入れる「充填断熱工法」(図①)と、構造体の外側をすっぽり断熱材で覆う「外張り断熱工法」(図②)があります。

熱の流出入が多い窓とドアも断熱対策がとられたものを選びましょう
※住宅性能表示制度では必須項目です

②外張り断熱工法

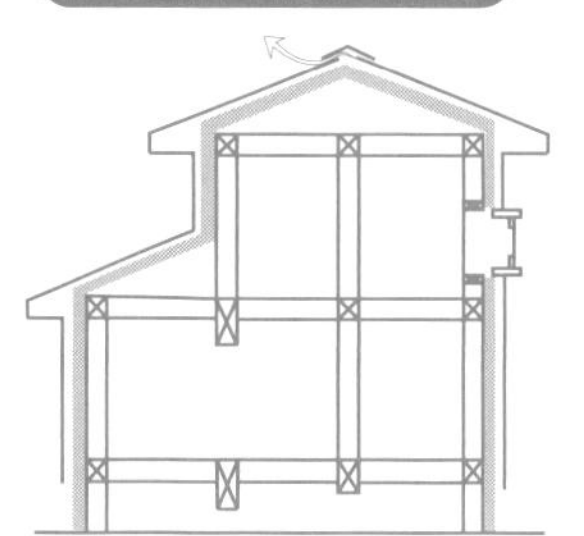

構造体の外側に断熱材を取り付けます

①充填断熱工法

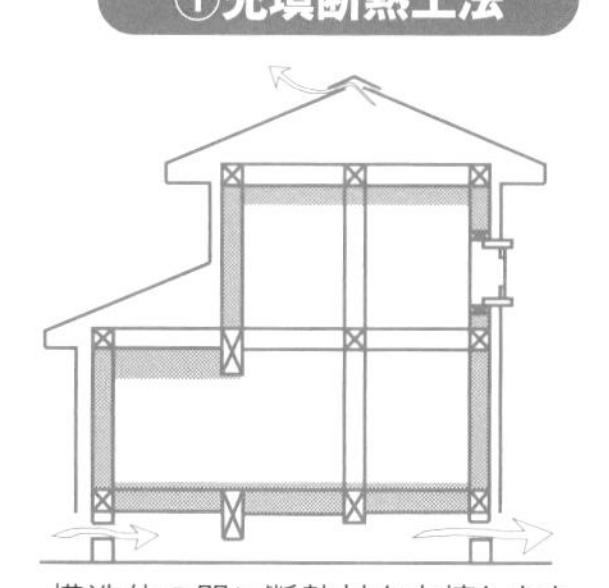

構造体の間に断熱材を充填します

シックハウス対策や換気性能——空気環境

建材や家具から放散されるホルムアルデヒドなどの有害な化学物質が引き起こす健康被害「シックハウス症候群」。基本的な防止策としては、ホルムアルデヒド放散量の少ない材料を選ぶことと、換気設備を設置して室内の空気を常時入れ替え、有害物質を屋外に排出することです。

内装や天井裏などに使用される建材は、ホルムアルデヒド放散量によりランク分けされ、建築基準法で使用が制限されていますが(右表)、さらにそのほかの化学物質を含む建材の使用を極力抑えると安心です
※住宅性能表示制度では選択項目です

内装仕上げの制限

制限の対象となる内装材の種類	放散量	JIS、JAS等におけるホルムアルデヒド放散量の表示記号	内装仕上げの制限
合板 木質系フローリング(単層を除く) 集成材 単板積層材 MDF パーティクルボード 壁紙 接着剤 塗料　　など	少ない	非ホルムアルデヒド系接着剤使用等 F☆☆☆☆	制限なしに使える
	↕	F☆☆☆	使用面積が制限される
		F☆☆	
	多い	F☆、表示なし	使用禁止

バリアフリー対策――高齢者への配慮(バリアフリー性)

加齢などに伴い身体機能が低下しても、安全に生活できるようにするための性能です。移動時の安全性と、介助のしやすさがポイントです。

LDKや寝室などの部屋と浴室・トイレは同じ階に設け、できるだけ階段を使わず生活できるようにします。床や出入り口は段差を極力なくし、玄関や水まわりは歩行をサポートする手すりを設置。

階段は、勾配をゆるやかにして手すりをつけ、踏み外しなどを防ぎます。さらに、出入り口や水まわりなどは、車椅子の使用や介助を想定した広さをとっておけば安心です

※住宅性能表示制度では選択項目です

安全に昇降できる階段の例

勾配は45度以下に抑え、手すりをつけると高齢者はもちろん、子どもや妊婦にも昇り降りしやすい階段となります

採光性能――光・視環境

生活上のさまざまな作業に必要な明るさを確保するには、照明器具で光を得るのと同時に、窓から自然光を取り入れること(採光)も大切です。

窓には、採光や風通しなどの機能に加え、眺望や開放感など心理的な効果もあるといわれます。ただし、窓の面積を単純に大きくしては、耐震性の低下、冷暖房効率や遮音性の低下を招きかねません。プライバシー保護の面でも配慮が必要です。

これらを総合的に判断して、窓の大きさと位置を検討しましょう

※住宅性能表示制度では選択項目です

窓の大きさと位置

遮音対策――音環境

交通騒音など、空気を介して伝わる外部の騒音を遮断するには、建物の気密性を高めることが有効です。窓や換気用の開口は、こうした音がもっとも伝わりやすい部分なので、遮音性の高いサッシや換気設備を選ぶとよいでしょう。

なお共同住宅では、人の話し声など住戸間を伝わる音や、上階の足音や物を落としたときの落下音などにも対策が必要です。床や壁の重さや厚さを増やしたり、床の仕上げを工夫するなどして対処します

※住宅性能表示制度では選択項目です

遮音対策のイメージ

屋外の騒音への対策
遮音性の高いサッシを入れます

防犯対策

巧妙化する侵入手口に対して、住宅の防犯性能を高めるには、開口部の侵入防止対策の強化が重要です(図①)。侵入者の多くが、侵入に5分以上かかるとあきらめるというデータがあります。

そこで、ドアや錠、サッシやガラス、雨戸、シャッターなどに、防犯性能の高い建物部品に与えられる「CPマーク」つきの製品(図②)を使用し、開口部を強化します。

なお、侵入者が好む死角をつくらないために、道路や隣家からある程度見通しのきくエクステリアにすることも有効です
※住宅性能表示制度では選択項目です

②防犯合わせガラス　**①ドアの防犯対策の例**

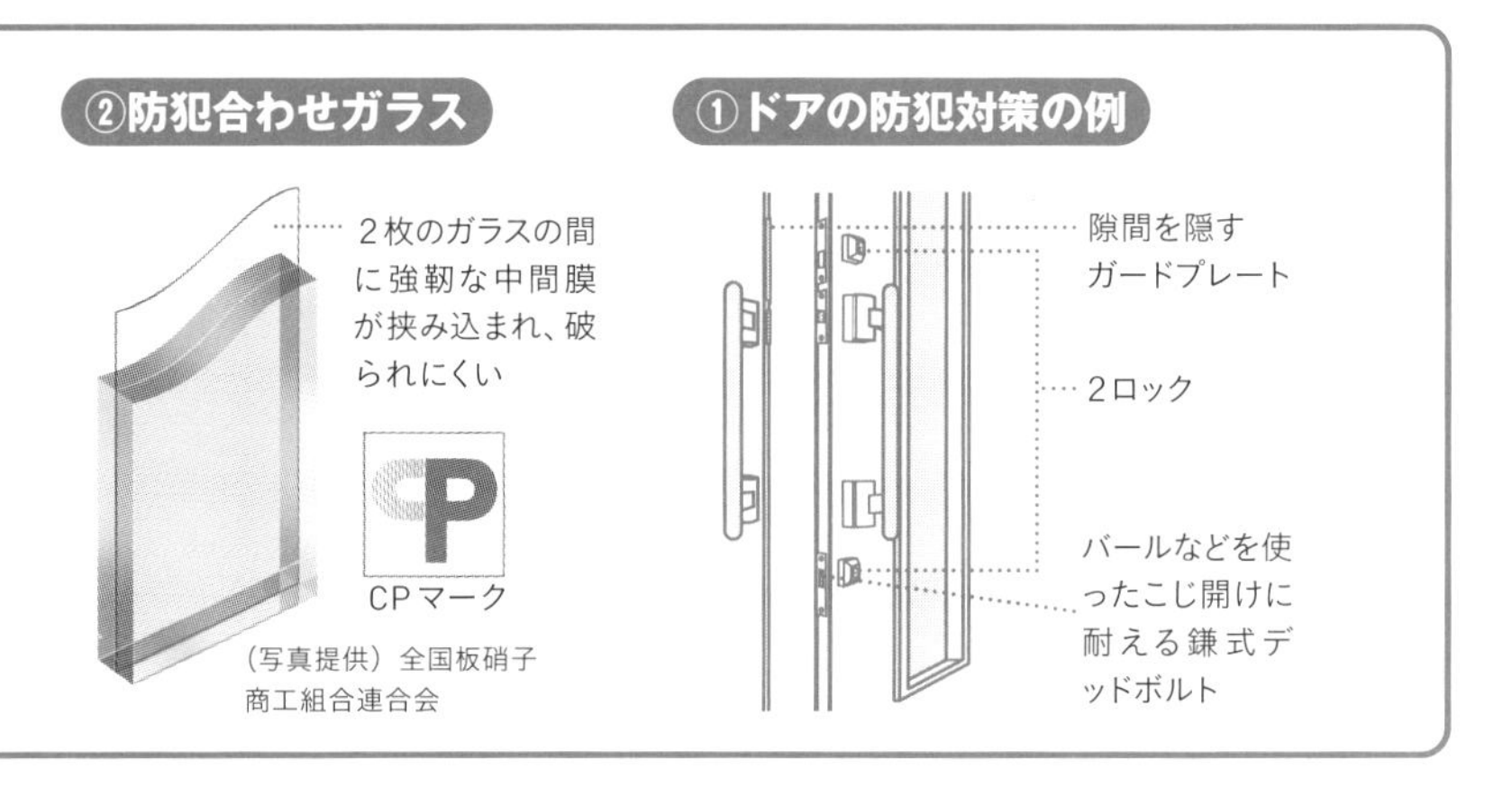

(写真提供)全国板硝子商工組合連合会

Stage 3 設計・工事を依頼する

家づくりのパートナーを絞り込み、
具体的なプランを詰めていく時期。
工事の見積もりや図面のチェックに
頭を悩ませることも多いかも？
各所のポイントを押さえておけば、
ダンドリよく進められます。

21 依頼先を選ぶ

設計・工事依頼の流れを知る

ここでは、依頼先への相談から着工までの流れを把握します。ハウスメーカー・工務店と設計事務所では、フローが一部異なることも知っておきましょう。

ここでは、設計依頼から着工までの道筋を確認します。設計依頼先を検討し、「相性がよさそうだな」と思える依頼先が絞れたら、アポイントをとって直接会い、相談してみましょう。まずは、おおまかな要望を伝えて**ラフプラン**を作成してもらいます。上がってきたプランを基に何度か打ち合わせを重ねながら新居の間取りをまとめていき、大まかな仕様を確認した段階で**概算見積書**を作成してもらいます。信頼できる依頼先に出会えて、先方の提案と見積り額に十分納得できた場合は、ここで契約を結ぶことになります。

契約後も、打ち合わせは続きます。住まいの中の細かい部分の決定や、仕様の検討確認作業となりますが、ここで設備機器や全体的な色彩イメージ、フローリングや壁材などの素材も決定することで、より詳細な図面が仕上がっていきます。

打ち合わせが一通り完了した段階で、全ての要望を反映した最終的な見積書が提示されますので、改めて詳細をチェックして問題なければ、建築確認申請を申請します。この最終見積書を基に、住宅ローンの本審査などもきちんとクリアしたら、いよいよ待ちに待った着工です。

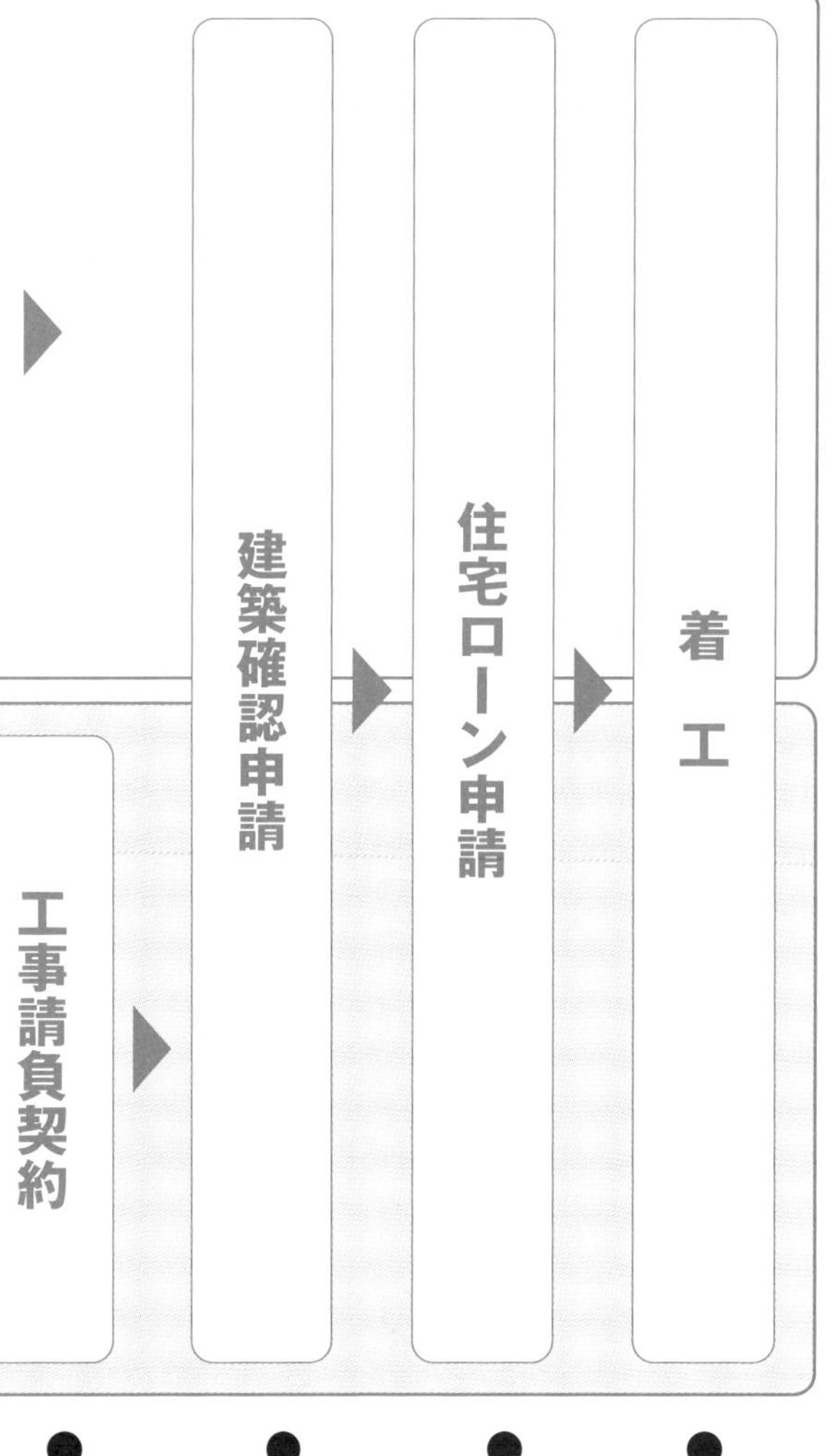

- いよいよ着工です
- ローンの実行に合わせて申請します
- 確認申請機関に申請します
- 工事を請け負ってもらう工務店と契約を結びます
- 詳細打合せで決定した内容を反映して最終見積書を作成します
- 見積りや得意分野などを基に、工事の依頼先を設計事務所と相談しながら決めます
- 材料や設備など、住まいの詳細をひとつひとつ決めていきます

大まかな流れは下図のフローチャートで確認できます。ハウスメーカーや工務店と設計事務所では、進め方が少し異なる部分があることも知っておきましょう。

CHECK!

実施した項目をチェックしましょう

- □ 設計・工事を依頼する流れを把握する
- □ ハウスメーカー・工務店と設計事務所の流れの違いを理解する
- □ 確認申請提出時期を確認する
- □ ローンの申請時期を確認する

設計施工一括方式と設計施工分離方式とは？

17頁で解説した「設計施工一括方式」と「設計施工分離方式」。ここでは、建築主・工事監理者・工事施工者の3者の関係について、分かりやすく図解します

設計施工一括方式

契約 ⇕ ……監理施工一式を1社と契約

※工事監理者と施工者は同じ会社(ハウスメーカーまたは工務店)に属している

設計施工分離方式

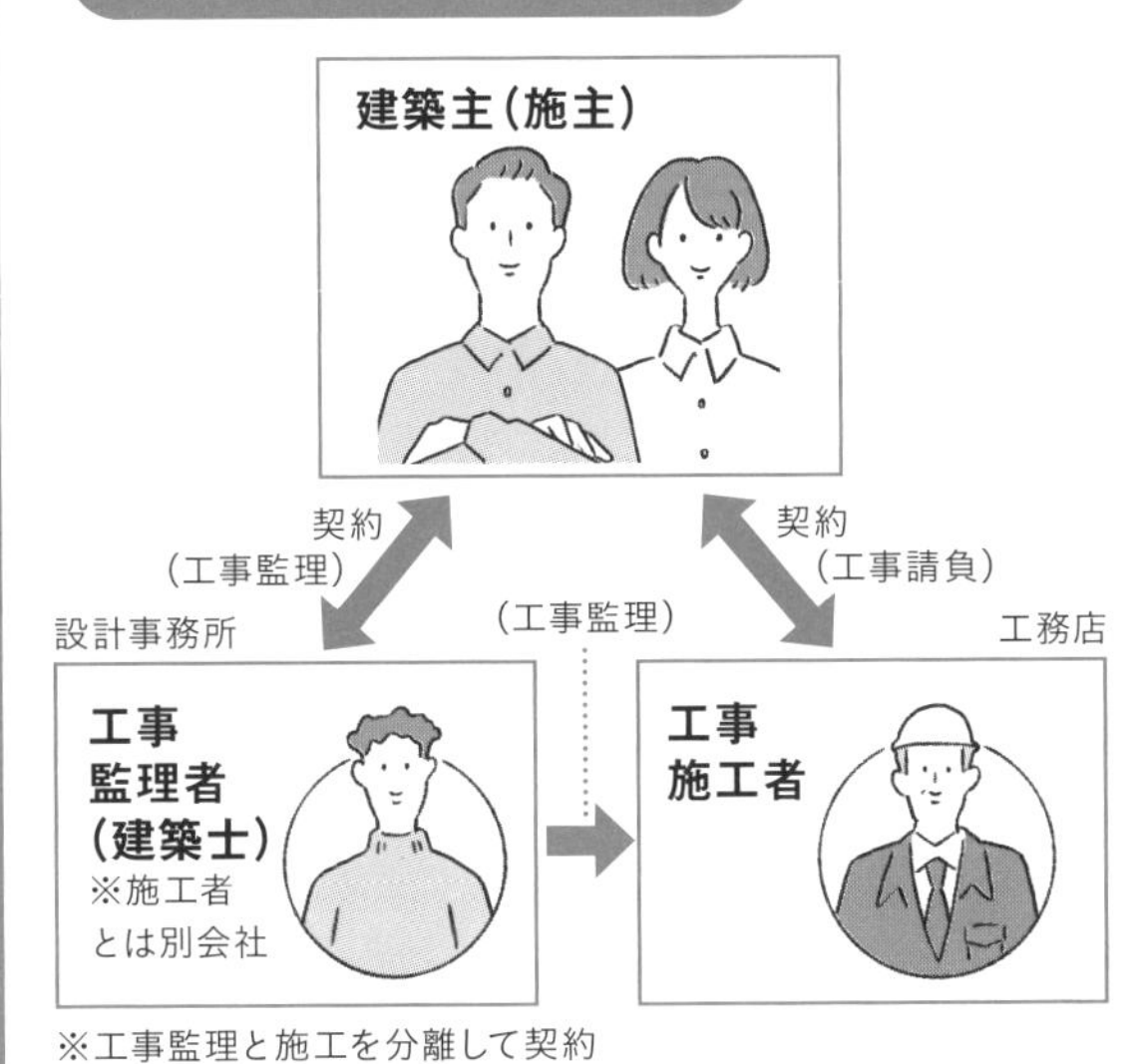

※工事監理と施工を分離して契約

設計依頼から着工までのフローチャート

	依頼先に相談	▶	プラン作成	▶	見積書作成	▶	契約
ハウスメーカー・工務店（設計施工一括方式）	依頼先に相談	▶	プラン作成	▶	見積書作成	▶	設計・工事請負契約 ▶
設計事務所（設計施工分離方式）	依頼先に相談	▶	プラン作成	▶	見積書作成	▶	設計監理請負契約 ▶

- ●希望や好み、要望を依頼先に伝えます
- ●見積りに影響する可能性のある要望はあらかじめ伝えておきましょう
- ●間取りに対して想定される見積りを作成してもらいます
- ●契約前に重要事項説明を受けます
- ●設計事務所の場合、この段階ではまだ工事の依頼先が決定していません

22 依頼先を選ぶ

依頼先に相談する

依頼先の候補が決まったら、早速相談に入ります。WEBサイトなどでアポイントをとって打ち合わせし、希望要望を伝えていきましょう。

ハウスメーカー、工務店、設計事務所にアポイントを取る方法は色々あります。

国土交通省の令和3年度住宅市場動向調査によると、施工者に関する情報収集方法は「住宅展示場で」が49％と最も高く、次いで「インターネットで」「知人等の紹介で」と続きます。

まずは展示場や事務所を訪問したり、現場見学会を訪問したりと、実際に各社が手がけた住宅を体験できる機会や、地元の会社が主催する地域のイベントなどに参加してみるのもおすすめです。積極的に行動しながら依頼先を検討し、気軽な気持ちで相談してみましょう。

また、最近ではどの会社もWEBサイトやSNSアカウントを持っていることが多く、会社ごとの理念や得意とするジャンル、今までに手がけた住宅の実例、事業内容やイベントの告知まで多岐にわたる情報が掲載されているため、雰囲気も掴みやすくなっています。メールアドレスの提示や直接メッセージが送付できるツールもあり、時間やタイミングを問わずにコンタクトが取れるので、以前に比べるとアポイントも入れやすくなりました。

相談するにあたっては、**①家に対するイメー**

➔ WEBやSNSなどで依頼先をチェック

WEBとSNSは似ている様で、実は互いに担っている役割が異なります。
どちらを入り口にしても良いですし、片方のみを利用しても大丈夫ですが
できれば互いの特徴を理解し、双方をチェックしながら会社選びができれば安心です

WEBでチェック

ホームページなどの特徴

- 情報が全てまとまっている
- 実例が一覧で掲載されており、過去の案件も見やすい
- 会社概要が掲載されている（住所や会社規模、資本金の額や保有資格、受賞歴、設立年月日など）
- ブログで近況が記載されている
- 連絡先のページ情報をもとに各自連絡を行う
- 更新が遅れているものも多い

SNSでチェック

Instagram、YouTube、Twitterなどの特徴

- タイムリーな情報が得られる
- 画像、映像ごとの注釈があるものも多く、詳細をチェックしやすい
- フォローすることで継続的に情報を得られる
- 自分の好みに合う投稿がある程度自動的に集まってくる
- プロフィールページから直接連絡をとれる
- 会社の全体像が分かりにくい

ジ②スケジュール③予算の点を初めに共有しておくと、その後の展開がスムーズになります。実際に打ち合わせに行くまでに、家族でよく相談してまとめておきましょう。

CHECK!

実施した項目をチェックしましょう

- □ 依頼先の情報をwebサイトなどで確認する
- □ 伝えるべき理想の家のイメージを考える
- □ スケジュールを検討する
- □ 予算を検討する

➔ 初回打合せまでに考えておきたいこと

家のイメージ

用意するもの

- 要望を伝えるためにまとめたもの
- 好みの外観や内装のイメージ写真

伝えておきたいこと

- 土地の情報
- 家族構成
- 車やバイク、自転車などの保有台数
- 現在の住まいの不満点
- 今の生活に関して
- ライフスタイルなど

考えておきたいこと

- 住まいに関する要望
- インテリア、エクステリアなどの好みのテイスト

要望のまとめ方

- まずは何でも書き出してみる。家族間、夫婦間で要望に違いがある際もとりあえず書き出す
- 雑誌やwebなどの記事のスクラップで、外観や内装の好みの画像をまとめておく
- 価格や土地条件、要望などに関して優先順位を検討
- 間取りや使い勝手などに関する要望をまとめる
- 趣味や好きな雰囲気などを考え、テイスト・素材などの好き・嫌いを分ける
- 要望には目的や意図を必ず加えて伝える
- 現状の不満点をまとめるだけでも要望になり得る。できれば設計者に今の家を見てもらったほうが良い

スケジュール感

考えておきたいこと

- いつ頃から建て始めたいのか
- いつ頃までに入居したいのか

聞いておくべきこと

- 打合せの所要期間
- 工事の所要期間
- 現在の仕事の立て込み具合

予算について

考えておきたいこと

- 家づくりに関する自己資金とローンのバランス
- トータルでの金額目安
- 銀行ローンの目安や月々の支払いなど

聞いておくべきこと

- これまでに依頼先が手がけた物件の主な価格帯
- 支払いの時期

23
依頼先を選ぶ

住まいへの要望を出す

住まいへの要望を設計者にきちんと伝えることができれば、家づくりの成功へ一歩前進。まず、要望を家族で話し合いましょう。

リビングの要望をチェックしましょう

広さは?

- □ 約＿＿＿＿㎡／畳は欲しい

位置は?

- □ 1階に欲しい
- □ 2階に欲しい
- □ 南面に欲しい
- □ その他(　　　　　)

天井の高さは?

- □ 一般的な高さでよい
- □ ほかの部屋より高くしたい
- □ 吹き抜けにしたい

求める役割や機能は?

- □ 家族だんらんの場
- □ 心身の休息、くつろぎの場
- □ 接客の場
- □ アイロン掛けなど家事ができる
- □ パソコンを使った作業やインターネットができる
- □ ホームシアターを楽しめる
- □ 子どもが勉強できる
- □ 趣味を楽しめる
- □ ホームパーティーができる
- □ 健康器具などを使ったエクササイズができる
- □ その他(　　　　　)

ダイニングやキッチンとのつながりは?

- □ すべてを一室にまとめたLDK型
- □ キッチンを別室にしたLD＋K型
- □ リビングを独立させたL＋DK型
- □ それぞれを独立させたL＋D＋K型
- □ その他(　　　　　)

ダイニングの要望をチェックしましょう

広さは?

- □ 約＿＿＿＿㎡／畳は欲しい

天井の高さは?

- □ 一般的な高さでよい
- □ ほかの部屋より高くしたい
- □ 吹き抜けにしたい

食卓の大きさは?

- □ 2人掛け　□ 4人掛け
- □ 6人掛け□ 8人掛け以上

リビングやキッチンとのつながりは?

- □ リビングと一体にして、食事も団らんも一緒にしたい
- □ リビングとは仕切り、食事を楽しむ場所にしたい
- □ キッチンと一体にして、配膳や後片付けをラクにしたい
- □ キッチンとは仕切り、落ち着ける場所にしたい
- □ その他(　　　　　)

キッチンの要望をチェックしましょう

広さは?

- □ 約＿＿＿＿㎡／畳は欲しい

重視するのは?

- □ 明るさや清潔感、快適さ
- □ 調理・片付けが手早くできる
- □ 本格的な調理ができる
- □ 収納の量と使いやすさ
- □ 家事全般が効率よくできる
- □ 家族(とくに子供)に目が届きやすい

リビングやダイニングとのつながりは?

- □ オープンキッチンにしたい
- □ 部分的に壁や収納で仕切った、セミオープン型のキッチンにしたい
- □ 完全に仕切り、独立したキッチンに
- □ その他(　　　　　)

キッチンのカウンターは?

- □ リビングやダイニングを見渡せる対面配置にしたい
- □ 食事カウンターをつけたい
- □ ダイニングテーブルと一体にしたい
- □ その他(　　　　　)

収納は?

- □ 大容量の収納スペースが欲しい
- □ 現在のキッチンの収納量があればよい
- □ 壁面収納棚が欲しい
- □ パントリー(食品庫)が欲しい
- □ その他(　　　　　)

取り入れたい設備や調理家電は?

- □ ガスコンロ
- □ 食器洗い乾燥機
- □ 電子レンジ
- □ フードプロセッサ
- □ 電気ポット
- □ グリル鍋
- □ ディスポーザー
- □ 洗濯乾燥機
- □ IHクッキングヒーター
- □ 冷蔵庫
- □ オーブン(ガス／電気)
- □ 炊飯器(ガス／電気)
- □ トースター
- □ エスプレッソマシーン
- □ 生ゴミ処理機
- □ その他(　　　　　)

浴室の要望をチェックしましょう

広さは?

- □ 約＿＿＿＿㎡／畳は欲しい

位置は?

- □ キッチンと同じ階がよい
- □ 寝室と同じ階がよい
- □ 1階に欲しい　□ 2階に欲しい
- □ 南面に欲しい
- □ その他（　　　　　　　　）

重視するのは?

- □ 広さ　□ 明るさ
- □ デザイン　□ バリアフリー
- □ 掃除のしやすさ
- □ その他（　　　　　　　　）

内装は?

- □ システムバスにしたい
- □ 壁をタイル張りにしたい
- □ 壁を板張りにしたい
- □ その他（　　　　　　　　）

浴室に欲しい設備は?

- □ 暖房換気乾燥機
- □ ミスト
- □ ジャグジーバス
- □ 床暖房
- □ 自動洗浄機能
- □ テレビ
- □ その他（　　　　　　　　）

洗面室の要望をチェックしましょう

部屋数と広さは?

- □ 約＿＿＿＿㎡／畳の洗面室を
＿＿＿＿室　欲しい

位置は?

- □ キッチンと同じ階に欲しい
- □ 寝室と同じ階に欲しい
- □ 1階に欲しい
- □ 2階に欲しい
- □ その他（　　　　　　　　）

用途は?

- □ 洗面専用
- □ 洗面・化粧室
- □ 洗面・脱衣室
- □ 洗面・トイレ
- □ ランドリースペースを兼ねる
- □ その他（　　　　　　　　）

トイレの要望をチェックしましょう

部屋数と広さは?

- □ 約＿＿＿＿㎡／畳のトイレを
＿＿＿＿室　欲しい

位置は?

- □ 1階と2階の両方に欲しい
- □ 1階と2階のどちらかでよい
- □ その他（　　　　　　　　）

手洗いは?

- □ 手洗い付き便器でよい
- □ 手洗い器を設置したい
- □ 洗面台を設置したい

玄関の要望をチェックしましょう

位置は?

- □ 道路に近い位置にしたい
- □ 道路から見えない位置にしたい
- □ 鬼門は避けたい
- □ その他（　　　　　　　　）

重視するのは?

- □ 明るさ　□ 広さ　□ バリアフリー
- □ 防犯やプライバシー保護
- □ その他（　　　　　　　　）

収納は?

- □ 腰高の靴入れ
- □ 天井までの壁面収納
- □ シューズインクロゼットや納戸
- □ その他（　　　　　　　　）

子供室の要望をチェックしましょう

部屋数と広さは?

- □ 約＿＿＿＿㎡／畳の部屋を
＿＿＿＿室　欲しい

位置は?

- □ 1階に欲しい　□ 2階に欲しい
- □ 南面に欲しい
- □ その他（　　　　　　　　）

置きたい家具等は?

- □ デスク　□ 椅子
- □ ベッド　□ 本棚
- □ タンス　□ 整理棚
- □ テレビ　□ パソコン
- □ スポーツ用品　□ 楽器
- □ 玩具
- □ その他（　　　　　　　　）

主寝室の要望をチェックしましょう

部屋数と広さは?

- □ 約＿＿＿＿㎡／畳の部屋を
＿＿＿＿室　欲しい

付属させたい部屋は?

- □ ウォークインクロゼット
- □ 書斎／趣味室
- □ テラス／バルコニー
- □ その他（　　　　　　　　）

位置は?

- □ 1階に欲しい
- □ 2階に欲しい
- □ 2室を隣室させる
- □ その他（　　　　　　　　）

24 依頼先を選ぶ

ラフプランを依頼する

依頼先選びも最終段階です。気になる数社に同条件でラフプランと見積りを頼み、依頼先を決めます。

大事な家づくりのパートナーを決めます。まず、工務店、ハウスメーカー、設計事務所の中から気になる会社を3社ぐらいまで選んでラフプランを頼みます。この時点で、「工務店に」などと業種が絞り込まれていると、のちに比較しやすいのはもちろん、頼む際もポイントを押さえた依頼ができます。

他社にもお願いしている場合はその旨を伝えたうえで、敷地条件や新居への要望、予算などを各社に同条件で相談します。敷地の資料や写真を提出しますが、現場を見てもらうと、より的確な提案が期待できます。ラフプランの作成費用は会社によって異なり、相談する条件次第で有料になるケースもあるので事前に確認しましょう。

大体2週間ほどでラフプランと**概算見積り**が提出されることが多いようです。会社によって考え方や技術、デザインの特徴が異なりますから、提案内容はさまざま。自分たちに適したプランになっているかを検討しましょう。一見、要望が反映されていないようでも、プロの見地から別の解決案が盛り込まれていたりするので、必ず説明は受けましょう。家づくりのパートナーとして信頼関係を築けそうかということも検討します。

「ラフプラン作成のお願い」依頼書の例

○○○○○○建設
御担当者様

私は○○に住む○○と申します。

私ども家族はかねてより家を建てたいと、土地探しや家づくりの勉強を重ねてまいり、この度やっと実現できそうな段階までたどりつきました。

現在、念願の家を建築してくれるところを、人の紹介や雑誌、インターネットなどで調べ、いろいろ検討しているところです。

つきましては、数社にプランの提示や見積書の作成を依頼しようと思っているのですが、貴社にも、応じていただけるものかどうか、お伺いする次第です。

私どもの状況を別紙に書きましたので、お受けいただける場合は、○年○月○日までに連絡をくださると幸いです。

くれぐれも、宜しくお願いいたします。

当方連絡先は電話
○○-○○○○-○○○○
午後9時頃まで電話に出られます。
e-mail ○○○-○○@○○○○. ○○○

○年○月○日
住所＿＿＿＿＿＿＿＿
氏名＿＿＿＿＿＿＿＿

■プラン、見積書作成のお願いにあたって、こちらからお渡しできるもの

1. 案内図（地図）
2. 敷地図コピー
3. 敷地の写真コピー6枚程度
4. 地盤状況（役所から聞いたもの。施工の際は地盤調査をお願いしたい）
5. 家族のプロフィール
6. 要望書（チェックシートに書き入れたもの）
7. 希望する間取りのイメージ
8. いいなと思っている部屋のイメージ（雑誌の切り抜きなど）

■プラン、見積書を作成していただきたい期限
○年○月○日

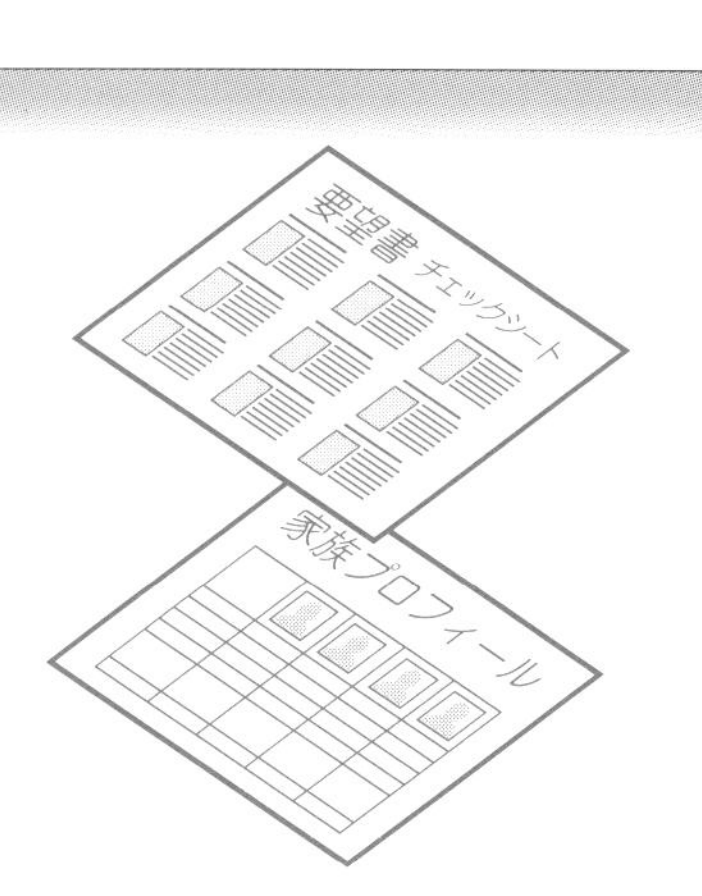

CHECK!

実施した項目をチェックしましょう

- □ 気になる依頼先を3社ぐらいまでに絞る
- □ 各社に連絡をとり、ラフプランと概算見積りを依頼する
- □ ラフプランをもらい、説明を受ける
- □ 提案内容と人柄、対応などを比較する

➔ 設計事務所３社が提案するラフプランの例

設計事務所でも、会社が違えば提案内容もさまざま。
また、プレゼンテーション方法もいろいろですが、中身を見極めることが大切です。

A 設計事務所のラフプランは **デザイン**が重視された提案

- LDKは、ダイナミックな吹き抜け空間に。眺めを取り込むピクチャーウィンドウを設ける
- サニタリーは、浴室、洗面室、トイレの仕切りをガラス張りにし、スタイリッシュな設備を選ぶ
- 玄関ホールはホテルのロビーのように。ゲストを導く空間として、スリット窓を設けてドラマティックに演出

B 設計事務所のラフプランは **機能性**が重視された提案

- LDKは、中庭を囲むＬ字型に。プライバシーを確保しながら、開放感が得られるプラン。どの部屋からも動線を短くして、いつもすっきりと片付けられるよう、大型のパントリーを設置。キッチンは、スピーディに調理できるＩ型に
- 洗面室・浴室はLDKの近くに配置し、家事効率をアップさせる

C 設計事務所のラフプランは **性能**が重視された提案

- LDKは、地震時の荷重バランスを考えて２階に配置。防犯への配慮と冷暖房ロスを抑えられるように窓は小さめにし、防犯合わせ複層ガラスを使う
- プライベートルームは、遮音性を高くする。主寝室は、安眠のために防音サッシに

ラフプランが提出されたら、各社を比較してみましょう

デザイン、性能、機能性、人柄・対応を４つの軸にとり、それぞれのレベルを比較してみましょう。ラフプランを比較・検討する際に、依頼先の特徴が明確になり、候補を絞りやすくなります

デザイン good
性能 good
機能性 good
人柄 対応 good

A 設計事務所は…
かっこいいデザインは魅力。でも、主張が強くて自分たちと性格が合わなそう……

B 設計事務所は…
こちらの希望がプランに盛り込まれている。人柄も信頼できそうだし、バランスがとれているのはこの人かな

C 設計事務所は…
デザインがイマイチ。でも、性能の点では優れているから安心

25

依頼先を選ぶ

ラフプラン完成から概算見積りまで

依頼先選びも、最終段階です。気になる会社や設計事務所にラフプランと見積りを依頼し、その結果を見て最終的な依頼先を決めます。

依頼先に希望を伝えたら、まずは**基本になるプランの作成**に入ります。ひとくくりに「プラン」と読んでいますが、家の中の間取りは勿論、敷地全体の使い方ともいえる外構計画、街並みに参加するための外観づくり、植栽の配置計画まで含め、全て"プランですので、要望や意見をしっかりと伝えておきましょう。

プランと同じくらい重要な内容として、「仕様打合わせ」(68頁)があります。同じ間取りでも、使う部材や設備が異なると見積りも変わってきます。**概算見積り**を出してもらう前に、大きくコストに関わりそうな内容については、あらかじめ希望を伝え、見積に反映してもらうようにしましょう。

この提案内容によって、**資金計画**も全体像がはっきり見えてきます。資金計画では、敷地や住宅の建築費用以外にも、各種調査費用、ローン諸費用、登記費用など、必要となる諸費用をしっかり確認するとともに、引越費用や新規で購入する予定の家具家電なども視野に入れ、漏れのないように注意することが大事です。

ラフプラン完成から概算見積りまでの流れ

プランの希望を伝える

家族で意見を話し合い、要望をまとめます。長く住み続ける住まいですので、目先の数年だけではなく、少なくとも10年後、20年後を見据えてしっかり計画しましょう。予算や時期、間取りなどの希望を検討しながら、自分に合った依頼先を探して要望を伝えます

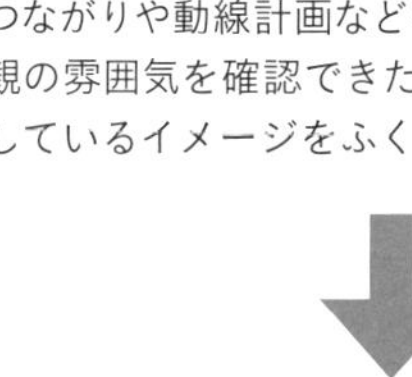

ラフプランが提出される

依頼先に伝えた内容をもとにして、設計担当者にプランを検討してもらいます。部屋と部屋のつながりや動線計画などを含む間取り、内観・外観の雰囲気を確認できたら、プランの中で生活しているイメージをふくらませてみましょう

仕様の概要を確認する

概算見積りのために必要な、住宅の仕様を確認します。採用したい素材や設備のイメージやグレード感を伝え、できる限り概算見積りに反映してもらいます。家の中だけでなく、外構計画も同時に検討できると、より精度の高い見積りになりますので頑張って考えてみましょう

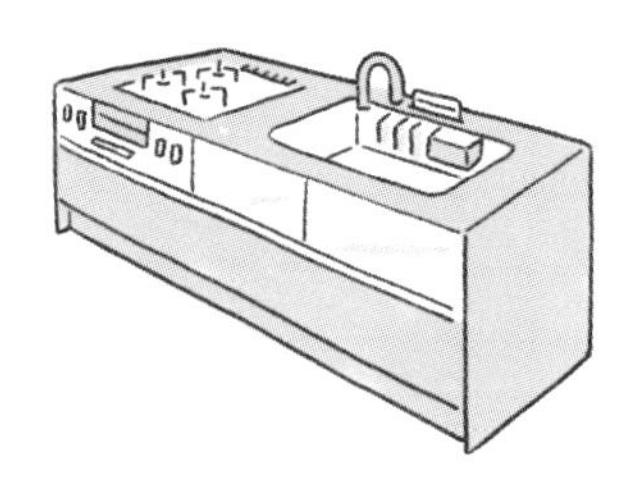

概算見積りの提出・検討

概算見積りが提出されたら、支払い総額のチェックを行います。予算に対して見積りの金額がオーバーしている場合、プランを見直したり、仕様のグレードを抑えたり、予算の増額を検討したりしながら、納得のいく計画となるようにまとめていきます。支払い総額は、建築工事以外で必要になる諸費用を盛り込みます。建物だけではなく、外構までしっかりと見込んだ資金計画書にて提案してもらいましょう

CHECK!

実施した項目をチェックしましょう

- □ **ラフプラン完成から概算見積もりまでの流れを把握する**
- □ **プラン以外で見積もりに影響しそうな希望を依頼先に伝える**
- □ **概算見積を確認する**
- □ **契約に向けた準備をする**

COLUMN

一社検討か相見積もりか

住宅を建てる方、特にハウスメーカーで検討している方のほとんどは2~3社での相見積もりを行う方が多いですが、ハウスメーカー以外にも工務店や設計事務所で計画を行った場合に一社見積もりを勧められるケースもあります。

そもそも相見積もりと一社見積もりとでは、どういった違いがあるでしょう?相見積もりを行うことの一番のメリットは見積もりの比較ができて、適正な金額で住宅を購入できることです。比較できることで後悔が少ない検討が行えたり、競合させることで値引きなどの条件を交渉できる可能性がありますが、同時に時間と労力は覚悟する必要があり、最終的には何社か断らないといけないので疲労感を伴うことも事実です。

一社見積もりの場合は、出てきた見積書の価格が適当かどうかの判断や値引き交渉が難しい可能性があるのがデメリットです。反面、一社のみの検討に集中できるので、プラン検討やコストダウン案の検討に集中でき、契約後の着工までのスケジュールを早めに押さえたりすることが出来るメリットもあります。

実際、競合時の相見積もりには敷地調査からプラン作成、見積もりまでを無料で提供するという、各社相当な労力と費用を注ぐ必要があり、仕事量が安定している工務店などでは基本的に相見積もりを断るケースもあります。

相見積もりを行った方が良いか、一社見積もりの方が良いかは施主や依頼先によって異なります。あなたに合った選択ができるように考えてみましょう。

住宅ローン事前審査

契約に向けて意思が固まったら、住宅ローンの事前審査を受けるのが一般的です。実際に住宅ローンを組むことができるか、いくら借りられるのか、金融機関による事前審査が必要です。無理のない資金計画を心がけましょう

本契約へ

見積り及びローンが確定したら、いよいよ本契約です。重要事項説明書や契約書の内容を確認し、依頼先との本契約を結びます。契約後にも、プランや仕様の詳細を決めるための打ち合わせが続きますので、理想の我が家に近づけられるよう、綿密な相談を重ねましょう。契約書には、工事の着工日と工事完了日、そして引き渡し日について、具体的な日付を必ず決めて記載してもらい、支払日のスケジュールも確認しましょう。注文住宅の保証の範囲とアフターメンテナンスについて確認することも忘れずに

26 依頼先を選ぶ

設計契約を結ぶ

設計事務所を依頼先に選んだ人は、ラフプラン後、設計契約を結びます。監理業務についても契約するのが一般的です。

設計事務所に依頼することを決めた場合は、設計事務所との家づくりの進め方を理解しておきましょう。まずは、プランの内容や先方の対応を総合的に判断して1社に絞り、**設計業務委託契約（設計契約）**を申し込みます。

この場合、設計は設計事務所が行いますが、施工は別途、**工事請負契約**を結んだ施工会社が行います。設計と施工がそれぞれの契約に基づき、完全に分離して行われるわけです。工事が**設計図書**どおりに実施されているかをチェックする**工事監理**業務も、設計を依頼する設計事務所に委託するのが一般的です（左頁参照）。

契約前には、設計事務所から**重要事項説明**を受けます。内容は、設計業務の範囲、工事監理の方法、業務に携わる建築士、報酬支払いの時期や、契約解除の方法などです。また、契約内容以上のことを建て主が要求した場合や、予定外の期間・費用が発生した場合の対処法も話し合い、双方が納得できる内容で契約を交わします。

契約締結後は、「手付金」として報酬の一部を支払います。その後、万が一、契約を解除する場合も、契約書に基づき、実働分は支払わなければいけません。

設計事務所と結ぶ設計・監理業務委託契約書の例

重要事項説明書

建築士は契約前に、建て主に対し『重要事項』を説明することが建築士法により義務づけられています。契約前には右のような書面を用いて説明が行われ、話し合いの内容が、設計業務委託契約のベースとなります

設計・監理業務委託契約書

正式に設計を依頼する場合の契約書。工事監理業務を合わせて依頼する場合が多く、下のような書面となります。内容に間違いや不明な点はないか、また、万が一のときの約束ごとや対処法をどうするか、内容を把握してからサインしましょう

※「重要事項説明書」と「建築設計・監理業務委託契約書」は、それぞれ民間（旧四会）推奨の重要事項説明書標準様式、民間（旧四会）連合協定における設計・監理業務委託契約書

重要事項説明書

1．対象となる建築物の概要
2．作成する設計図書の種類（設計契約受託の場合）
3．工事と設計図書との照合の方法及び工事監理の実施の状況に関する報告の方法（工事監理契約受託の場合）
4．設計又は工事監理の一部を委託する場合の計画

印紙

建築設計・監理業務委託契約書

委託者＿＿＿＿＿＿＿＿＿＿を甲とし
受託者＿＿＿＿＿＿＿＿＿＿を乙として
件名＿＿＿＿＿＿＿＿＿＿＿＿の
建築設計・監理業務について、次の条項と添付の建築設計・監理業務委託契約約款、建築設計業務委託書及び建築監理業務委託書に基づいて、建築設計・監理業務委託契約を締結する。

1．建設地＿＿＿＿＿＿＿＿＿＿
2．建築物の用途・構造・規模
＿＿＿＿＿＿＿＿＿＿＿＿＿＿

3．委託業務内容
添付の建築設計業務委託書及び建築監理業務委託書に示すとおりとする。これら委託書の※印を付した業務のうち、この契約に含むことを合意した業務名は次の通りとする。
(1) 建築監理業務委託書　001 施工者選定についての助言、002 見積用図書の作成、003 工事請負契約の準備への技術的助言、004 見積り徴収事務への協力、005 見積書内容の検討
＿＿＿＿＿＿＿＿＿＿＿＿＿＿
＿＿＿＿＿＿＿＿＿＿＿＿＿＿
＿＿＿＿＿＿＿＿＿＿＿＿＿＿

4．業務の実施期間

調査・企画業務	年	月	日〜	年	月	日
基本設計業務	年	月	日〜	年	月	日
実施設計業務	年	月	日〜	年	月	日
監理業務	年	月	日〜	年	月	日
その他の業務	年	月	日〜	年	月	日

5．業務報酬の額及び支払の時期
報酬額
（内取引に係る消費税及び地方消費税の額）

委託契約成立時	¥	（¥　　）
	¥	（¥　　）
	¥	（¥　　）
	¥	（¥　　）
	¥	（¥　　）
	¥	（¥　　）
業務完了時	¥	（¥　　）
	¥	（¥　　）
業務報酬の合計金額	¥	（¥　　）

6．特記事項
(1) 建築士法第24条の6に定める書面に記載すべき事項のうち、この契約書及び建築設計・監理業務委託契約約款に記載されていないものは、別途書面により交付する。
＿＿＿＿＿＿＿＿＿＿＿＿＿＿
＿＿＿＿＿＿＿＿＿＿＿＿＿＿
＿＿＿＿＿＿＿＿＿＿＿＿＿＿
＿＿＿＿＿＿＿＿＿＿＿＿＿＿

この契約の証として本書2通をつくり、甲・乙両者が署名（又は記名）・捺印のうえ、それぞれ1通を保有する。

年　月　日

委託者　住所＿＿＿＿＿＿＿＿
氏名＿＿＿＿＿＿＿＿＿＿印
受託者　住所＿＿＿＿＿＿＿＿
氏名＿＿＿＿＿＿＿＿＿＿印

CHECK!

実施した項目をチェックしましょう

- □ 設計事務所との家づくりの進め方を理解する
- □ 重要事項の説明を受け、内容を確認する
- □ 契約書の内容を確認し、契約を結ぶ
- □ 設計料の一部を支払う

設計事務所との家づくりの特徴を押さえておきましょう

工事監理の仕事

設計事務所との家づくりでは、施工は別途、建て主と工事請負契約を結んだ施工会社(工務店)が行います。その工事内容を第三者の立場で、厳しくチェックするのが工事監理。家の完成度を左右する重要な仕事なので、設計事務所は心強い存在です

工事着工前の仕事

- ●施工会社(工務店)へ見積りの依頼
- ●見積書のチェック
- ●施工会社(工務店)の選定
- ●工事請負契約の立ち会い
- ●工事請負契約書のチェック　など

工事着工後の仕事

- ●施工計画書のチェック
- ●現場のチェック
- ●監理報告書の作成
- ●各種検査、引き渡しの立ち会い
- ●工事費請求のチェック　など

設計事務所への支払い

設計事務所には設計・監理料を工事費の10〜15%支払います。支払いは3回に分けたり、5回に分けたり、事務所によって異なるので、確認しておきましょう。
なお、支払いは住宅ローン実行前の時期のため、現金かつなぎ融資を用意する必要があります。計画地が遠方の場合は現地への交通費など実費を負担します

5回に分ける場合の例

- ●設計契約時　20%程度
- ●基本設計完了時　20%程度
- ●実施設計完了時　30%程度
- ●工事の中間時(上棟時)　15%程度
- ●引き渡し時　15%程度

3回に分ける場合の例

- ●設計契約時　3分の1程度
- ●工事契約時　3分の1程度
- ●引き渡し時　3分の1程度

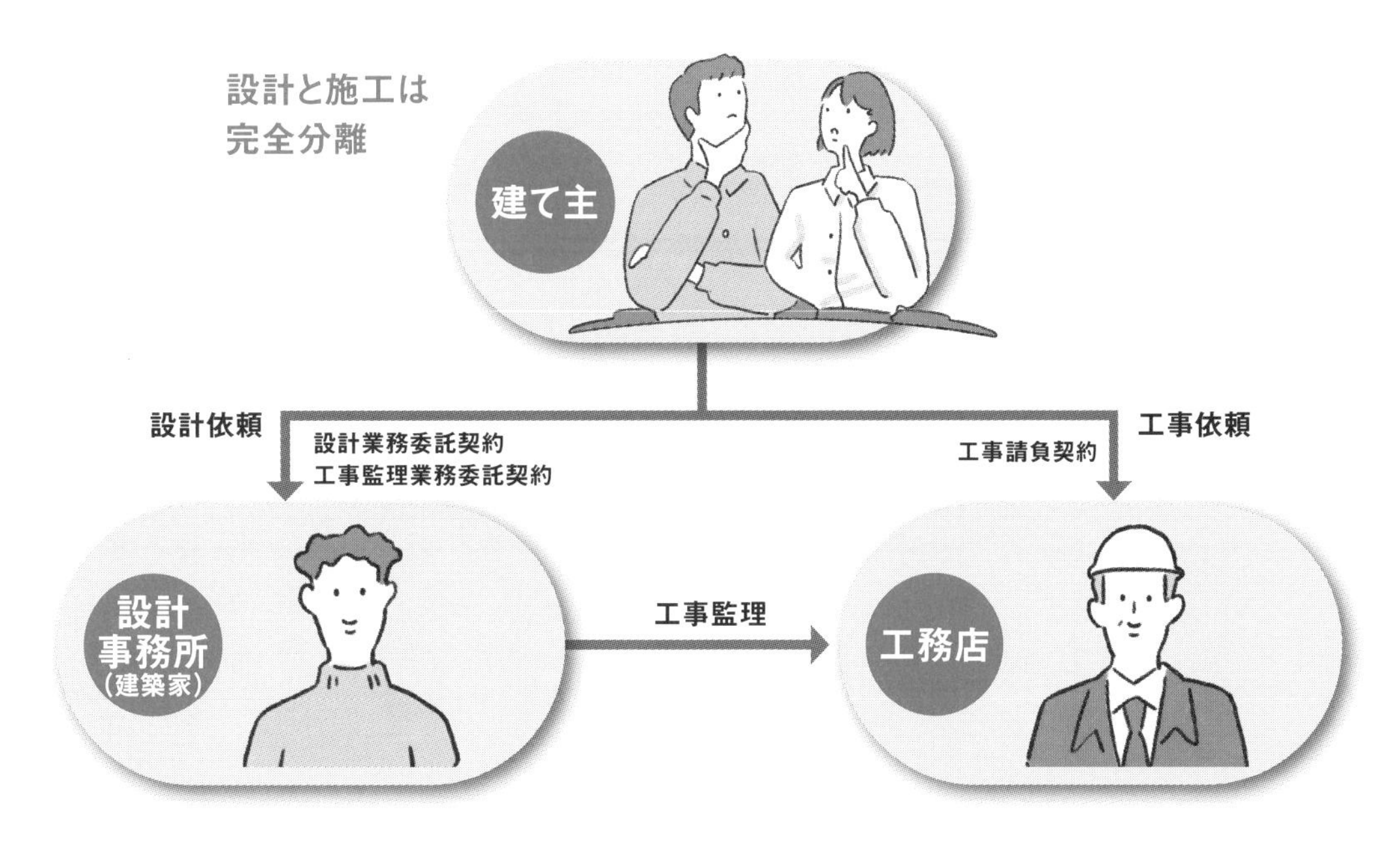

27 プランの決定

プランを詰める

ラフプランをもとに検討し、設計内容を詰めます。普段の生活を具体的にイメージしながら考えましょう。

ラフプランが完成しても、まだまだ確認するべきポイントがあります。ここから、**基本設計**（間取りを詰めていく作業）に入ります。

まず、屋外のプランとも言える**外構計画**では、道路と建物の関係はもちろん、想定する台数分の車や自転車をきちんと置くことができるか、駐車スペースに屋根は必要か、庭にウッドデッキやテラスは必要か、室外機はどこに置くかなど、敷地と建物の配置を検討しながら詳細を確認していきます。

建物自体のプランでは、各部屋の広さや天井の高さの確認から始まり、段差の有無、適材適所に収納スペースを設けているか、キッチンの使い勝手はよいかなど、間取りの詳細部分を引き続き検討する必要があります。

間取りのチェックにあたっては、普段の生活を具体的にイメージすることが重要です。朝起きて顔を洗い、着替えて朝食を食べ、掃除や家事を済ませて外出。帰宅してから夕食をとり、くつろいで風呂に入って就寝するまで、平日の家族の行動や休日のくつろぎ方を想像してみましょう。家の中を歩くように指でプランをなぞり、その中で生活しているイメージをふくらませつつ、ひとつひとつ確認しながら間取りを詰めていきます。

外構・配置プランで検討すべき主なポイント

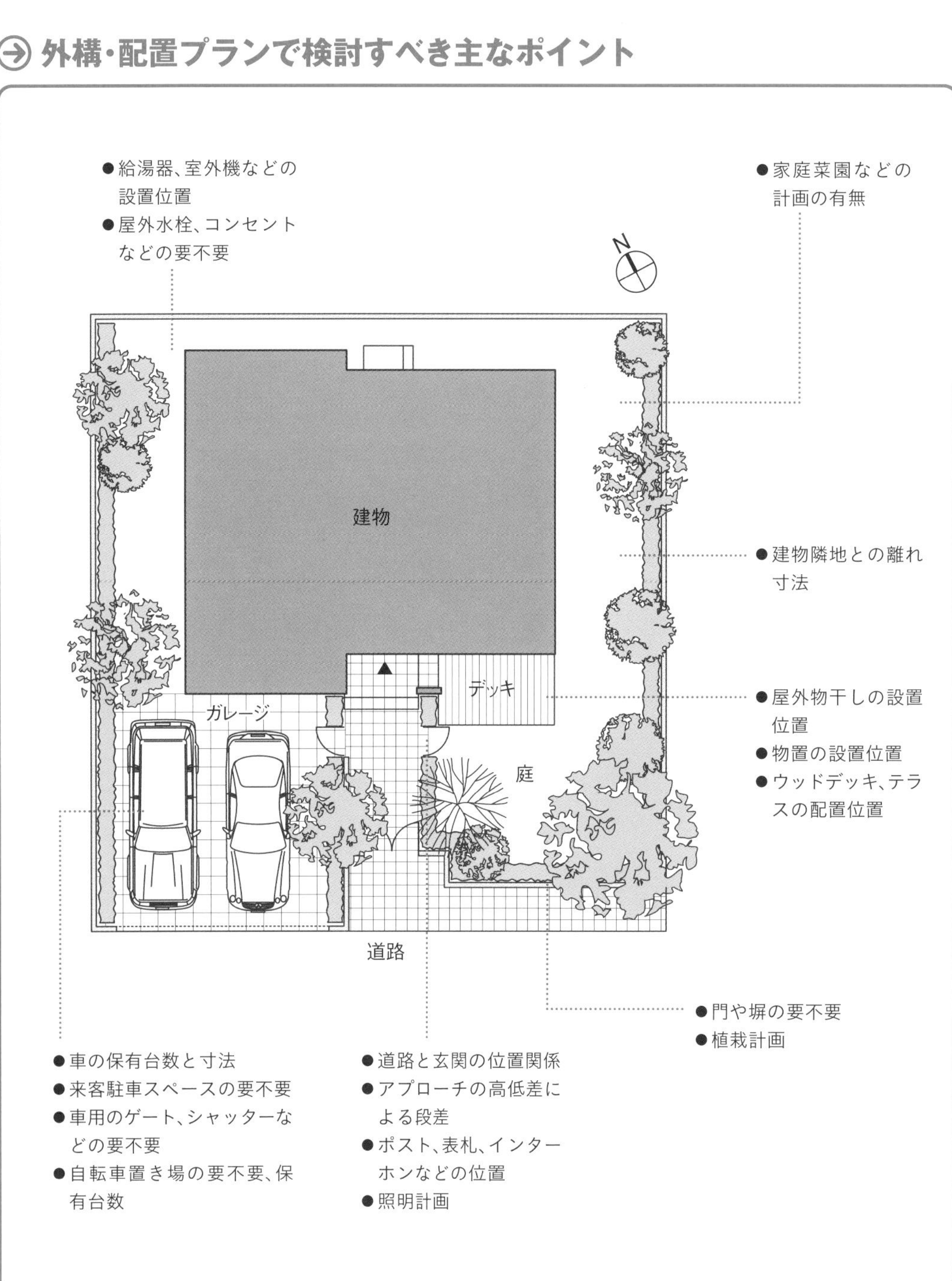

CHECK!

実施した項目をチェックしましょう

- □ プランの詳細な打ち合わせを行う
- □ 外構計画を確認する
- □ 平面計画を確認する

建物のプランで検討すべき主なポイント

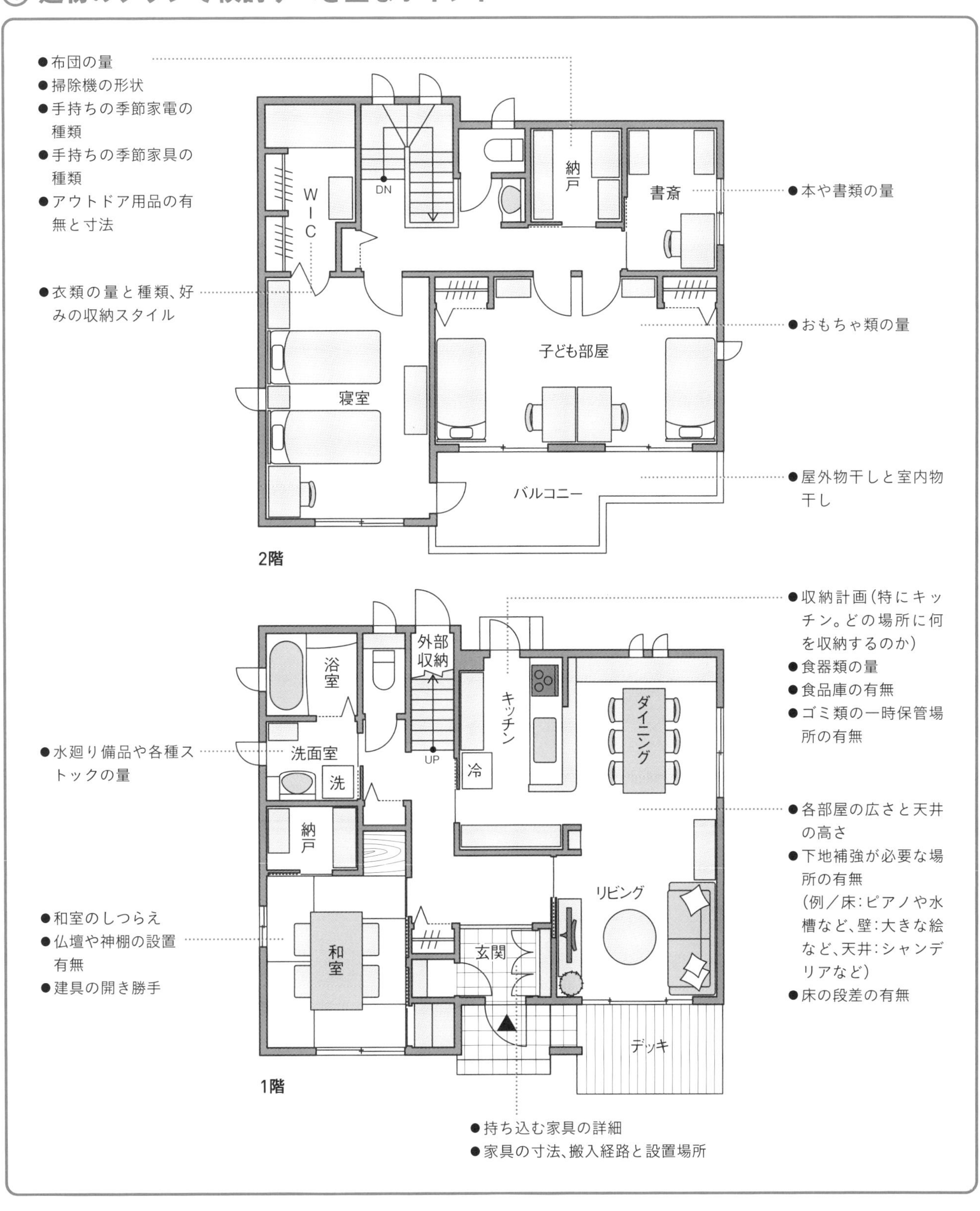

28 仕様の決定

仕様を詰める

実際に使用する建材・部材や設備の詳細を打ち合わせで決定します。デザインや好みと、使い勝手や機能などを合わせて総合的に判断しましょう。

プランの詳細が固まってきたら、次は仕様を確定します。**仕様とは、建物や設備、建材の形状、機能、性能など**を主に指します。

まず、外装です。外装などの種類によっては、住宅の維持管理にも違いが出てきますので、見た目や当初のコストだけではなく、メンテナンスにかかる手間やコストについても確認しておきましょう。種類や機能を見極めながら、屋根、外壁などの外装の部材を選んでいきます。

家の中の仕様は、種類によって使い勝手が異なる建具や、設備機器などを選択していきます。オール電化住宅かガス併用か、太陽光発電設備は必要かなど、インフラに関わる部分をはじめ、冷暖房などの空調設備や、水廻り部材の機能や性能、デザインなどを確認していきます。

また、仕様の打ち合わせでは、上記の主に機能面での選択だけでなく、インテリアやエクステリアの色やデザインの選択も行います。素材の質感や色味を確認しながら、床材、壁材を中心としてコーディネートすることは家づくりの楽しみの一つです。家具まで含め、自分が住みたい家のイメージを具現化していきましょう。

外装

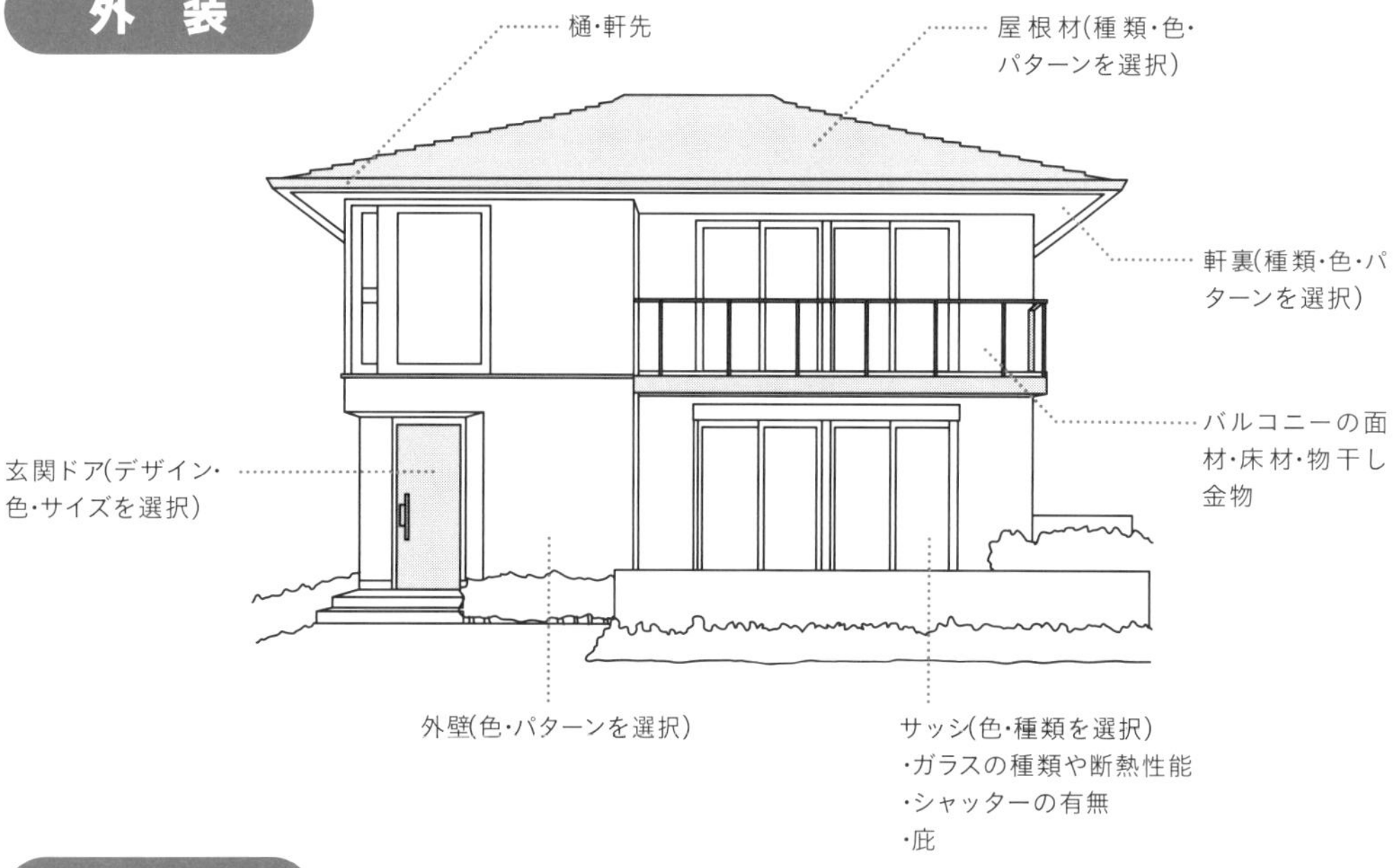

内装

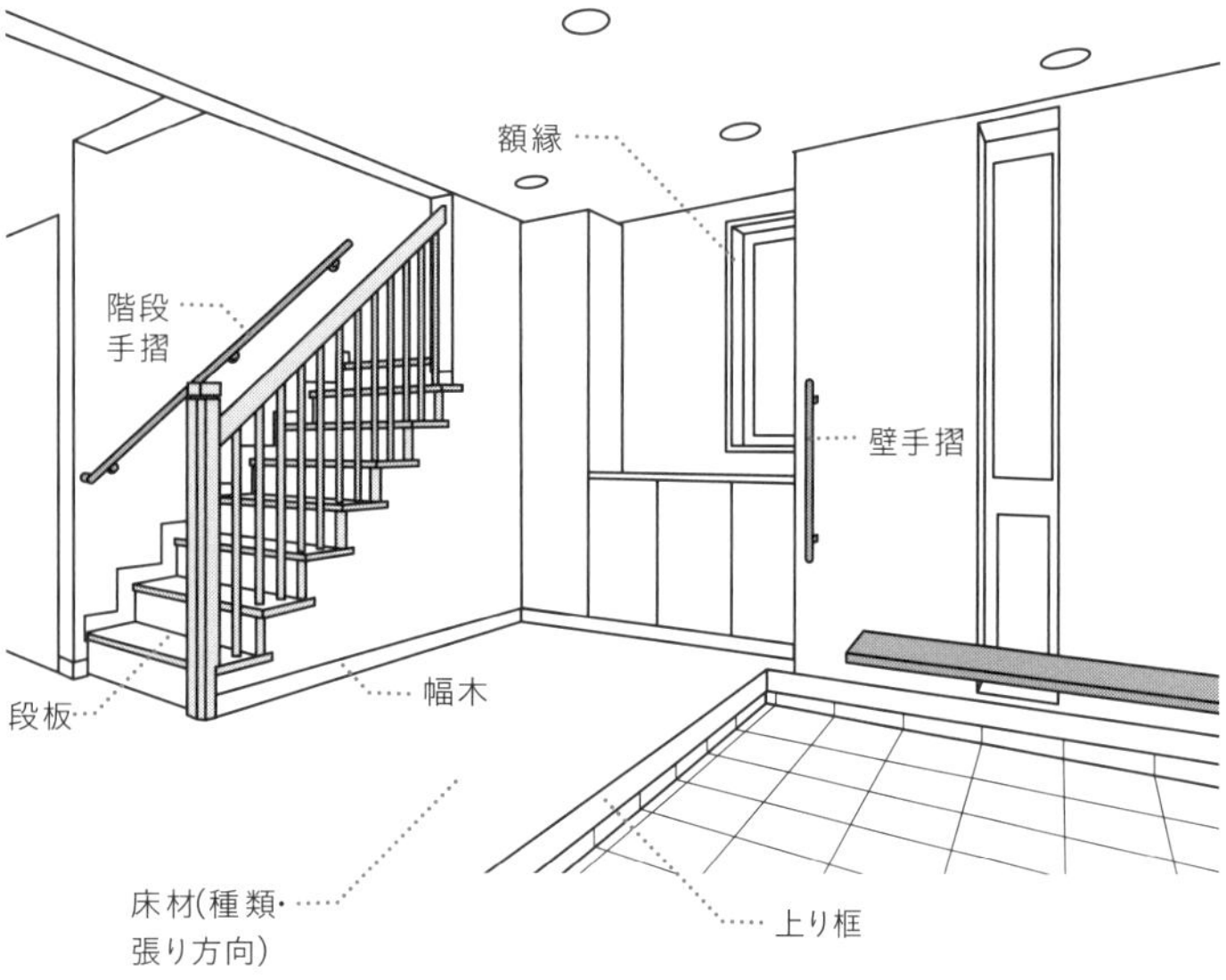

各部のチェックポイント

- 下地補強が必要な箇所はあるか(床:ピアノや水槽など、壁:大きな絵やエアコンなど、天井:シャンデリアやブランコなど)
- カーテンにするか、ブラインドにするか
- カーテンボックスの要不要
- 遮音配慮の必要な壁の箇所(トイレ周辺の壁、防音室など)
- 建具について(種類、サイズ、開き勝手、鍵の要不要など)
- 和室のしつらえ

CHECK!

実施した項目をチェックしましょう

- □ 外装を確認する
- □ 内装を確認する
- □ 収納を確認する
- □ 設備を確認する

主なチェックポイントと部位名称

設 備

各部のチェックポイント

- キッチンはガスか、IHか
- 給湯器機について（ガス、電気、ハイブリッド型など）
- エアコンの設置場所
- 暖房設備について（床暖房、蓄熱暖房、暖炉など）
- キッチン全般（形状・寸法・作業台の高さ・吊戸の有無・天板面材の種類・レンジフード・水栓カラン・シンク・コンロ・食洗機・食器棚など）
- 洗面設備全般（形状・寸法・作業台の高さ・天板面材の種類・水栓カラン・ボウルなど）
- 浴室設備全般（ユニットバスか、ハーフユニットか、造作か・バスタブ・カウンター・シャワー水栓カランなど）
- トイレ設備全般（便器の種類・手洗い場の要不要など）
- 電気配線全般（コンセント・スイッチ・換気扇・テレビ端子・インターネット環境・分電盤の位置・電気料金など）
- 照明計画全般（人感照明・ライトコントロールなど）

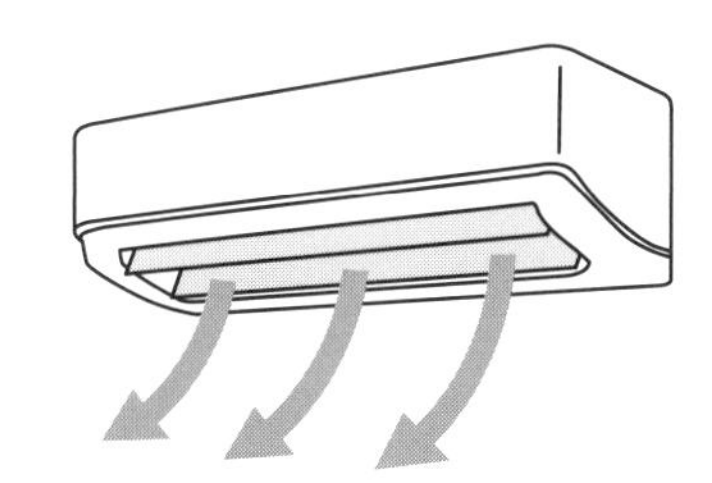

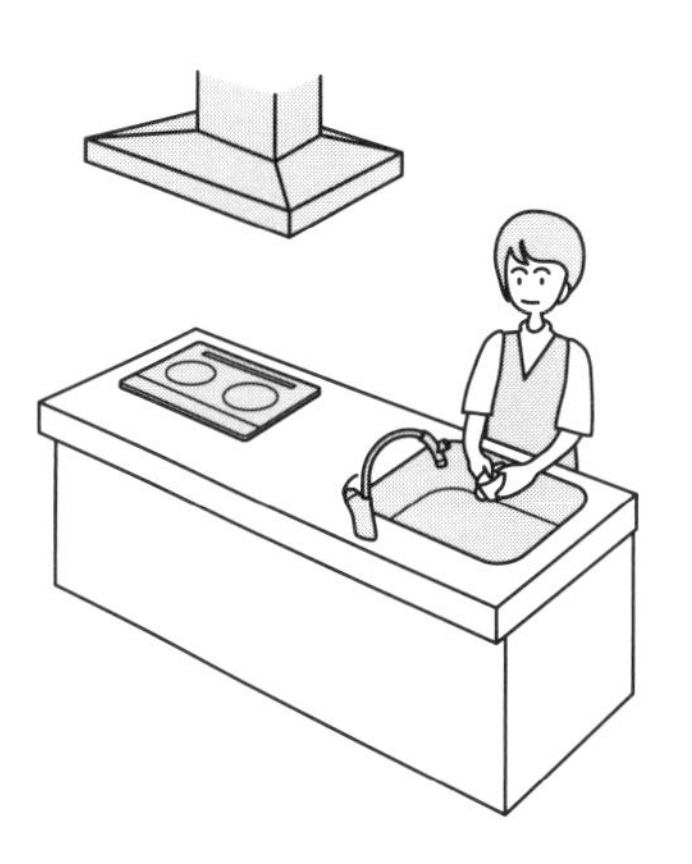

収 納

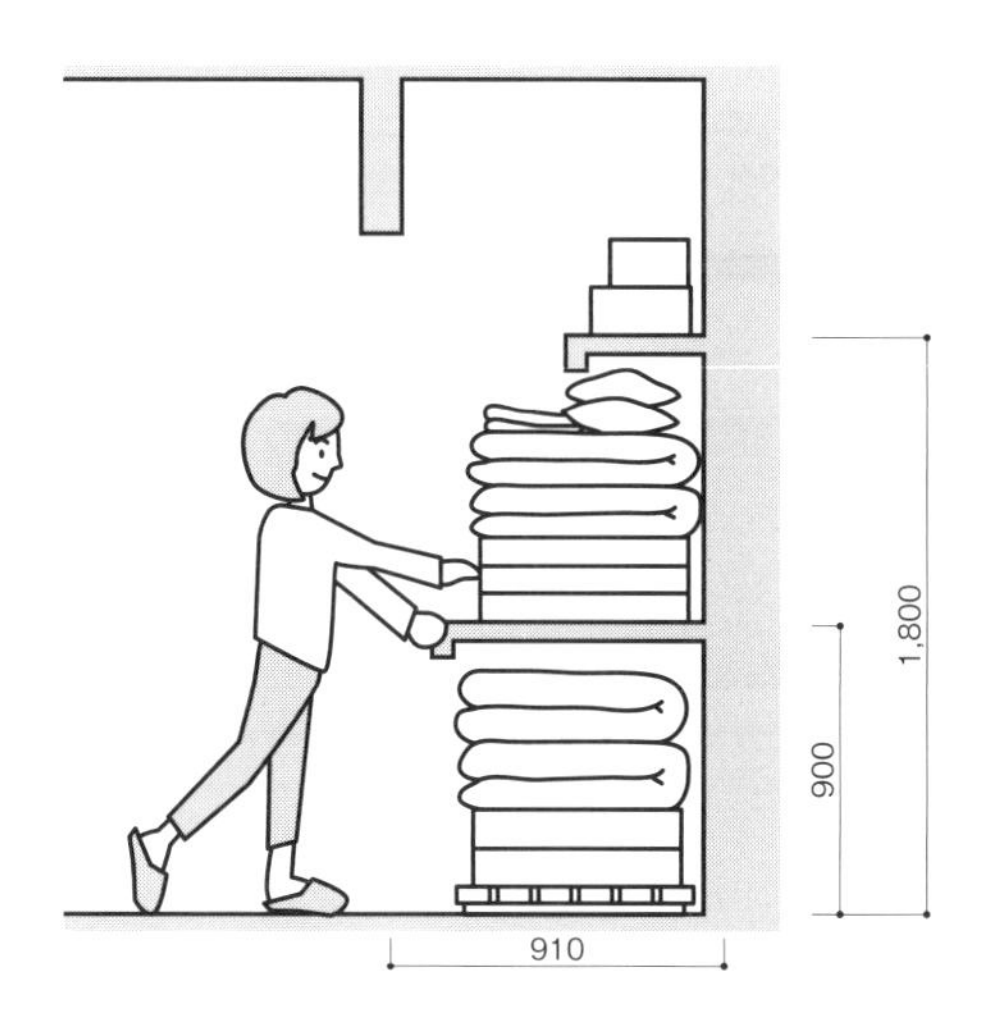

各部のチェックポイント

- ハンガーに掛ける洋服の量（ハンガーパイプの長さ）
- 季節ものの家電置場（扇風機や炬燵など）
- 布団の量と収納場所（家族分の夏冬交換用布団や、来客用の布団の保管場所）
- 掃除機の置場
- 古新聞などの置場
- 洗面室やトイレなどで使用する備品のストック場所
- 家族分の靴の量
- 玄関付近に収納したいモノの種類と量、置場（ベビーカーやキャンプ用品など）
- 食品庫や備蓄品のストック場所
- 普段は使用しないが、捨てられないモノ（段ボール類など）の置場
- 屋外で使用するモノの置場（掃除用品やタイヤなど）

29 施工会社を決める

工事の見積りをとる①

工務店やハウスメーカーに依頼する場合は、ラフプランと概算見積書を照らし合わせながら検討します。

設計・施工の両方を行う工務店・ハウスメーカーと、施工を別途工務店に依頼する設計事務所では、家づくりの流れが違うため、**見積り**の意味合いとタイミングが異なります。ここでは、**ラフプラン**と同時に受け取り、依頼先を選ぶ材料となる工務店・ハウスメーカーの概算**見積り**を解説します。

工務店の**見積書**は、工事の種類ごとに金額を提示する**工種別見積り**（74頁参照）が一般的ですが、ハウスメーカーの場合は、躯体や屋根、建具など部位別に見積りが出される**部位別見積り**か、「標準仕様一式いくら」とする場合が多いようです。そのため、工法が異なる会社間では見積り価格の比較がしにくいという問題があります。

もし、見積書の内容を理解しないまま契約し、途中で設計変更が必要になると当初の予算をオーバーしたり、支払いについてトラブルになったりすることも考えられます。項目一つひとつをチェックし、疑問に思うことは見積りの段階で何度でも尋ねましょう。

また、単純に価格を比較するだけではなく、会社の規模や工事の種類、得手・不得手、材料の選定などにより見積り金額は大きく異なるということをとらえておく必要があります。

家づくりの流れと見積り依頼のタイミング

設計事務所に依頼する場合と、工務店やハウスメーカーに依頼する場合の家づくりの流れは異なります。どこでどんな見積りをとるのか、その後、家づくりはどう進むのかをきちんと把握しておきましょう

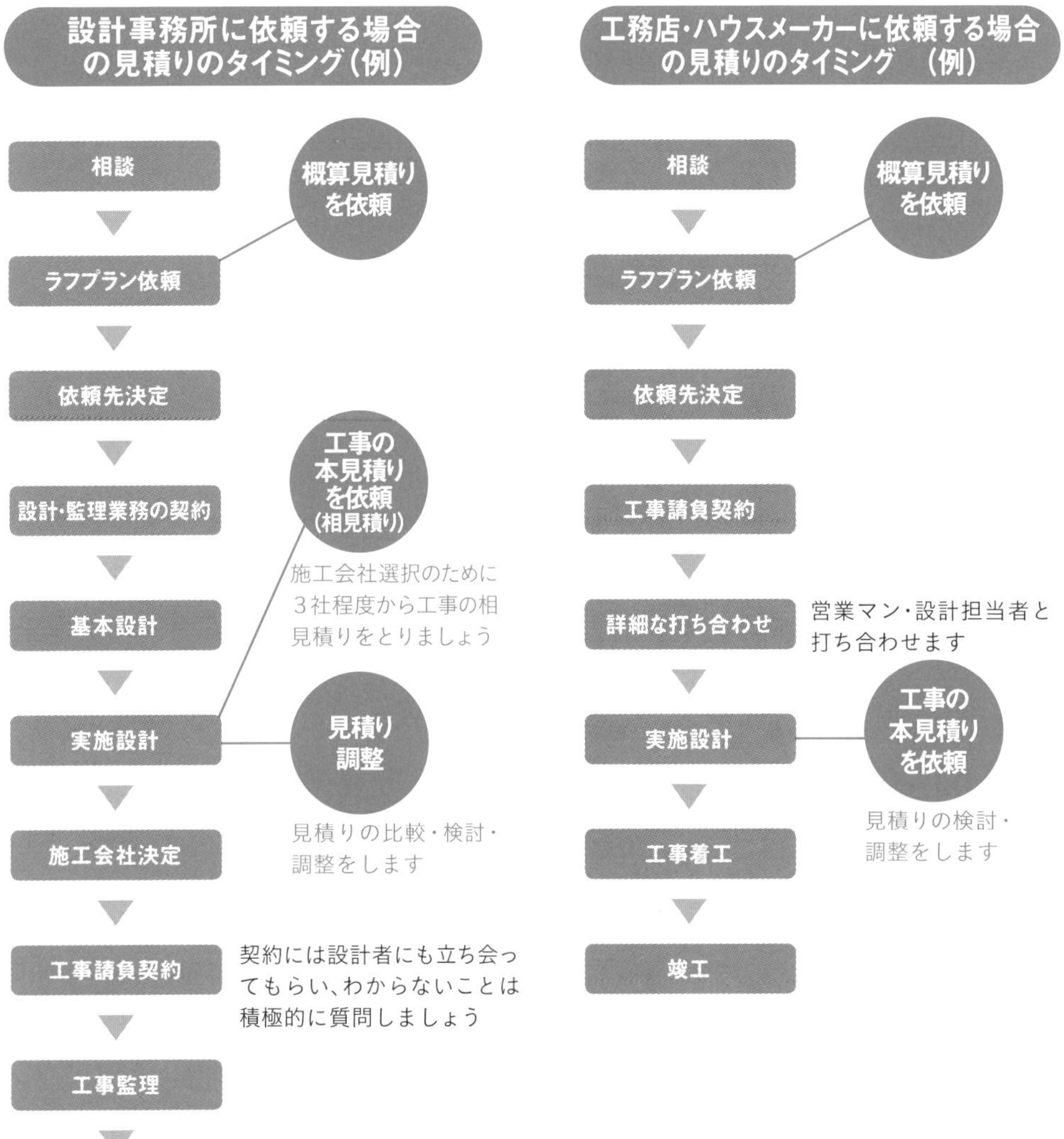

設計事務所に依頼する場合の見積りのタイミング（例）

相談 → ラフプラン依頼 → 依頼先決定 → 設計・監理業務の契約 → 基本設計 → 実施設計 → 施工会社決定 → 工事請負契約 → 工事監理 → 竣工

- 概算見積りを依頼（ラフプラン依頼）
- 工事の本見積りを依頼（相見積り）（実施設計）：施工会社選択のために3社程度から工事の相見積りをとりましょう
- 見積り調整（実施設計）：見積りの比較・検討・調整をします
- 工事請負契約：契約には設計者にも立ち会ってもらい、わからないことは積極的に質問しましょう

工務店・ハウスメーカーに依頼する場合の見積りのタイミング　（例）

相談 → ラフプラン依頼 → 依頼先決定 → 工事請負契約 → 詳細な打ち合わせ → 実施設計 → 工事着工 → 竣工

- 概算見積りを依頼（ラフプラン依頼）
- 詳細な打ち合わせ：営業マン・設計担当者と打ち合わせます
- 工事の本見積りを依頼（実施設計）：見積りの検討・調整をします

※工務店・ハウスメーカーの規模・業態は多様化しており、工事請負契約後に詳細な打ち合わせを行うなど、上記の流れに当てはまらないケースもあるので確認が必要です

CHECK!

実施した項目をチェックしましょう

- □ 見積りのタイミングを知る
- □ 部位別見積りと工種別見積りの違いを知る
- □ 見積書の内容を理解する
- □ ラフプランと総合的に検討する

➔ 見積りのベースとなる項目を知りましょう

見積書は、工事費用を算出するための「工事内容のリスト」でもあります。「部位別見積り」と「工種別見積り」では分類の仕方が異なりますが、それぞれどんな項目があるかを把握しておきましょう

「部位別見積り」の項目例

仮設工事
土工・基礎工事
躯体工事
屋根工事
外装工事
内装工事
開口部・建具工事
その他工事

「工種別見積り」の項目例（木造住宅の場合）

種目	工事科目	工事の内容
建築本体工事	仮設工事	足場組み、仮設電気、仮設トイレ設置など
	土工・基礎工事	基礎打設、地盤改良、土の処理など
	木工事	建物の骨組、木材・釘・金物などを使う大工工事
	屋根・板金工事	屋根を葺く工事、庇や樋も含む
	石・タイル工事	石張り・タイル張りの工事
	外壁工事	外壁の工事
	左官工事	内外壁を塗り仕上げとしたときの工事
	建具工事	窓やドア・障子や襖などの工事
	内装工事	床・壁・天井の仕上げに関する工事
	塗装工事	外壁などの色付けを行う化粧工事
	雑工事	手すりやカーテンボックスなど
設備工事	住宅設備機器工事	システムキッチンやシステムバスの取り付け
	電気設備工事	電灯コンセント、照明器具、弱電設備
	給排水衛生設備工事	給湯・給水・排水、浄化槽など
付帯工事	外構・造園工事	塀・門扉・植栽などの工事
	冷暖房・空調工事	冷房・暖房などの工事
	ガス・浄化槽工事	ガス管の敷設など
諸経費	諸経費	現場経費と会社経費（工事費や会社規模で異なる）

木工事の細目
構造材
造作材
板材
銘木
フローリング
合板類
断熱材
釘・金物
大工手間

「木工事」とは、木を使う工事全般をいい、木造住宅の場合、大きな割合を占めます。材料費と大工の手間賃が主で、プレカット工場への支払いが生じる場合もあります

※施工会社によって見積り項目の分け方は異なります

30 施工会社を決める

工事の見積りをとる②

設計事務所に依頼する場合は、実施設計図書ができあがってから設計事務所を通じて相見積りをとることもあります。

設計事務所に依頼して家づくりを進めている人は、実施設計図書を材料に施工会社（工務店）を決めるための**相見積り**をとるケースもあります。設計事務所とは監理業務委託契約を結んでいる場合がほとんどなので、設計事務所を通じて施工会社を3社程度選び、相見積りの依頼を行います。

相見積りではすべての施工会社に現場を見てもらい、同条件で依頼するのが原則。競合相手の存在により、見積りの精度も高まります。各社への依頼事項にズレが生じないように注意しましょう。また、公正な結果を得るためには、頼まれても他社の見積り内容を教えてはいけません。

出揃った**見積書**をチェックするポイントは、単に工事費用の高い・安いの比較だけではありません。見積り先に設計通りに建てる施工技術があるか、工事内容に見合った価格であるかなどを見定めて、施工会社の選定を行います。

これらの作業は基本的に設計事務所に行ってもらえます。ただし、のちに施工会社と契約を結ぶのはあなた自身。設計図書と照らし合わせながら見積書をチェックし、内容を理解しておく必要があります。

見積書を比較してみましょう

各社の見積り金額は、総額だけではなく内訳をそれぞれ比較してみましょう。こういった比較表を設計者につくってもらうとわかりやすいでしょう。同じ項目で金額に差があった場合は、素材選びや工事の方法の違いなど理由を確認しましょう

Check 金額の差は、A社は外断熱工法を採用しているためのようです

Check 金額の差は、B社が金属板の外壁を既製品より安くつくってくれる業者（仙台）を知っているためのようです

No./工事項目	工事科目	A社	B社	特記	特記予算
A.建築本体工事	1.仮設工事	946,882	702,387		9,800,000
	2.基礎工事	2,243,892	2,201,108		2,100,000
	3.木工事	11,957,856	12,488,364	同額なら紀州材のほうがよい	11,900,000
	4.屋根・板金工事	2,505,922	1,110,480	外断熱通気工法の差	980,000
	5.タイル工事	648,200	581,770		700,000
	6.外壁工事	1,275,756	599,760	規格品と現場での折り曲げ加工の差	700,000
	7.左官工事	930,773	881,762		840,000
	8.建具工事	3,478,384	3,467,996		3,500,000
	9.内装工事	967,456	703,080		700,000
	10.塗装工事	1,403,738	727,160	吹き付け材の差・B社に誤り	700,000
	11.雑工事	815,079	0	木工事に算入	700,000
	小計	27,691,943	23,463,867		23,800,000
B.設備工事	1.住宅設備機器工事	1,535,199	1,506,050	概算には造り付け家具も含めている	1,890,000
	2.電気設備工事	1,300,393	1,316,392		1,540,000
	3.給排水衛生設備工事	1,640,800	1,208,662		1,330,000
	小計	4,476,392	4,031,104		4,760,000
C.付帯設備工事	1.外構工事	1,935,682	2,176,566		1,750,000
	2.空調工事	1,336,902	1,093,400		1,260,000
	3.ガス工事	235,942	242,060		210,000
	小計	3,508,526	3,512,026		3,220,000
	計 A＋B＋C	35,676,861	31,006,997	466万円の差	31,780,000
D.諸経費		1,003,139	4,651,780	判断が難しい	3,220,000
		(2.8%)	(15%)		(10%)
	合計	36,680,000	35,658,777	差額　1,021,223円	35,000,000

Check 合計金額は近いのに、諸経費はB社が約360万円も高く、差が大きいもの。判断が難しい場合は、直接内訳を聞いてみましょう

CHECK!

実施した項目をチェックしましょう

- □ 設計事務所を通じて、施工会社に相見積り(あい)をとる
- □ 相見積りの結果を比較する
- □ 施工会社を決める

➔ 総合的に検討して施工会社を絞りましょう

設計・施工の両方を行う工務店やハウスメーカーに依頼する場合は、
ラフプランや見積書の内容だけでなく、
社風・対応・保証などを総合的に検討して、1社に絞りましょう

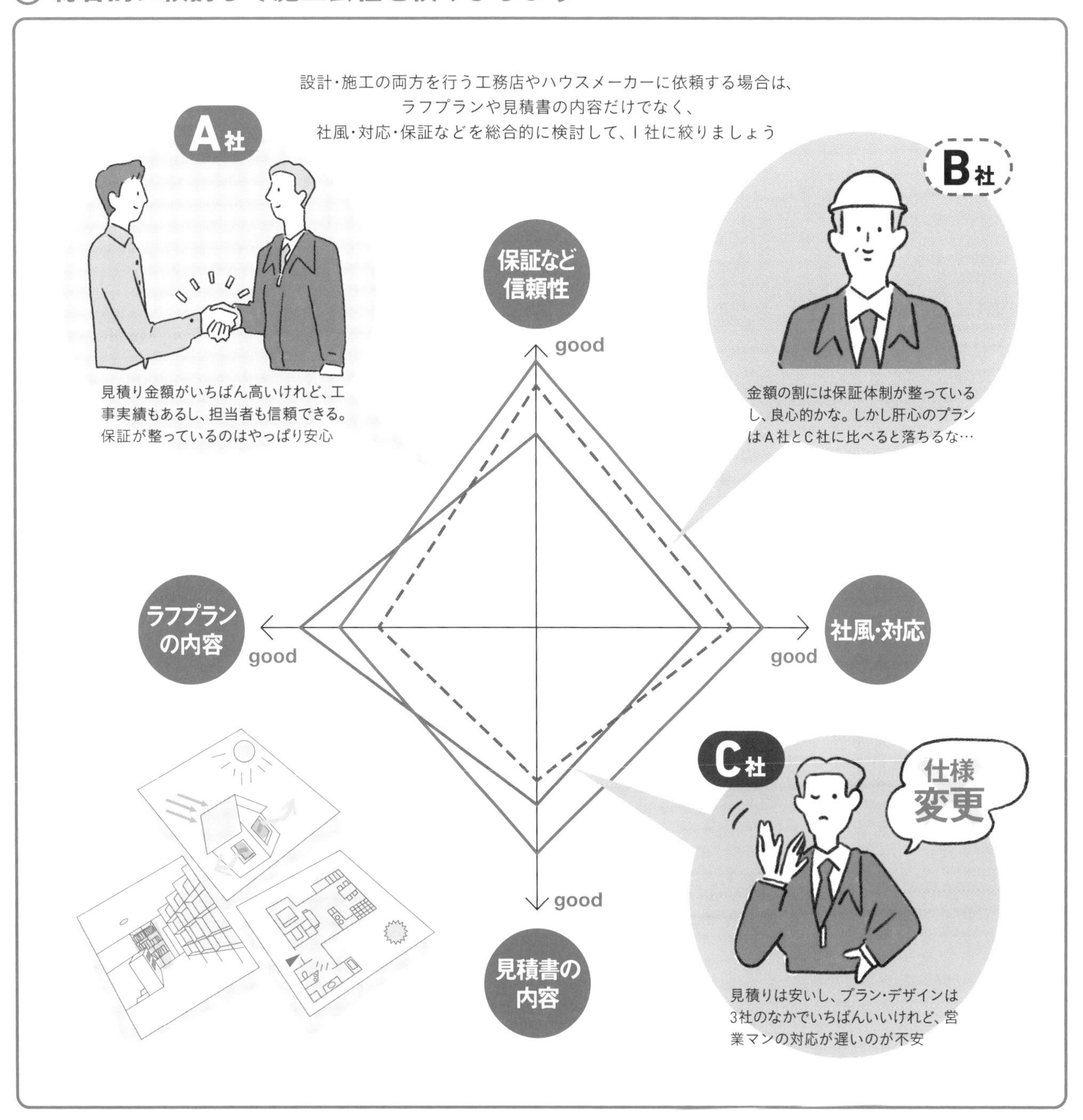

31 施工会社を決める

本見積りを確認する

家づくりをハウスメーカーや工務店にお願いする場合は、依頼先が決まったら**本見積り**の提出を頼みます。設計事務所に依頼する場合は、相見積り(あい)でもっともよいと思われる施工会社の見積り結果について設計者と打ち合わせを行い、予算と照らして再見積りを依頼する「見積調整」という流れになります。

見積書の金額と予算の隔たりが小さい場合には、同じような材料でもっと価格の安いものはないか、工事を効率化して運搬費や工賃を圧縮できないかなど、なるべく目に見える仕様やグレードを変えない範囲で価格を下げることを、施工会社に相談します。

一方、予算の隔たりが大きい場合は、希望の材料や仕様、間取りなどを見直し、コストダウンを図ります。たとえば、塗り壁をクロスにする、床暖房の面積を減らす、造り付け収納を減らすなど……。もちろん、このとき、仕様を落とさずに予算を増やすという選択肢もありますので、資金計画を見直しながらバランスよく検討してください。

本見積りの内容は、そのまま契約の内容になります。トラブルを防ぐために、最終見積書や設計図書は、細部までチェックし、予算を越えないように調整しておきましょう。

本見積りの内容はそのまま契約内容になります。予算オーバー分は調整しておきましょう。

見積書の表紙例

御見積書

O邸　新築工事

下記の通り御見積申し上げます。

見積金額　¥33,345,455-　円　也

消費税額　¥3,334,545-　円　也

合計金額　¥36,680,000-　円　也

工事場所　○○県○○市○○町○○-○○
見積年月日　○○年○○月○○日
お支払条件　着工時○%、上棟時○%、竣工時○%
有効期限　30日
備　考　この見積書に記載無き事項は全て別途工事とします。

工事費内訳書(工種別見積り)の例

No./工事項目	工事科目	数量	単位	単価	金額
A.建築本体工事	1.仮設工事	1	式		946,882
	2.基礎工事	1	式		2,243,892
	3.木工事	1	式		11,957,856
	4.屋根・板金工事	1	式		2,505,922
	5.タイル工事	1	式		648,200
	6.外壁工事	1	式		1,275,756
	7.左官工事	1	式		930,773
	8.建具工事	1	式		3,478,384
	9.内装工事	1	式		967,456
	10.塗装工事	1	式		1,403,738
	11.雑工事	1	式		815,079
	小計				27,691,943
B.設備工事	1.住宅設備機器工事	1	式		1,535,199
	2.電気設備工事	1	式		1,300,393
	3.給排水衛生設備工事	1	式		1,640,800
	小計				4,476,392
C.付帯設備工事	1.外構工事	1	式		1,935,682
	2.空調工事	1	式		1,336,902
	3.ガス工事	1	式		235,942
	小計				3,508,526
	計 A+B+C				35,676,861
D.諸経費		2.8	%		1,003,139
合計					36,680,000

CHECK!

実施した項目をチェックしましょう

- □ 見積り結果から予算オーバーの金額を把握する
- □ プランや仕様の変更を行い、減額調整をする
- □ 再見積りを依頼する
- □ 見積書と設計図書の内容を確認する

工事費内訳明細書

内装工事の例

No./名称	摘要	数量	単位	単価	金額
1.畳	1階	12.00	帖	10,000	120,000
2.ロンリウム		16.38	㎡	3,000	49,140
3.紙クロス張り	壁	220.00	㎡	1,700	374,000
4.紙クロス張り	天井	87.00	㎡	1,700	147,900

塗装工事の例

No./名称	摘要	数量	単位	単価	金額
1.外壁屋外塗装下地	シーラー塗装	196.89	㎡	1,000	196,890
2.外壁屋外塗装		196.89	㎡	2,000	393,780
3.軒裏屋外塗装	庇	54.00	㎡	3,000	162,000
4.屋内塗装	枠類・建具類	1.00	式		250,000

住宅設備機器工事の例

No./名称	摘要	数量	単位	単価	金額
1.システムキッチンW2400		1.00	セット	363,400	363,400
2.キッチンパネル		1.00	本	24,000	24,000
3.水切りトレー		1.00	カ所	7,500	7,500
4.床下収納庫2尺×3尺		1.00	カ所	30,500	30,500

電気設備工事の例

No./名称	摘要	数量	単位	単価	金額
1.電灯配線		28.00	カ所	2,700	75,600
2.片切りスイッチ		26.00	カ所	2,800	72,800
3.3路スイッチ		4.00	カ所	4,000	16,000
4.コンセント(1.2口用)		26.00	カ所	2,800	72,800

仮設工事の例

No./名称	摘要	数量	単位	単価	金額
1.遣方		70.91	㎡	650	46,091
2.外部仮設足場		126.39	㎡	1,400	176,946
3.外部飛散防止養生		1.00	式		50,000
4.内部仮設材		1.00	式		40,000

基礎工事の例

No./名称	摘要	数量	単位	単価	金額
1.布基礎RC造	W120	70.00	m	14,000	990,780
2.防湿コンクリート 屋内	厚60	65.19	㎡	4,000	260,760
3.束石設置 屋内		38.00	カ所	900	34,200
4.基礎パッキン		70.00	カ所	1,000	70,000
5.高基礎RC 造浴室	W120	6.12	m	15,000	91,800

木工事の例

No./名称	摘要	数量	単位	単価	金額
1.構造材(杉柱105)	施工面積	134.42	㎡	14,500	1,949,090
2.端柄材	延床面積	126.39	㎡	6,500	821,535
3.造作材	〃	126.39	㎡	4,500	568,755
4.下地、内装木材、合板	〃	126.39	㎡	10,000	1,263,900
5.金物類および雑材費		1.00	式		80,000
6.建方労務費	延床面積	126.39	㎡	21,000	2,654,190

屋根板金工事の例

No./名称	摘要	数量	単位	単価	金額
1.ガルバリウム鋼板	瓦棒屋根	99.78	㎡	8,000	798,240
2.同上役物	〃	99.78	㎡	4,000	399,120
3.ルーフィング下葺	屋根	99.78	㎡	600	59,868
4.横樋	塩ビ製角型	23.65	m	2,400	56,760

見積書のチェックポイント

見積書の各項目を確認するのは大変なことですが、右のチェックリストを参考に、設計図書と照らし合わせながら、内容に誤りがないかどうか調べてみましょう

内容	チェックポイント	チェック欄
工事費内訳書の有無	工事費内訳書だけではなく、内訳明細書が添付されているか	□
工事費の計上	建物本体から外構・家具まで、依頼する予定の工事項目がもれなく記載されているかどうか	□
別途工事の範囲	解体工事の範囲が示されているか。照明器具・カーテン・ガス工事、地盤補強などの扱いが明確に記載されているか	□
設備機器	希望するキッチンやトイレ、システムバスなどの機種や型番、オプションの有無は依頼した通りかどうか	□

32

施工会社を決める

工事請負契約を結ぶ

いよいよ、工事請負契約です。
契約後の変更は工事費アップや工期延長につながるリスク大。
しっかりと確認しておきましょう。

設計の依頼先が決まったら、契約前に重要事項説明を受けます。重要事項説明とは、宅地建物取引業法（宅建業法）で定められた大切な手続きのこと。不動産売買前に宅地建物取引士が土地や建物の調査を行い、契約上重要な事項について説明することが義務付けられているのです。その後、施工を頼む会社（工務店やハウスメーカー）を決めたら、**工事請負契約**を結びます。

工事請負契約とは、誰がどこに、いつからいつまでに、いくらでどんな工事をするかを書面で約束することです。契約後は変更が難しいので、署名、捺印する前に、工事請負契約書だけでなく、**契約約款**（やっかん）や設計図書、見積書などの書類もていねいに確認しましょう。

ハウスメーカーでは請負契約のあとに、詳細な打ち合わせが行われる場合があります。そのため契約内容に思い違いや確認ミスがあると、価格が大きく膨らんでしまいかねません。図面の内容、仕様書、見積書を確認し、現時点で含まれているものと含まれていないものを確認しましょう。工事の保険や保証、アフターサービスも再確認します。もし、契約後に変更が必要な場合は、トラブルを防ぐためにも双方が必ず書面で残すようにしましょう。

工事請負契約書はしっかりと目を通しましょう

工事請負契約書

「工事請負契約書」の確認ポイント

- 工事費や工事内容が最終の見積書、設計図書の内容と同じか
- 工事の着工日、完成日、引き渡しの日が明記されているか
- 工事費と消費税が別に書かれ、支払い方法、期日が打ち合わせで決めたとおりになっているか
- 請負者である施工会社の社名、住所、担当者名が正しく書かれ捺印されているか
- 契約日は契約した日になっているか

工事請負契約約款

「工事請負契約約款」の確認ポイント

- 設計変更、工事の変更・中止があった場合の対応はどうするか
- 火災保険や建設工事保険に加入しているか
- 工事や支払いが遅れた場合の対応はどうするか
- 第三者に損害を与えた場合はどちらがどう負担するか
- 紛争の処理方法はどのようになっているか
- 工事完成後の保証の範囲と期間はどうなっているか

※「工事請負契約書」「契約約款」は、民間（旧四会）連合協定工事請負契約書と契約約款の書式

CHECK!

実施した項目をチェックしましょう

- □ 重要事項説明を受ける
- □ 工事請負契約書を確認する
- □ 住宅瑕疵担保責任保険について確認する
- □ 保険やアフターサービスの内容を確認する

➔ 住宅瑕疵担保責任保険について確認しましょう

「住宅瑕疵担保履行法」により、建て主は新築後10 年間、下記の瑕疵が生じた場合に修理や賠償、契約解除を施工会社に請求できます。保険に加入していれば、補修費用に保険金がおりるので安心です

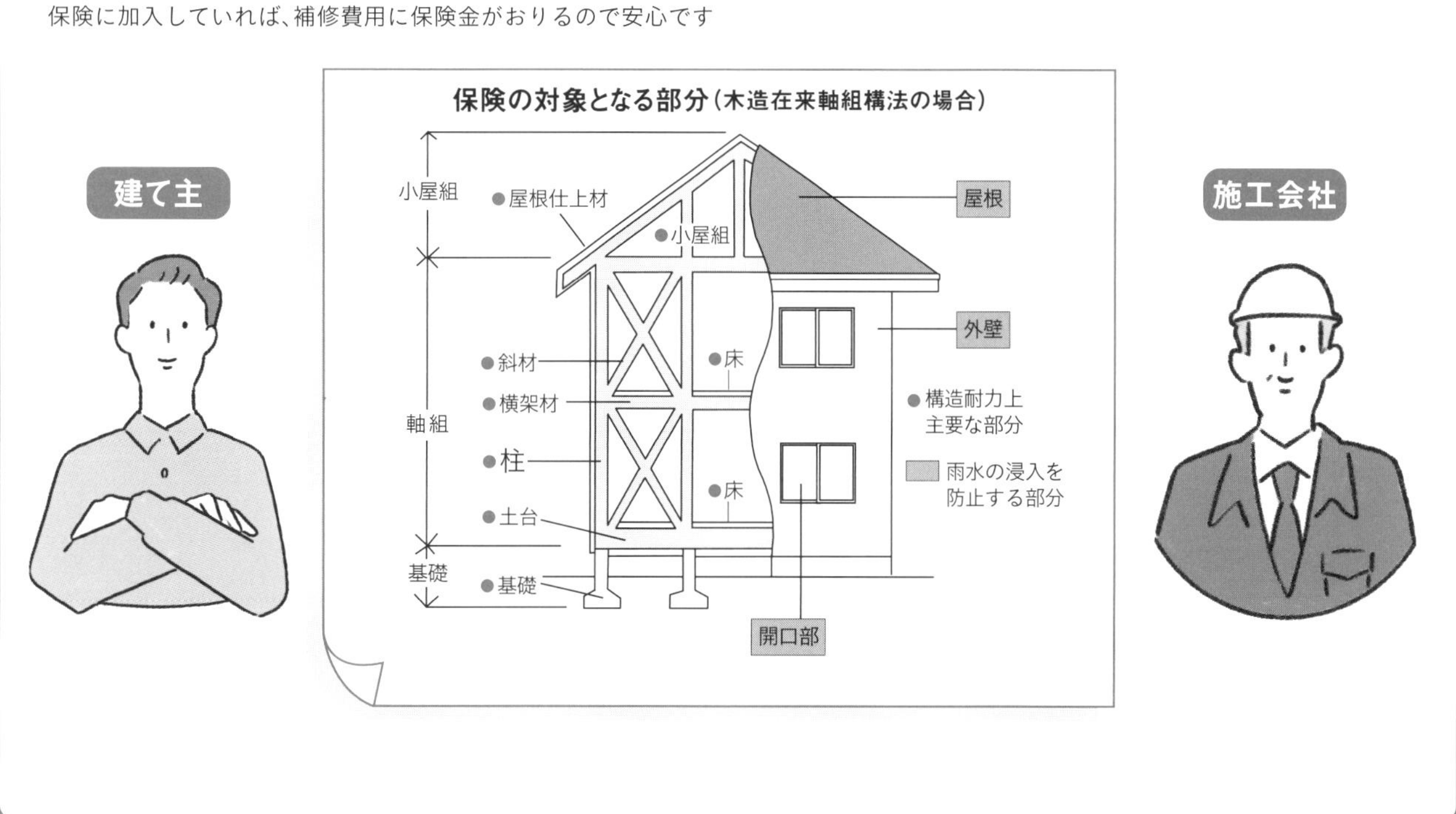

➔「住宅瑕疵担保履行法」対応を確認しましょう

施工会社の倒産などにより、瑕疵担保責任が立ち行かなくなる事態に備えて施行された「住宅瑕疵担保履行法」は、保険への加入か保証金の供託を売り主や施工会社に義務付けるもの。契約時には、これらの措置がとられているかを必ず確認しましょう

「保険の加入」か「保証金の供託」か

保険 施工会社が個々の住宅について保険契約を締結する。工事着工前に保険の申し込みを行う

建て主
瑕疵発見!
補修などを請求
補修
施工会社
保険料納付
保険金請求
保険金支払い
保険金直接請求（売主の倒産時など）
住宅瑕疵担保責任保険法人
保険金支払い

供託 施工会社が住宅の供給戸数に応じた保証金を供託所に預け置く。ハウスメーカーや大手ビルダーに多い

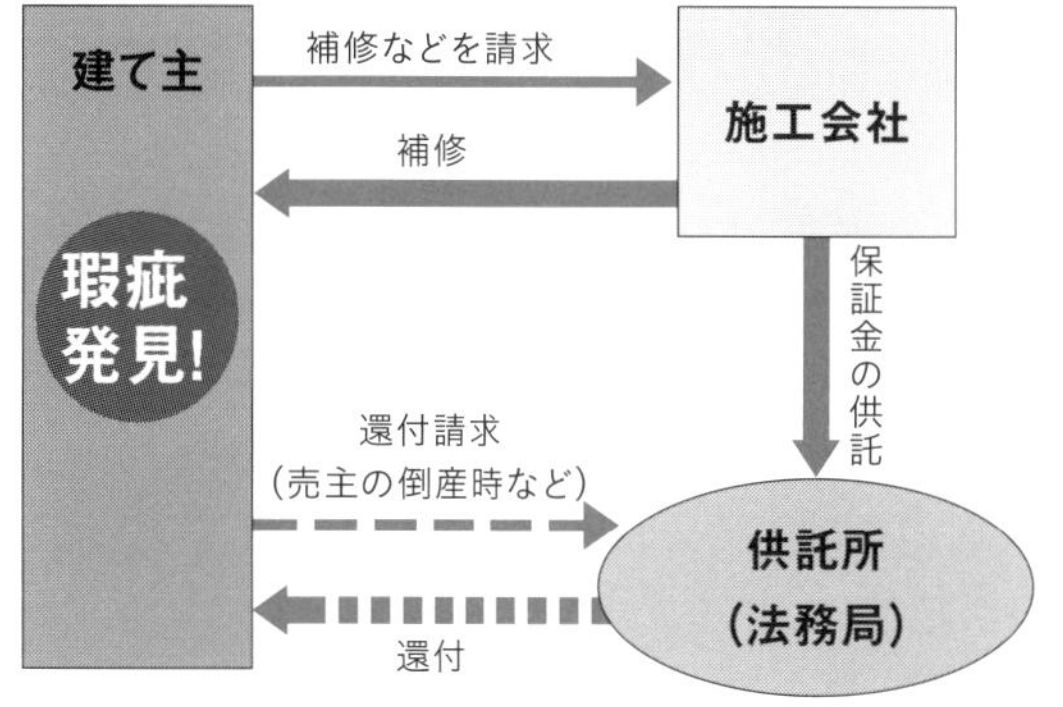

33 建築確認申請

建築確認を受ける

建築基準法に適合する建物かどうか、公的なチェック「建築確認」を受けます。この審査をクリアしないと工事は始められません。

CHECK!

実施した項目をチェックしましょう

- □ 建築確認について理解する
- □ 建築確認申請の手続きをとる
- □ 不適合な部分は設計変更し、再申請する
- □ 確認済証を受け取る

工事に入る前に、行わなければならないのが、**建築確認申請**です。建築確認とはこれから建てる家が建築基準法などの法令に適合しているかどうかを調べる公的なチェック。申請の実務は、工事や設計の依頼先が代行してくれますが、着工日や住宅ローンの申し込みにも関わる重要な手続きなので、必ず流れを把握しておきましょう。

申請先は自治体の建築主事か、民間の**指定確認検査機関**。「建築確認申請書」（正・副2通）など必要な書類を揃えて申請します。審査に通れば3週間ほどで確認済証（建築確認通知書）が交付され、晴れて着工が可能になります。ただし、不適合の部分があれば、設計図を修正して、再申請しなければなりません。

確認済証とともに戻ってくる申請書の副本は、着工後の**中間検査**（102頁参照、地域・規模・構造により必要な場合がある）時、**完了検査**（102頁・114頁参照）時に必要なため、依頼先の会社に保管してもらうのが一般的。建物の引き渡しの際に**検査済証**とともに、建て主に手渡されます。いずれも、建物の登記を行うときや、将来増改築を計画する際に必要になりますので、大切に保管しましょう。

建築確認申請に関する法的手続きの流れを知りましょう

建築基準法では、着工前に建築確認申請書を提出し、工事終了後には完了検査申請書を出して完了検査を受けることが求められています。このほか、木造3階建てや一定規模の鉄骨造、鉄筋コンクリート造は工事中に現場で中間検査を受ける必要があります

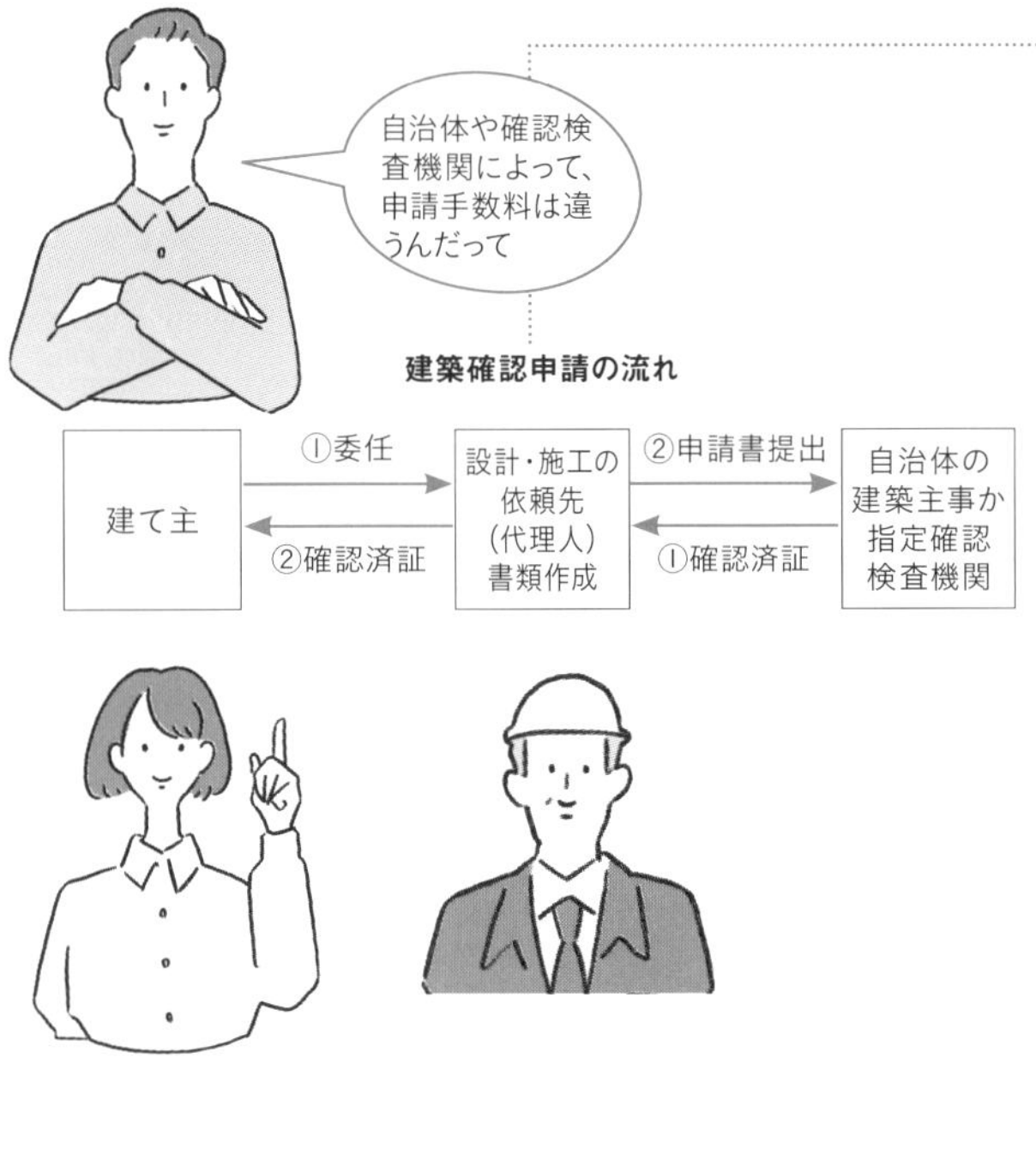

COLUMN

実施設計図書を確認してみる

実施設計とは、工事を実施するために必要な図面を作成するプロセス。基本設計図よりも縮尺を上げた精度の高い図面で、家具の高さや棚の枚数、取っ手の形や位置、照明器具のタイプやスイッチ、コンセントの位置など住宅部品の細部を一つひとつ決めていきます。作成にだいたい2〜3カ月という期間がかかります。

打ち合わせの内容を設計担当者が図面や仕様書に落とし込む**実施設計図書**は、A2サイズで30枚以上のボリューム。設計者に説明してもらいながら、必ず、内容を確認しましょう。ここでは代表的な図面を紹介します。

平面詳細図（下図参照）には、柱・壁・窓・階段・造り付け家具まで描き込まれ、部屋の出入り口や窓の開口の詳細な寸法が記されます。**矩計図**（かなばかりず）は、断面を詳細に表したもので、基礎から屋根に至るまで各部分の納まりや高さ、材料が表されています。

構造図では、基礎の形状や柱や梁の位置、金具・筋かいの入り方を確認できます。**展開図**や**設備図**は、一見難しそうですが、生活するうえでの使い勝手を左右する情報が書き込まれています。

➔ 平面詳細図の確認方法

縮尺は1／50で作成されます。建物の床上1mくらいのところを水平に切って上から見た図で、主に柱・壁・開口部・階段・造り付け家具が表されます

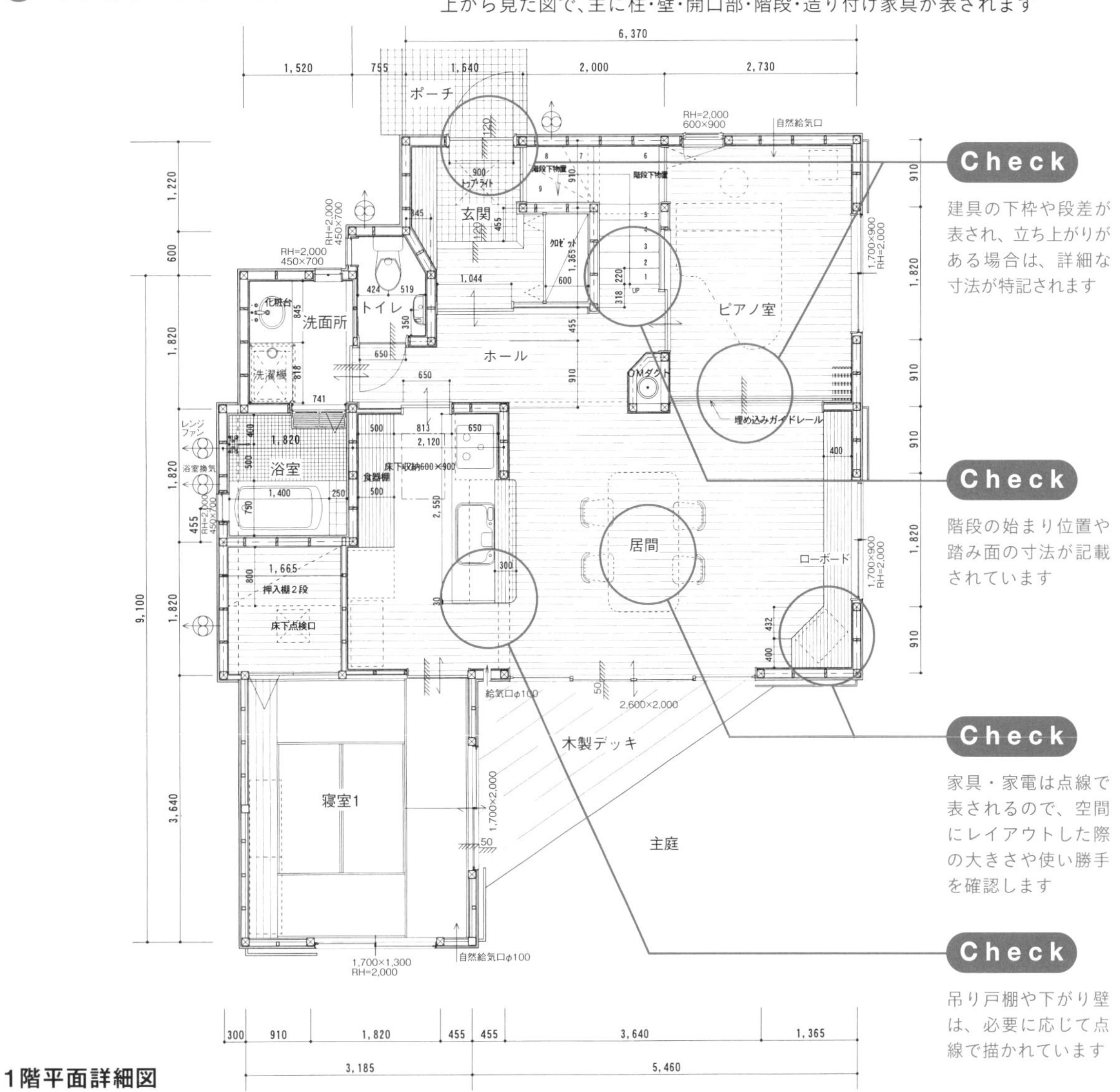

1階平面詳細図

34

融資を申し込む

住宅ローンを申請する

住宅ローンを借りる金融機関を決め、工事請負契約前後に申請します。将来をしっかりと視野に入れた返済計画を立てましょう。

住宅ローン申請に必要な書類やスケジュールは、利用する金融機関やローンの種類により異なるので、事前に把握しておきましょう。書類は、住民票など自治体で取得するもの、納税証明書など税務署から取り寄せるもの、勤務先に依頼するものなど入手先はさまざまなので、段取りよく揃えます。発行後3カ月で失効する書類もあるので、要注意です。

申し込み前には必ず、金融機関からローン商品や契約についての説明を受けます。融資金額、借り入れ条件、金利、返済期間、返済条件、リスク、手数料などを充分に理解したうえで手続きを進めましょう。返済は長期にわたるので、**繰り上げ返済**などローンの返し方についても、不明点はたずねましょう。

住宅ローンは、申請後すぐに融資が受けられるわけではありません。たとえば**フラット35**（22頁参照）では、名義人の審査はもちろん、マイホームを担保にするので設計・現場審査を経て、竣工後にローン契約を結び、初めて実行されます。そのため、工事費の中間金や残金の支払いには、一時的な「**つなぎ融資**」が必要です。ただし、施工会社が金融機関から直接融資金を受け取る「代理受領」が可能なら必要ないので、確認しておきましょう。

家づくりの流れと支払いスケジュール

工事請負契約の前後に住宅ローンの申し込みを行います。「フラット35」の場合は、名義人の審査結果が出るまでに1～2週間。入金は建物の引き渡し後になるので、中間金や残金の支払いにはつなぎ融資を利用するのが一般的です。民間金融機関の住宅ローンでは決済が早く、つなぎ融資が不要なものもあります

家づくりの流れ	主な手続き	かかる費用
設計	●設計契約（設計事務所に依頼する場合） ●設計者とプランニングの相談	●設計契約金
ローンの申込み	●ローン申込み、必要書類提出	●ローン申込書類代（民間は無料） （ローン申込代行手数料）
施工会社と契約	●工事請負契約	●印紙税　●施工会社契約金 ●建築確認申請費用　など
着工	●着手金の支払い	●解体工事費（建て替えの場合） ●地鎮祭の費用 ●引越し代・仮住まい費用 （建て替えの場合）など
上棟	●現場審査 ●中間金の支払い	●上棟式の費用 ●中間金
完成	●竣工（建て主）検査 ●登記申請書類完備の確認	●完了検査申請費用
ローン契約	●ローン契約 （金銭消費貸借抵当権設定契約）	●印紙税 ●登記関連費用 ●ローン事務手数料 ●火災保険料 ●地震保険料　など
引渡し	●ローン実行 ●工事残金支払い ●引渡し ●住民票移動 ●引越し ●登記	●工事費・設計料残金 ●登記関連費用 ●引越し代 ●つなぎ融資利息、ローン事務手数料 （つなぎ融資が必要な場合） など
入居	●新築パーティー ●近所挨拶	●不動産取得税 ●家具等購入費　など
	●月々の返済スタート ●確定申告	●固定資産税 ●都市計画税

CHECK!

実施した項目をチェックしましょう

- □ 申請に必要な書類を集める
- □ 借入額、返済方法、名義人を最終決定する
- □ 上手な返し方を理解し、返済計画を見直す
- □ 金融機関に申請する

ローン申請に必要な書類を揃えましょう

借入者・連帯債務者（収入合算者）についての書類

書類	入手先	チェック欄
住民税課税決定通知書 または特別徴収税額の通知書	市区町村（特別徴収税額の通知書の場合は勤務先）	□
源泉徴収票	勤務先	□
住民票（家族全員記載のあるもの）	市区町村	□
健康保険被保険者証（写）	市区町村	□
印鑑証明書	市区町村	□
運転免許証などの身分証（写）		□

※前年に確定申告した人は、上記の住民税課税決定通知書、源泉徴収票の代わりに納税証明書（所得金額及び納税額用）または住民税課税証明書、住民税納税証明書、確定申告書（写）が必要です。いずれも税務署で入手します

物件についての書類

書類	入手先	チェック欄
工事請負契約書（写）	施工会社	□
重要事項説明書（写）	不動産会社、設計事務所など	□
土地建物の登記事項証明書（登記簿謄本）	法務局	□
建物図面、各階平面図	設計事務所、施工会社など	□
土地の公図・実測図	法務局、不動産会社など	□
地積測量図	法務局	□

住宅ローンの上手な返し方を知りましょう

家計の状況に応じて「条件変更」を行う

生活にゆとりが出たときや転職などで収入が減り、月々の返済額を変えたいときなどには「条件変更」を。返済期間、ボーナスと毎月の返済比率、金利タイプなどを変更したい場合は、一般的には手数料を支払えば誰でもできます。変更後の総返済額を把握することが大切です

早期に行うほどおトクな「繰り上げ返済」

毎月の返済とは別に、まとまった金額（100万円以上に設定する金融機関が多い）を返済する「繰り上げ返済」は、元金に加え、利息分が減るのが特徴。その後の返済負担を大きく減らせます。同じ金額でも下図のように期間短縮型のほうが軽減効果は大きくなります

将来は「借り換え」も選択肢に

金利が高いときに固定金利のローンを組んだ人は、低金利のローンに組み替えるなど、「借り換え」を検討します。目安としては、ローン残高が1,000万円以上、返済期間が10年以上あり、借り換え後の金利が１％以上下がる場合に有利になります

繰り上げ返済の方法は2種類ある

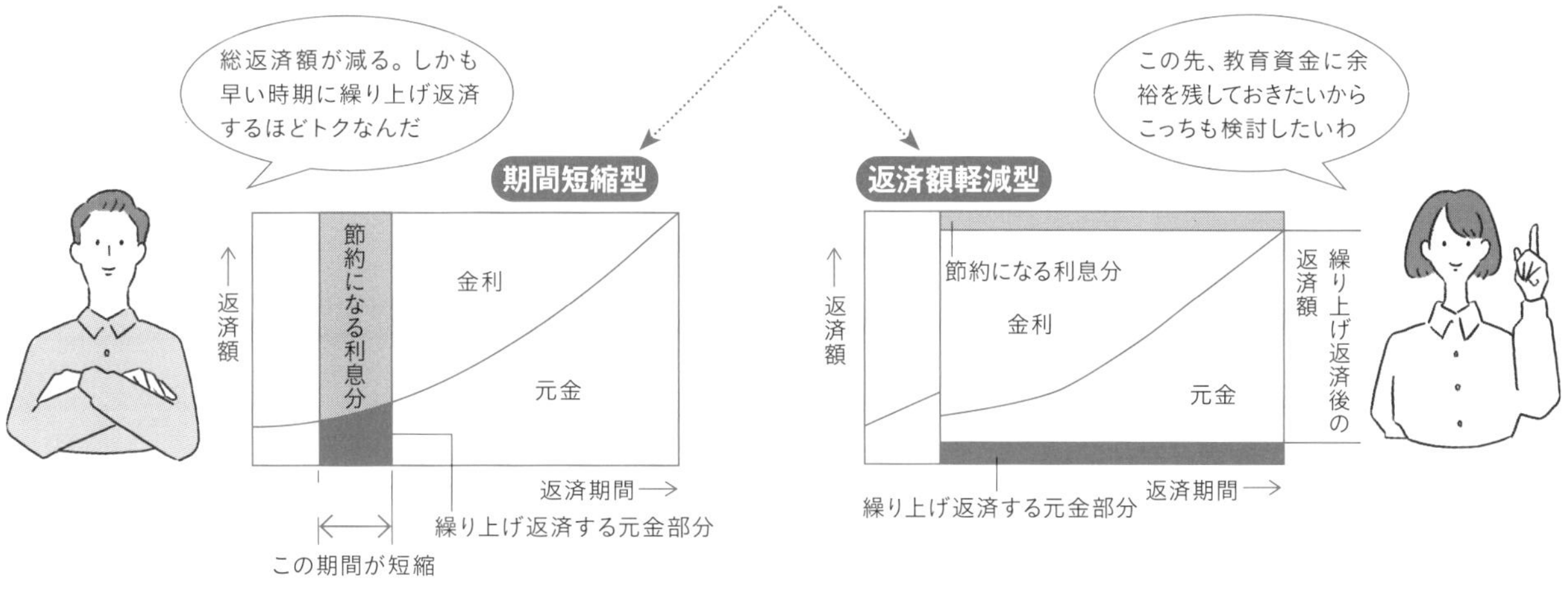

総返済額が減る。しかも早い時期に繰り上げ返済するほどトクなんだ

期間短縮型

返済額

節約になる利息分

金利

元金

返済期間

繰り上げ返済する元金部分

この期間が短縮

この先、教育資金に余裕を残しておきたいからこっちも検討したいわ

返済額軽減型

返済額

節約になる利息分

金利

元金

返済期間

繰り上げ返済する元金部分

繰り上げ返済後の返済額

35 地盤を調べる

地盤調査を頼む

敷地の地盤状況は、家づくりの計画全体に影響する重要な問題。必ず専門業者に調査を依頼します。

敷地が**軟弱地盤**だった場合、対策をとらないと住宅の重みで不同沈下(ふどうちんか)が起こり、建物が傾くなど重大な事態を招きかねず、補強工事の費用がかかるようなら、建物の予算を削る必要も生じます。また、地盤への負担を減らすために2階建てまでにとどめたり、軽い木造で建てなければならないなど、規模・構造に制約を受けることもあるのです。どんな土地でも購入前に必ず履歴を調べ、また、計画前には専門業者に**地盤調査**を依頼しましょう。基本的には建物配置位置確定後に行いますが、不安な場合は事前の予備調査をお勧めします。

地盤の調査方法は、木造住宅を建てる場合は**スクリューウェイト貫入試験（旧スウェーデン式サウンディング試験）**が一般的。試験用の道具を数カ所地面に貫入させて地盤の硬さを測定する方法で、費用は5万~10万円ほどかかります。規模が大きい建物や木造以外の建物の場合は、コストが20万円前後とかかりますが**ボーリング標準貫入試験**や、鋼板を用いて沈下量を測定する**平板載荷試験**が適します。

近年技術が格段に進歩した**表面波探査**は、揺れが地面に伝わる速さで地盤の硬軟を調べる方法。敷地内の地層境界を把握できるため、のちに地盤改良を行う際に有利です。

軟弱地盤かどうかを調べましょう

気に入った土地があったら、不動産会社や売り主に地盤調査の有無を聞いてみましょう。もしわからなくても、役所に聞いたり、インターネットで調べると、ある程度把握することができます

土地の履歴を調べる

一見、右の条件に当てはまらないような住宅地でも、昔は川や沼があり、含水率の多い軟弱地盤ということがあります。自治体の都市計画図などで土地の履歴を確認したり、不動産会社の「造成計画図」などを見せてもらいましょう。
地名に沼・谷・窪・沢・溜の文字を含む場合は、要注意。登記事項証明書の「地目」の欄に田・畑と記載されている場合も、通常より軟質な地盤が想定されます

軟弱地盤リスクの高い土地

- 河川の近く・海の近くなど低地
- 水害が多い地域
- 砂質地盤
- 埋立地
- 傾斜地の盛土(もりど)部分

地域全体の土地情報を入手する

インターネットで地区単位での地盤の傾向をつかんだり、自治体で発行しているハザードマップを確認してみましょう

防災上の危険地域を閲覧できる国土交通省の「ハザードマップポータルサイト」

閲覧できる地方公共団体の洪水ハザードマップ

https://disaportal.gsi.go.jp

全国の市区町村が公表するハザードマップを検索できます

地盤の調査マップを閲覧できる「GEODAS 地形で見る軟弱地盤マップ」

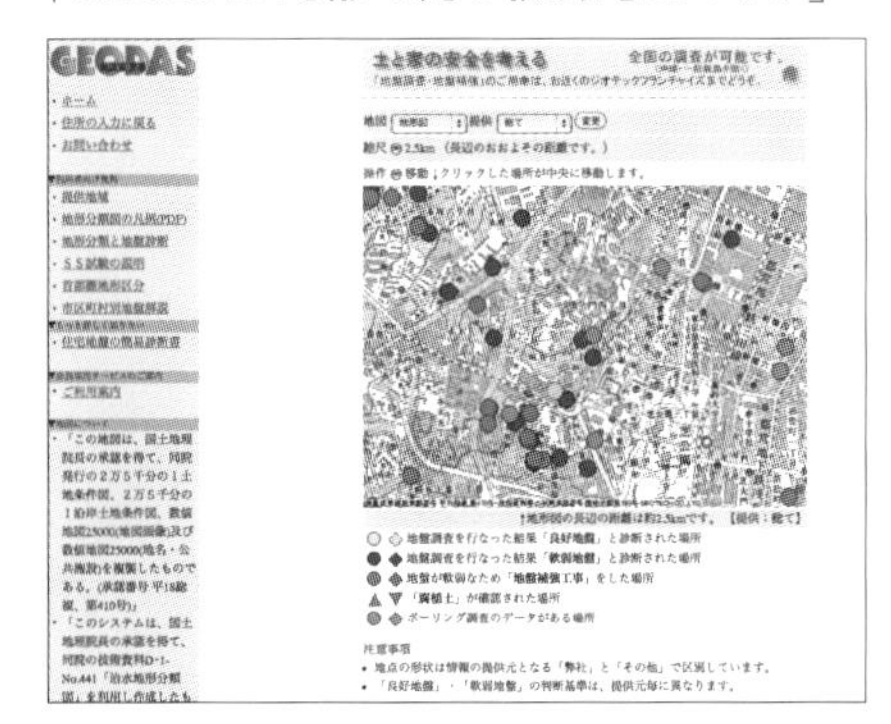

https://www.jiban.co.jp/geodas/

住所から検索すると、地盤調査を行った結果、良好地盤と診断された場所、軟弱地盤と診断された場所、地盤補強工事をした場所、ボーリング調査のデータがある場所などが、地図に記されています

CHECK!

実施した項目をチェックしましょう

- □ 役所やインターネットで地盤情報を調べる
- □ 地盤調査の種類を知る
- □ 地盤調査を依頼する
- □ 軟弱地盤の場合は対策を相談する

基礎の軟弱地盤対策

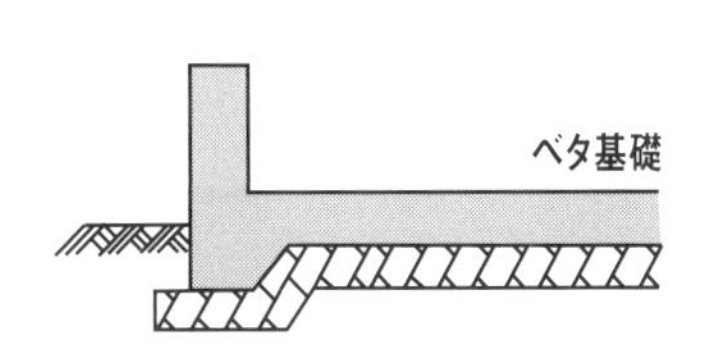

床下となる部分すべてを鉄筋コンクリートで施工するベタ基礎。底面全体で建物を支えます

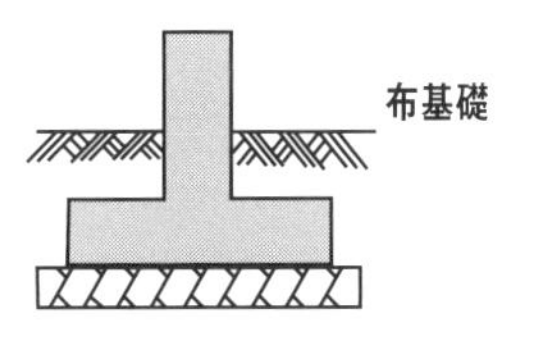

主要な壁の下に逆T字型の鉄筋コンクリートを施工する布基礎。フーチング(底面)の幅を広げ、厚くして地面から深く施工することで対応します

地盤調査の主な方法

スクリューウェイト貫入試験

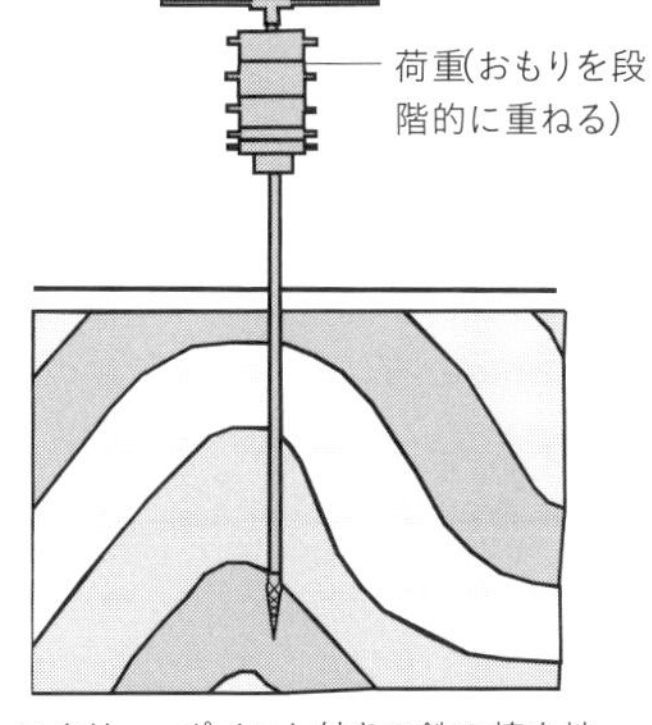

スクリューポイント付きの鉄の棒を地面に垂直に回転させてねじこみます。その際の荷重と回転数から地盤の硬さを測定。費用は安いですが、正確なデータはとりにくい簡易調査です

表面波探査

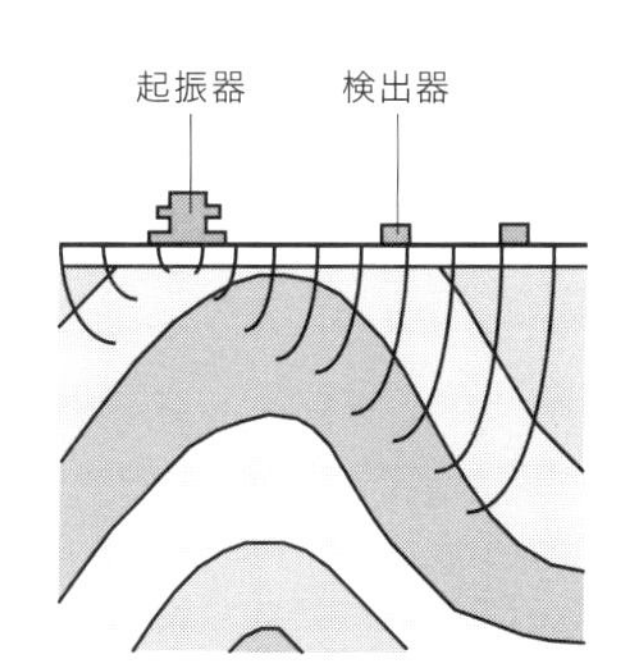

起振器により地面を揺らし、振動が伝わる速さから地盤の硬軟を判断します。費用は標準貫入試験より安いですが、軟弱の度合いによりデータ分析がしにくいという弱点があります

軟弱地盤の改良方法

軟弱地盤が浅い場合は

表層改良

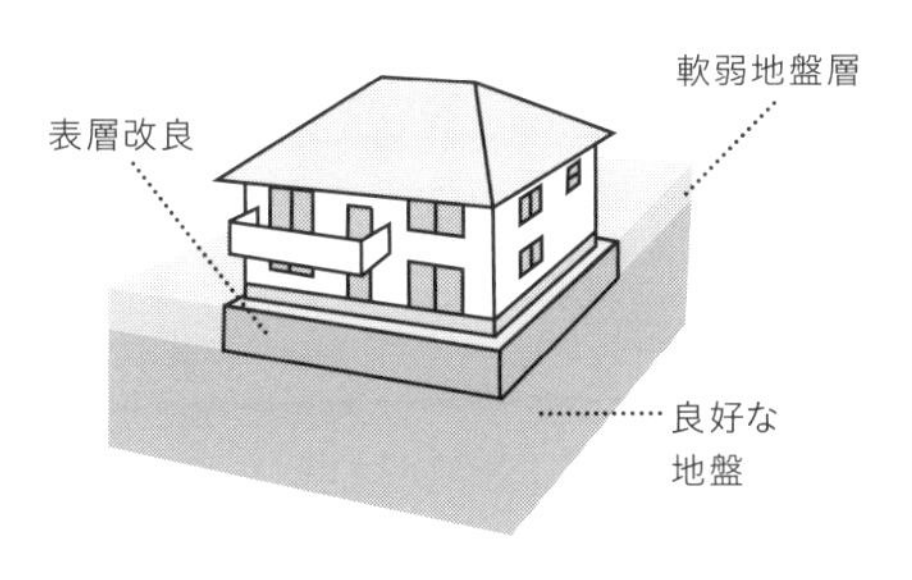

軟弱地盤の層が浅い場合(地表から2m未満)は、セメント系固化材を土壌に混ぜて地盤を固めます

軟弱地盤が2〜8mの場合は

柱状改良

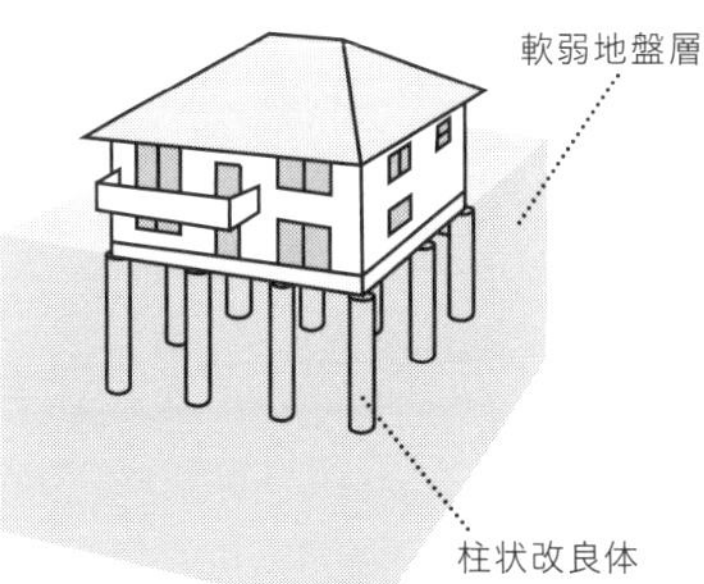

表層改良ができない敷地や軟弱地盤が2〜8mの場合や、不同沈下がなく支持層がない場合には、柱状改良体を設けて基礎を支えます

軟弱地盤が深い場合は

鋼管杭改良

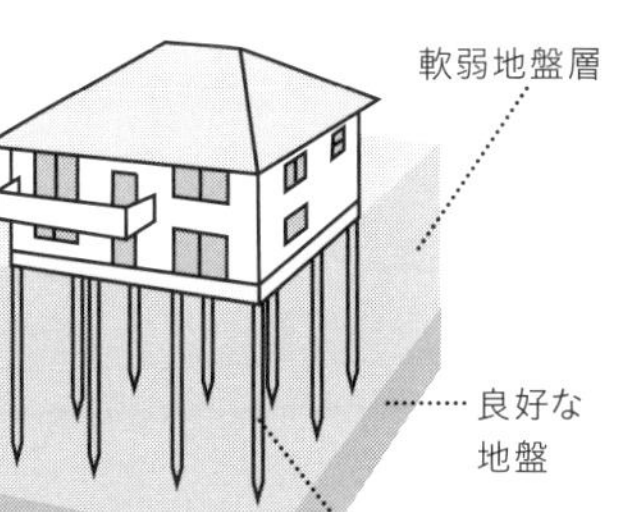

支持層までの距離が長い場合や、地盤の硬さが敷地内で不均一な場合には、鋼製の杭を良好な地盤まで打ち込み、基礎を支えます

CHECK!

実施した項目をチェックしましょう

- □ 挨拶まわりをする範囲を決める
- □ 挨拶の書面と品を用意する
- □ 工事責任者と挨拶にまわる
- □ 不在の家に再訪問する

36

工事の準備

近隣へ挨拶にまわる

工事中はなにかと近隣に迷惑をかけてしまうもの。必ず着工前に挨拶まわりを行い、工事内容を説明しましょう。

工事が始まる前までに、必ず行わなければならないのが、**近隣への挨拶**です。工事責任者と一緒に訪問し、工事の日程の説明をしながら、騒音や振動、工事車両の出入りなどで迷惑をかけることを事前に申し出ておきます。誠意を伝えることで、実際に工事にあたる現場の職人さんが作業しやすい環境になり、また、引越し後の近隣住民とのトラブルを回避することにもつながるでしょう。

挨拶時にはタオルや菓子折り、プリペイドカードなど、ちょっとした手土産を用意しましょう。高価なものの必要はなく、あくまでも気持ちを表すことが大切です。

挨拶にまわる範囲ですが、いわゆる向こう3軒両隣はもちろん、裏手など敷地が隣接する家は全部訪問することをおすすめします。そのほか、工事車両の出入りで迷惑をかけてしまう人や、自治会の会長さんなど近所の世話役となっている人への挨拶も忘れずに。

不在の場合は再訪問します。何度訪問しても留守というお宅には、挨拶の品と手紙、名刺などをポストに入れたり、工事担当者に託すなどして、必ず着工までに連絡します。遠方で再訪が難しい場合はなおさら。後々スムーズに進むよう、配慮しておきましょう。

近隣へ挨拶にまわりましょう

挨拶時に用意する手紙

時期的には、工事が始まる1～2週間前がベスト。ご挨拶の品を用意すると、ていねいな印象になります。
何度訪問しても不在の場合は、「何の挨拶もなく、工事を始めた」という印象にならないように、下のような手紙を投函しておくとよいでしょう

ご近隣の皆様

○○邸　新築工事のお知らせ

このたび○○邸の新築工事が、令和◎年◎月◎日から着工の運びになりまして、御挨拶にお伺いいたしました。
工事期間中ご近隣の皆様にはいろいろ御迷惑をおかけいたします。最善の努力をいたしますが、あわせて皆様の御理解をお願いする次第でございます。

工事場所　神奈川県横浜市○○区○○1丁目○-○
工事期間　令和◎年◎月◎日～◎月◎日
工事時間　平日朝8時～夕方4時

工事中は、工事車両が右記の進入路を通ります。皆様には何かと御迷惑をおかけしますことをお詫び申し上げます。

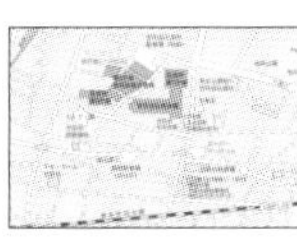

令和◎年◎月◎日
建築主　○○○○○○
施工者　株式会社　□□□工務店
TEL　03-0000-0000
営業担当　△△△△△　090-0000-0000

近隣トラブルを予防するために

近隣住民にとって、近所での工事は肉体的・精神的に負担になるもの。心情を理解して、こちらの誠意を伝えることで、工事中のトラブルを未然に防ぐことができます。既存の住宅地では地域のルールを理解しておきましょう

- 近隣の慣習や住民の感情を把握する
- 工事の内容・期間をていねいに説明する
- 約束したことはささいなことでも必ず守る

Stage

4

現場着工！工事が進む

夢のマイホームが
具体的なカタチになっていく時期。
さまざまな工事が同時進行しますが、
基本的なダンドリを知っておけば、
家が出来上がるまでの過程を
楽しみながら体験できます。

37

着工から引き渡しまで

工事の流れを知る

望みの住まいを実現するためには、工事工程を把握しておくことが大切です。まずは工事の流れを知りましょう。

プランが決まり、施工会社も決まり、いよいよ着工です。これまで間取りや見積りの検討、依頼先選び……と、考えて思い悩むことも多かったはず。これからは施工会社がやってくれると、ホッとしていることでしょう。

工事の現場は分からないことばかりで、つい任せがちになるものです。しかし、先々そこに住むのは自分ですから、傍観者になっていてはいけません。本当に望む住まいを実現させるためには、できるだけ現場へ足を運び、家ができあがる過程を見て確かめたいものです。そのためにも、工事の流れを知ることが大切です。いろいろなことが分かってくると、面倒なことも楽しいこととなり、完成の喜びも大きなものとなるでしょう。

ここに紹介する工事の流れは、工務店施工による、一般的な**木造在来軸組構法**（ざいらいじくぐみ）の住まいの例です（46頁参照）。設計者が工事監理を行います。着工から完成までにかかる期間は、通常4～6カ月が目安。ここでは工事手順の解説とともに、その時期に建て主が行うことを紹介していきます。工事のスケジュールは現場によってさまざまですが、基本的な流れは同じです。

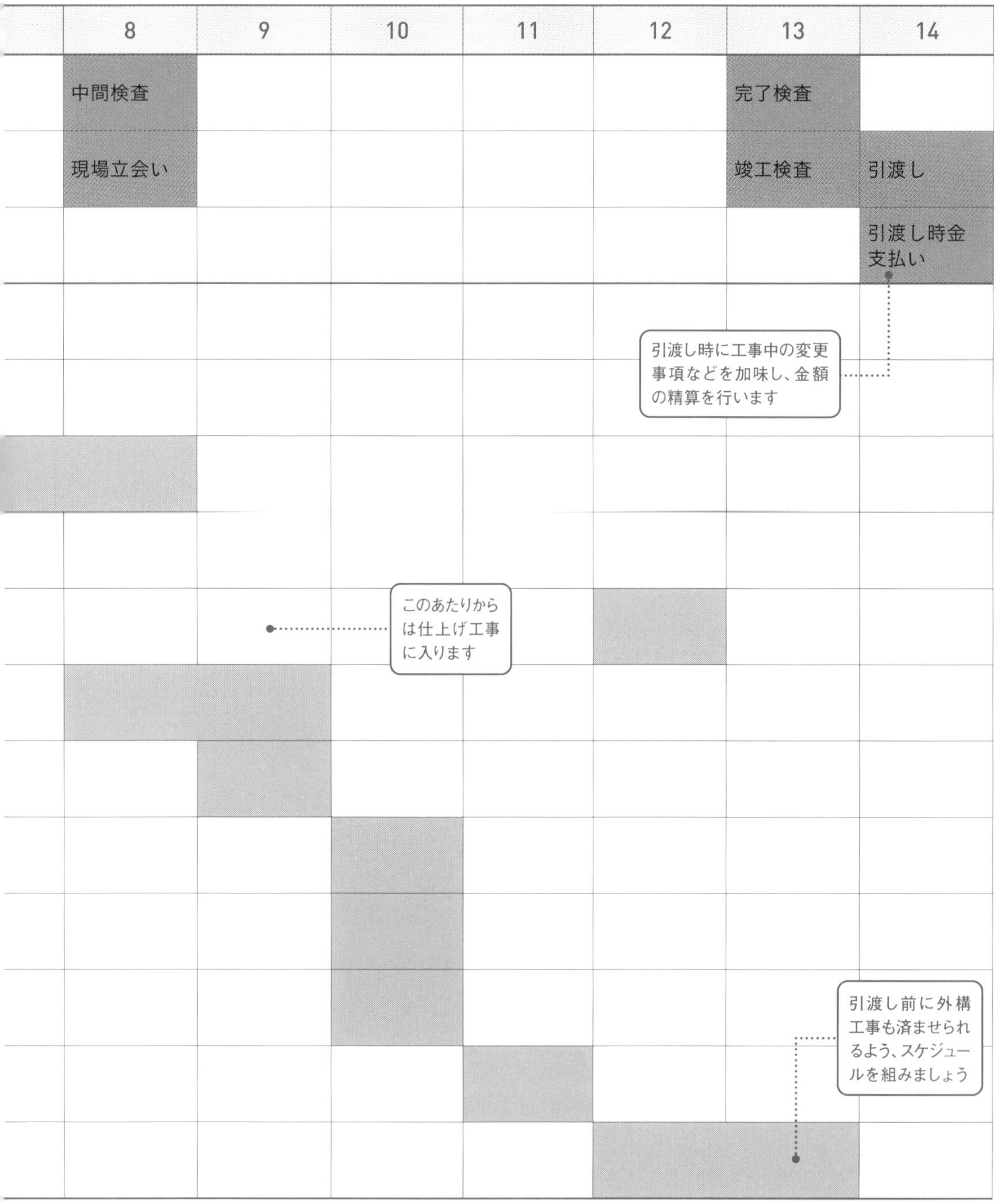

	8	9	10	11	12	13	14
	中間検査					完了検査	
	現場立会い					竣工検査	引渡し
							引渡し時金支払い

引渡し時に工事中の変更事項などを加味し、金額の精算を行います

このあたりからは仕上げ工事に入ります

引渡し前に外構工事も済ませられるよう、スケジュールを組みましょう

CHECK!

実施した項目をチェックしましょう

- □ 工事の流れを理解する
- □ 建て主がやることを把握する
- □ さまざまな検査の時期を把握する

モデルケース

●木造(在来軸組構法)2階建て
●延床面積115㎡程度(35坪程度)

➔ 着工から引き渡しまでの工事の流れ(例)

工程		1	2	3	4	5	6	7	
イベント	現場		着工	配筋検査	上棟		中間検査		
	建て主	近隣あいさつ	地鎮祭		上棟式				
	お金	着手金支払い			中間金支払い				
工事の流れ	仮設工事								
	基礎工事								
	木工事								
	屋根・外壁・防水工事								
	サッシ工事								
	内部建具工事								
	内装仕上げ工事								
	設備工事								
	水道工事								
	電気工事								
	クリーニング								
	外構・植栽工事								

職人さんへのねぎらいと工事の無事完成を祈願します

建て方工事は1〜2日で骨組みが仕上がり、圧巻のスピードです。チャンスがあれば見学してみましょう

工事の安全を祈願します

この期間に現場に行き、進行をチェックできると安心です

水道、設備、電気の工事は工程にあわせて何度も現場に出入りします

38 工事① 着工準備を行う

敷地の状況やこれから建てる家の位置、大きさ、隣家との関係を確かめておきましょう。

着工となり、施工会社に工事着手金を支払ったのち、最初に現場で行うことは敷地の確認。建て主は、工事担当者と工事監理者とともに、場合によっては隣地所有者に立ち会ってもらい、現地と敷地図を照合し、**境界線**とその印の境界杭の位置を確認します。

後に予定している**地鎮祭**についても、三者で打ち合わせをします。神主への連絡、時間、出席人数、祭壇へのお供え物の用意、式の流れなどについて相談をしましょう。

着工から2週間ぐらいは工事の事前作業。まずは、更地の敷地に、これから建てる家の形を地面に示す**地縄張り**が行われます。建て主も立ち会って、建物の大きさや隣地からの距離、部屋からの眺めと隣家の窓との位置関係などを自分の目で確かめましょう。また、敷地の基準となる高さを定める**ベンチマーク（BM）**の設定も行われます。地面は一見水平に見えても実際には高低差がある場合が多いので、基準の高さを決めて印をつけます。

地鎮祭のあとの作業になりますが、次に、**水盛り・遣り方**が行われます。地縄張りで印した建物外周の外側に、建物の位置、基礎の高さ、**根切り**幅、深さを標示するための仮設の板を設置する作業です。

着工準備の工事の流れ（例）

	工程	1	2	3	4
イベント	現場	工事請負契約			
	建て主	工事請負契約	地鎮祭準備		
	お金		着手金支払い		
工事の流れ	仮設工事			敷地確認	地縄張り
	基礎工事				
	木工事				
	屋根・外壁・防水工事				
	サッシ工事				
	内部建具工事				
	内装仕上げ工事				
	設備工事				
	水道工事			仮設水道申し込み	
	電気工事			仮設電気申し込み	
	クリーニング				
	外構・植栽工事				

地鎮祭準備：儀式（91頁参照）の準備は施工会社にお願いしますが、お神酒や洗米、塩、山の幸や海の幸などのお供え物は、通常、建て主が用意します

着手金支払い：施工会社に工事着手金を支払います。工事費総額の2割程度は見込んでおきましょう

敷地確認：境界石や境界杭が入っていない場合は、隣人に立ち会ってもらって測量を行い、正確な位置に設置します

地縄張り：縄を張り、建物位置の最終確認を行います

仮設水道申し込み・仮設電気申し込み：公道から水道、電線から電気を敷地内に引き込むための申請。申請から利用可能になるまで一定期間が必要になります

CHECK!

実施した項目をチェックしましょう

- □ 工事着手金を支払う
- □ 敷地境界線と境界杭を確認する
- □ 地鎮祭の準備をする
- □ 地縄張りで、家の位置や大きさ、地盤の高さを確認する

地縄張りで、建物の位置を確認しましょう

A：建物から道路までの距離
B：建物から隣地境界線までの距離
C：建物から樹木までの距離
D：建物からの眺め
E：隣家の窓からの視線

設計図と照らし合わせながら、建物全体の大きさや内部（1階）の主な部屋割りを、縄やビニールひもなどで張り渡して、地面に建物の形を落していきます。隣の家との関係もわかるので、新しい家の窓が隣の家のどのあたりになるのか、エアコンの室外機の排気方向が隣に迷惑をかけない位置かなど、住んでからの状況を確認しましょう

水盛り・遣り方は、重要な事前作業です

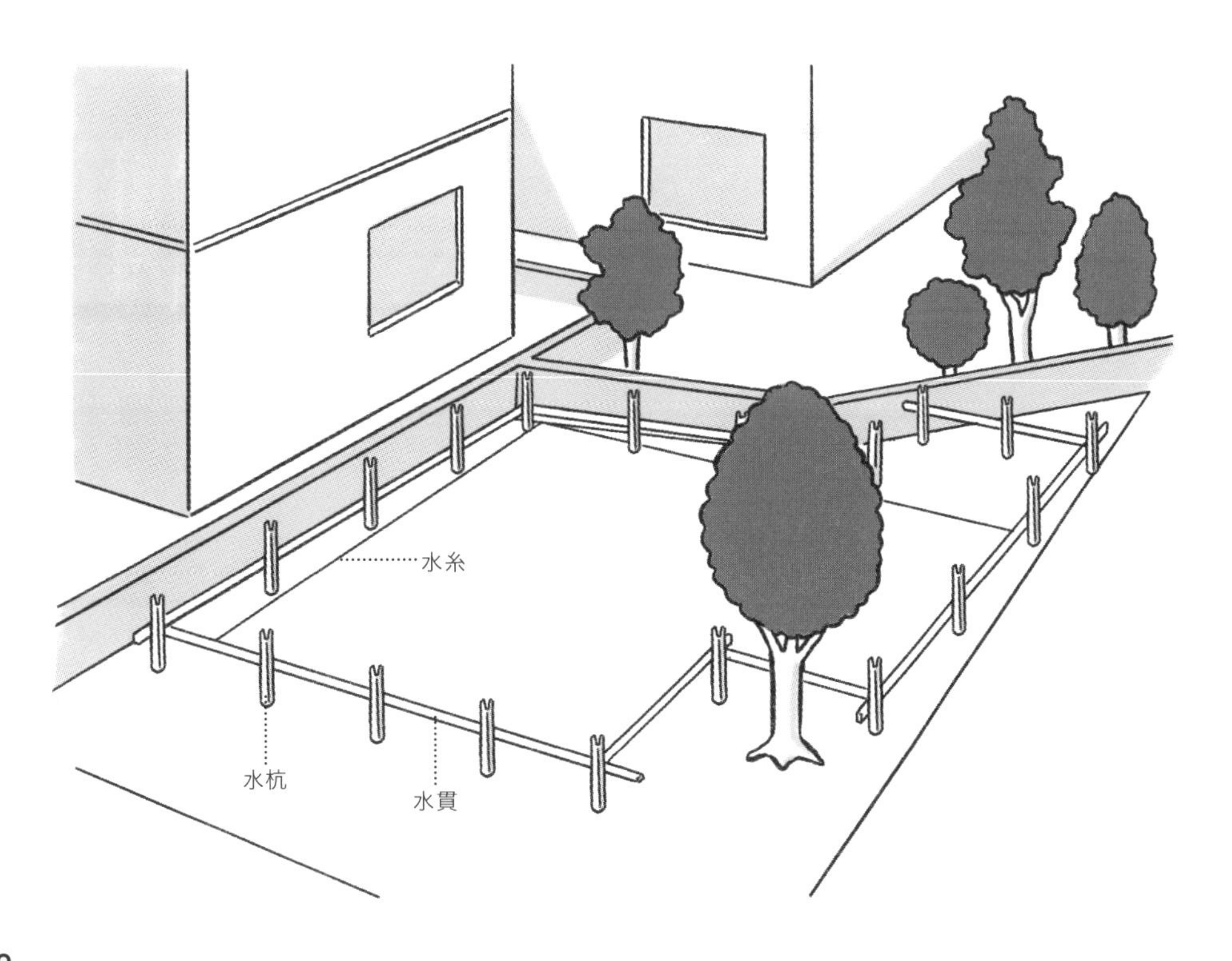

地縄張りで印された建物外周の外側に、水杭といわれる木材を打ち込み、これに平たい板を水平に釘打ちします。この板は水貫といわれ、BMから割り出した建物の基礎の高さを示すものであり、建物の高さ関係の基準とします。この板に建物の柱や壁などの中心の印（芯墨）をつけていきます。これらの芯墨は土台敷きまで使用される重要な印で、基礎や土間コンクリートに印を写したあとは撤去してしまいます。
一時的な仮設物なので、ここまでの作業は、工事費の見積書にある仮設工事にあたります

39 工事②

地鎮祭を行う

これからの工事の安全を祈願する地鎮祭。事前に、棟梁などに段取りを相談して滞りなく式を行いましょう。

工事の安全を祈願する**地鎮祭**を行います。文字通り、地の神を鎮める儀式で、地域の神社の神主に祓い清めてもらいます。参加者は、建て主とその家族、棟梁、鳶、工事責任者、設計者、基礎や躯体工事に関係する職人さんたちです。

祭場は敷地の中央につくります。斎竹を四方に立て注連縄を張ってつなぎ、そのなかに神籬を南向きに安置します。

式の流れは、「修祓の儀」「降神の儀」「献饌の儀」「祝詞奏上」などに続いて、設計者による「刈初めの儀」、建て主、施工者による「穿初めの儀」へ。そして「玉串奉奠」のあと「撤饌」で神饌をさげて「昇神の儀」となり、儀式は終わります。儀式のあとは「直会」で、「神酒拝戴」し、酒肴が振舞われます。

地縄張りに建て主が立ち会えなかった場合は、地鎮祭の日に、建物の位置や大きさを確認しておきましょう。

この週は、**水盛り・遣り方**も行われ（89頁参照）、工事の事前作業が終わると、建物の足元となる基礎工事に入ります。基礎は、家が沈んだり、傾かないようにするために、建物の重みを偏りなく直接地盤に伝える役割を担う重要な部分です。

地鎮祭～仮設工事の流れ（例）

工程		1	2	3	4	5
イベント	現場	地鎮祭				
	建て主	地鎮祭				
	お金					
工事の流れ	仮設工事		水盛・遣り方	根切り・砕石敷き	防湿シート敷き	捨てコンクリート打設
	基礎工事					
	木工事					
	屋根・外壁・防水工事					
	サッシ工事					
	内部建具工事					
	内装仕上げ工事					
	設備工事					
	水道工事		仮設水道工事			
	電気工事		仮設電気工事			
	クリーニング					
	外構・植栽工事					

地鎮祭（現場）：地縄張りに立ち会えなかった建て主は、地鎮祭のあとに建物の位置や大きさを確認しましょう

地鎮祭（建て主）：事前に済ませておければベストですが、地鎮祭当日でもよいので、近隣への挨拶をしておきましょう

地鎮祭（建て主）：地鎮祭は大安、先勝、友引などの吉日の午前中に行うのがよいとされています。神主へのお礼は2～5万円。棟梁、鳶頭には1～1万5千円、そのほかの関係者には5千円程度が目安ですが、施工会社に事前に確認しておくとよいでしょう

仮設水道工事：工事用の水道と仮設トイレを設置します

仮設電気工事：現場に仮の簡易的な電柱を立て、電線から電気を引き込みます

CHECK!

実施した項目をチェックしましょう

- □ 地鎮祭(じちんさい)の儀式の流れを把握する
- □ 地鎮祭を行う
- □ 土地の神様に、工事の安全を祈願する

地鎮祭の祭壇例

❶注連縄(しめなわ) ❷神籬(ひもろぎ)
❸瓶子(へいし) ❹神饌品(しんせんひん)
❺神饌案(しんせんあん) ❻玉串(たまぐし)
❼奉献酒(ほうけんしゅ) ❽三方(さんぽう)

(写真提供) 藤田靖子設計室

施工会社に祝儀を渡す際は、紅白の花結びの祝儀袋を使い、表書きは御祝儀・地鎮祭祝・内祝などとします

神主への祝儀は、紅白の花結びの祝儀袋を使い、表書きは御玉串料・御初穂料・御神饌料などとします

地鎮祭(じちんさい)の儀式の流れを把握しましょう

1 修祓の儀(しゅうふつのぎ) 降神の儀(こうしんのぎ)

軽く頭を下げて、神主のお祓いを受けます

2 献饌の儀(けんせんのぎ)

お神酒(みき)の瓶子(へいし)のふたをとってお供えをした印とし、そのあとでお神酒を盛り土にかけて清めます

3 祝詞奏上(のりとそうじょう)

神主が祝詞を奏上します

4 刈初めの儀(かりぞめのぎ)

設計者が鎌をもって草を刈る所作を3度行います

5 穿初めの儀(うがちぞめのぎ)

建て主が鍬(くわ)をもって土を掘る所作を3度行います

工事責任者が鋤(すき)をもって土をすくう所作を3度行います

6 玉串奉奠(たまぐしほうてん)

神主から玉串を受け取り神前に捧げ、二拝二拍手一拝して戻ります。建て主、建て主の家族、設計者、工事責任者の順に行います

7 撤饌(てっせん)

神主が瓶子(へいし)のふたをしめ、祝詞を奏上します。そして「昇神の儀」を行い、神様にお帰りいただきます

8 神酒拝戴(しんしゅはいたい)

儀式のあと、酒と酒肴で祝います

※地域の習慣や神社により方法、名称は異なるので、施工会社や神社に事前に確認しましょう

40 工事③ 基礎工事を行う

基礎工事は、耐震性をはじめ、家の性能を左右する非常に重要な工事です。流れを把握しておきましょう。

住宅の基礎には、**布基礎**(ぬの)と**ベタ基礎**があります。布基礎は1階の主要な壁下に配置するもので、逆T字形のコンクリートの基礎が帯状に連続して設けられますが、ベタ基礎は建物の真下全体がコンクリートで覆われます。そのため、建物の荷重を底面全体で受け止めることができ、負荷が分散して安定性に優れる、不同沈下を起こしづらいという利点があります。さらに、床下の断熱や防湿にも期待できることから、最近、木造住宅ではベタ基礎にするケースが増えています。では、ベタ基礎の工事の流れを紹介しましょう。

まずは、建物外周の基礎を立ち上げる部分の地盤を掘る**根切り**(ねぎ)を行い、砕石を敷き込んで固めます。このあと捨てコンクリートを打ち平らに仕上げ、そこに外周部型枠や鉄筋を組む位置を印す墨出しを行います。内側の地面には、地中からの湿気上昇を防ぐため防湿シートを敷き込みます。次に、外周部に型枠を建て込んでから、**配筋**(はいきん)工事へと進みます。底面全体に鉄筋を組み終えたら、**コンクリート打設**(だせつ)。耐圧盤のコンクリートが硬化したあと、立ち上がり部分の鉄筋を型枠で囲い、そこに生コンクリートを流し込み、3～5日の養生ののちに型枠を外して完成となります。

基礎工事の流れ（例）

	工程	1	2	3	4	5	6	7	8	9	10
イベント	現場				現場検査						
	建て主										
	お金										
工事の流れ	仮設工事										遣り方撤去
	基礎工事	墨出し	型枠工事	配筋工事		耐圧盤コンクリート打設	アンカーボルト、ホールダウン金物取付	基礎立ち上がり部コンクリート打設	コンクリート養生期間	型枠解体	埋戻し・残土処分
	木工事										
	屋根・外壁・防水工事										
	サッシ工事										
	内部建具工事										
	内装仕上げ工事										
	設備工事										
	水道工事			先行配管	スリーブ取付						床下配管
	電気工事			先行配管	スリーブ取付						
	クリーニング										
	外構・植栽工事										

住宅瑕疵担保責任保険と住宅性能表示制度の現場検査が行われます

建物の安全性能を担う重要な工事です。鉄筋種類、配置、かぶり厚さ、継手、などに注意しながら作業します

基礎工事中は、現場に職人さんがいる作業日と、養生期間などで誰もいない日が交互に続きます。天候によっても日程が左右される時期です

基礎の立ち上がり部分に配管のためのスリーブが設置される前に、キッチン、浴室、洗面室、トイレの位置はプランどおりでよいか、大きく変わることがないか確認しましょう

床下に給排水の配管を設置します。基礎が完成し、土台を設置する前に段取りよく作業します

CHECK!

実施した項目をチェックしましょう

- □ 基礎の役割を知り、工事の流れを把握する
- □ 水まわりの位置に大きな変更がないか検討する
- □ 変更したいところがある場合は設計者に相談する

➔ 基礎工事（ベタ基礎）の流れを知りましょう

❶ 墨出し

根切り、砕石敷き後、捨てコンクリートを打ち、型枠と鉄筋の通り芯の位置を印します

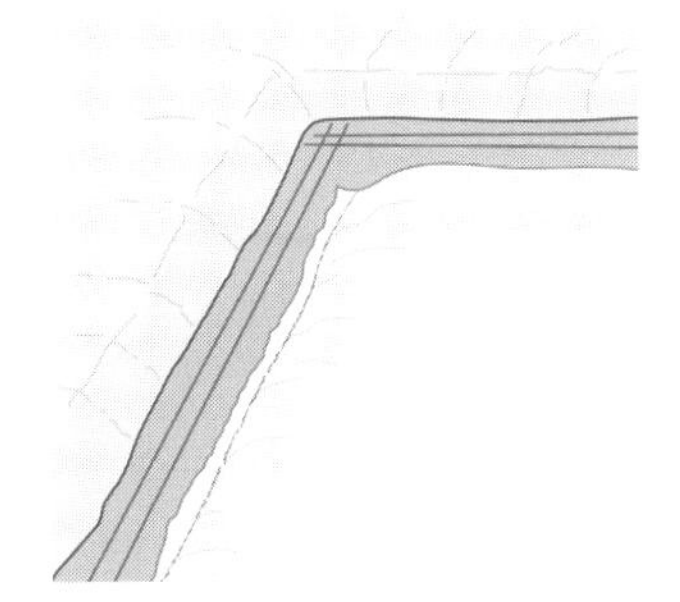

❷ 外周部型枠工事

墨出しの線にしたがって、基礎外周の型枠を垂直に建て込みます

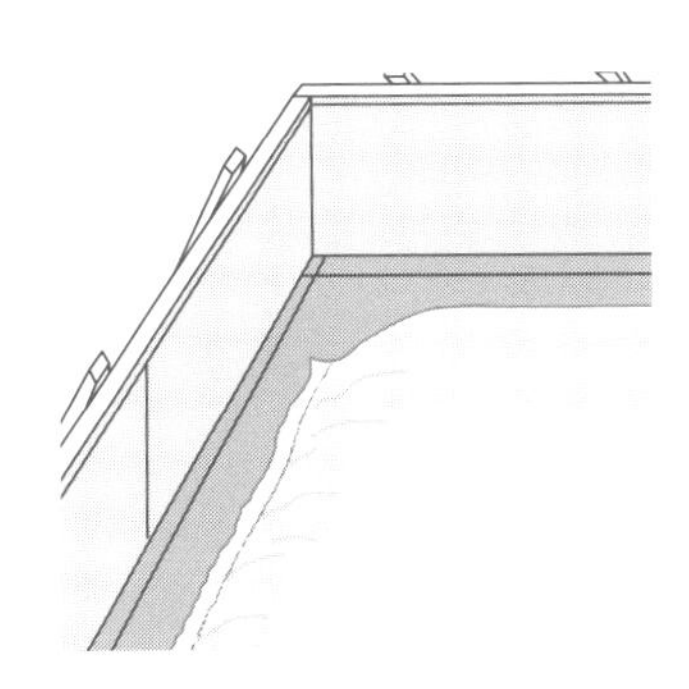

❸ 配筋工事

型枠との空きを確認しながら、墨出し線にしたがって鉄筋を組みます

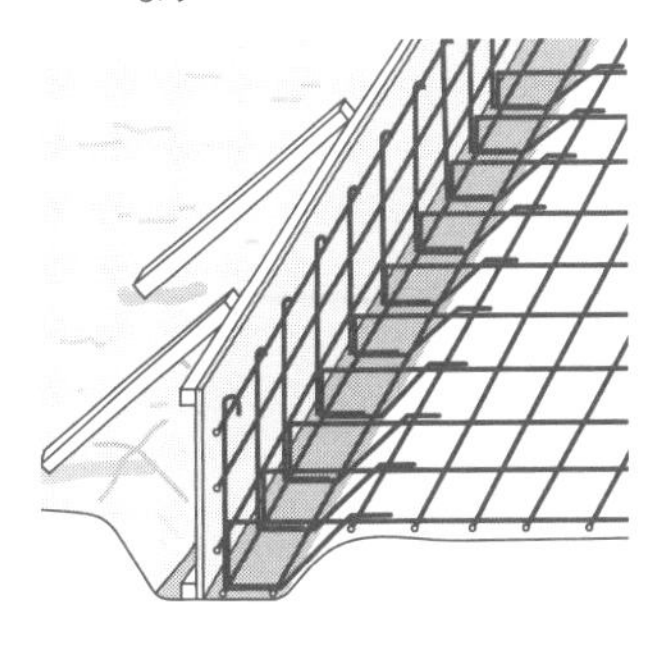

❹ 耐圧盤コンクリート打設

均質なコンクリートになるように、ていねいにコンクリートを流し込みます

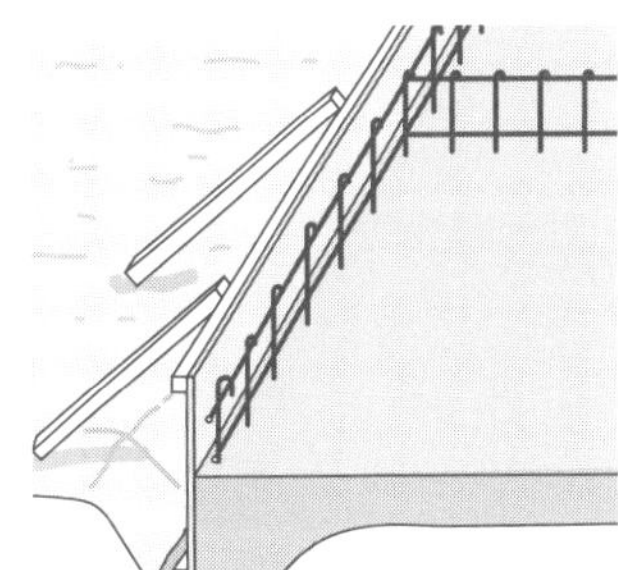
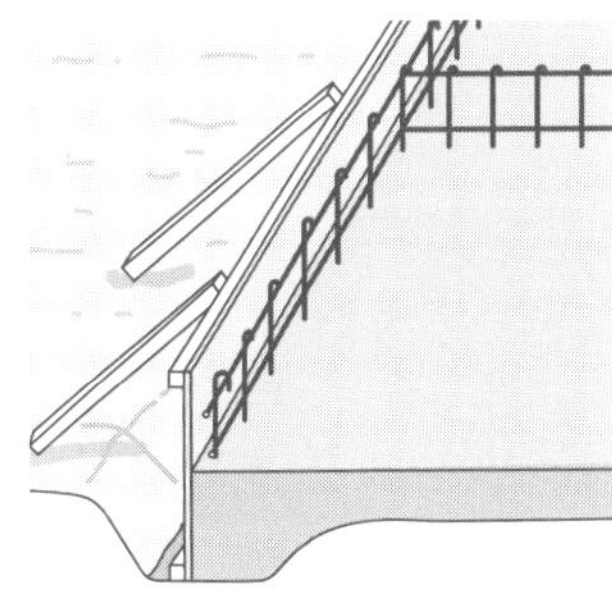

❺ 立ち上がり部型枠工事

型枠を組むときにアンカーボルト、ホールダウン金物をセットします

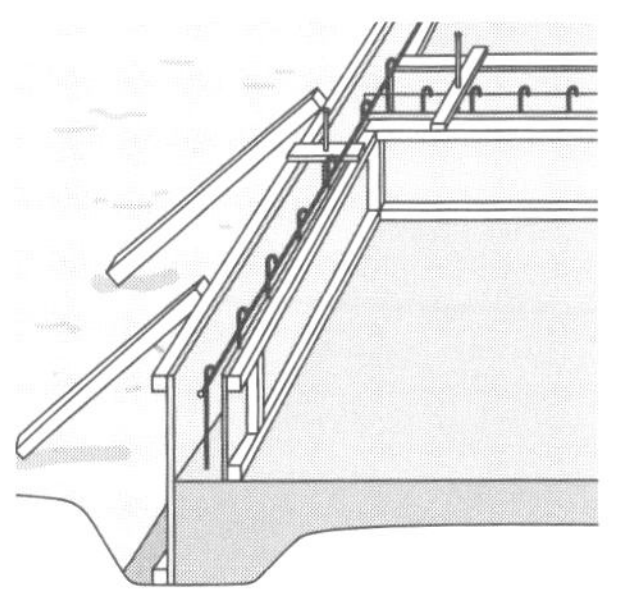

❻ 型枠解体、基礎の完成

立ち上がり部分のコンクリート打設後、3〜5日の養生期間をおいて型枠を外します

基礎工事のチェックポイント

基礎の施工精度を知るポイントです。工事監理者に確認し、可能なら自分の目でも見ておきましょう。

- □ 型枠がきれいに配置されているか
- □ 鉄筋の配置は図面通りか
- □ アンカーボルトの配置は図面通りか
- □ コンクリート打設の作業は正しく行われているか
- □ 天候に問題はないか
  （雨が降ったらコンクリート打設作業は中止する）
- □ 養生期間は十分か
  （型枠は最低3日間、冬期は約5日間外さない）

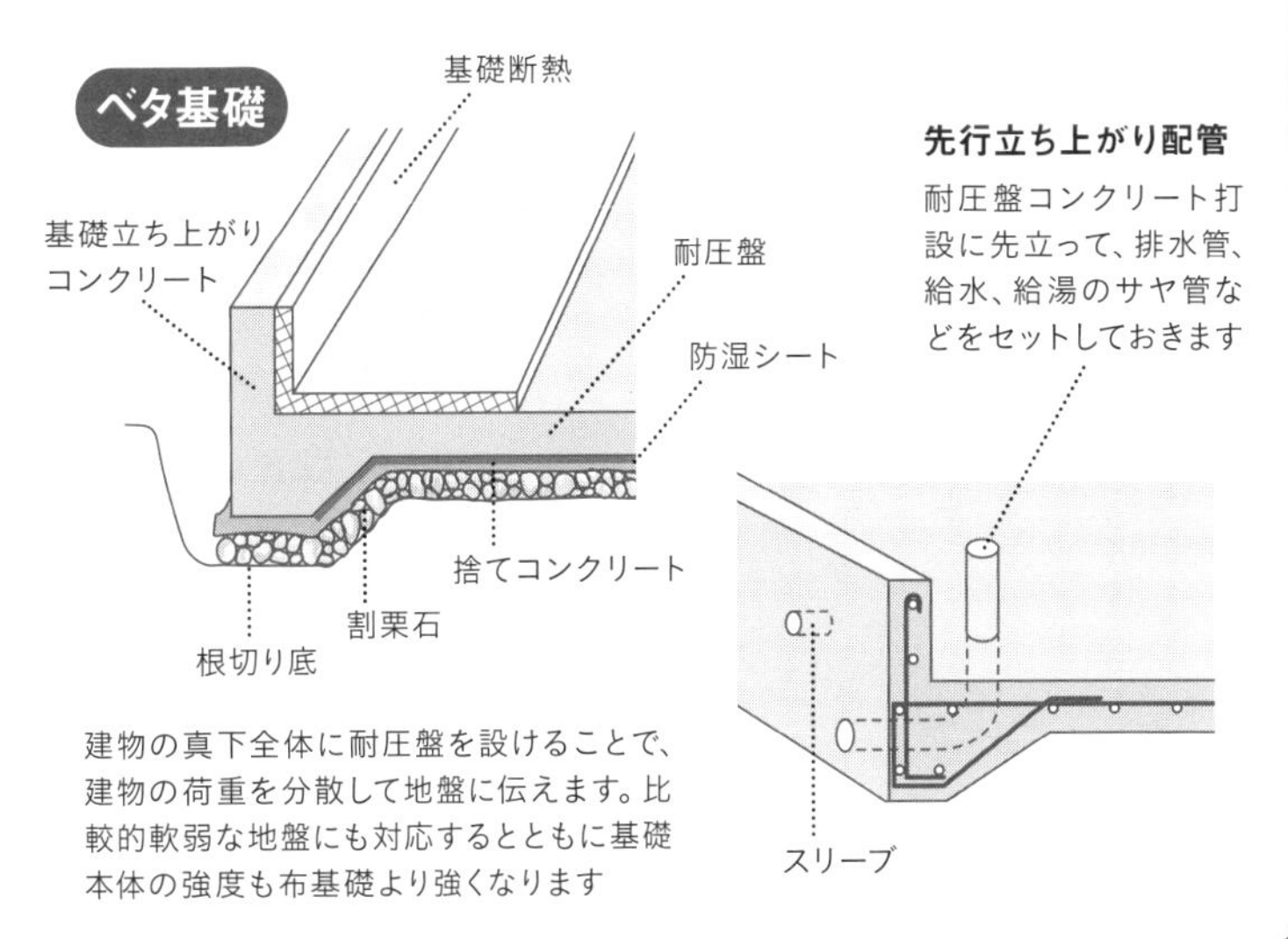

建物の真下全体に耐圧盤を設けることで、建物の荷重を分散して地盤に伝えます。比較的軟弱な地盤にも対応するとともに基礎本体の強度も布基礎より強くなります

先行立ち上がり配管

耐圧盤コンクリート打設に先立って、排水管、給水、給湯のサヤ管などをセットしておきます

41 工事④

建て方・上棟式を行う

骨組を組む建て方（上棟）を迎えます。新しい家への祝福と、職人さんたちをねぎらう上棟式を行いましょう。

基礎ができたら木材が搬入され、**木工事**がスタートします。ついに家の骨組を組み立てる**建て方**（上棟）に入るのです。棟木が上がったら、建前、棟上げとも呼ばれる**上棟式**を行います。

建て方は、まず**土台**の据え付けを行います。基礎工事で入れたアンカーボルトに土台を落し込んで締め付け、基礎に固定します。次に外周部に足場を組み、骨組へ。柱を立て、梁や桁をわたしていきますが、2階の柱・梁は荒床を敷いてから上げ、最後に小屋を組んで骨組が完成します。ただし、この段階ではまだ歪みがあるので、壁になるところに歪み直しのための仮筋かいを入れておきます。

上棟式は、新しい家への祝福とともに、職人さんたちへのねぎらいと今後の工事の無事完成を祈願する儀式です。本来は、神主を招いて行う儀式ですが、現在では棟梁が代理として執り行うのが一般的なようです。式は、みんなで拍手を打ち、柱に塩や御神酒を注ぐ程度の簡単なものから、人寄せをして直会をし、餅をまくなどさまざまです。建て主や施工者の名前・日付を書いた「棟札」を用意し、棟木に取り付けるところもあります。なお、上棟したら中間金を支払います。

➔ 建て方・上棟式・木工事の流れ（例）

工程		1	2	3	4	5
イベント	現場		建て方・上棟			
	建て主		上棟式			
	お金		中間金支払			
工事の流れ	仮設工事	外部足場組立				
	基礎工事					
	木工事	土台敷	建て方・上棟	仮筋かい	垂木・合板	屋根下地・軒先
	屋根・外壁・防水工事					
	サッシ工事					
	内部建具工事					
	内装仕上げ工事					
	設備工事					
	水道工事					
	電気工事					
	クリーニング					
	外構・植栽工事					

上棟式：上棟式の日は普段の時より、手伝いの大工などで現場の人数が多く、また朝早くから騒音で迷惑をかけることになるので、事前に、近所に予定を知らせ挨拶しておきましょう

土台敷：建て方前に土台と、土台下に基礎パッキンを設置します。一般的な床下断熱の場合、基礎パッキンは通気タイプを用います

建て方・上棟：迫力ある作業が行われ、家のボリュームが一気に見えてきます。是非一度、現場を訪れてみましょう

仮筋かい：上棟後、正式な筋かいを入れるまでの間、仮の筋かいを設置します

CHECK!

実施した項目をチェックしましょう

- □ 上棟式を行う
- □ 工事の安全を祈願する
- □ 大工さんや職人さんと顔合わせする
- □ 変更したいところがある場合は設計者に相談する

「継手・仕口」とは

「刻み」によって加工された継手・仕口の部材は、1本にがっちりとつながれ、複雑な加工の断面は見えなくなります。近年では機械によるプレカットがほとんどです

大工による刻みの例

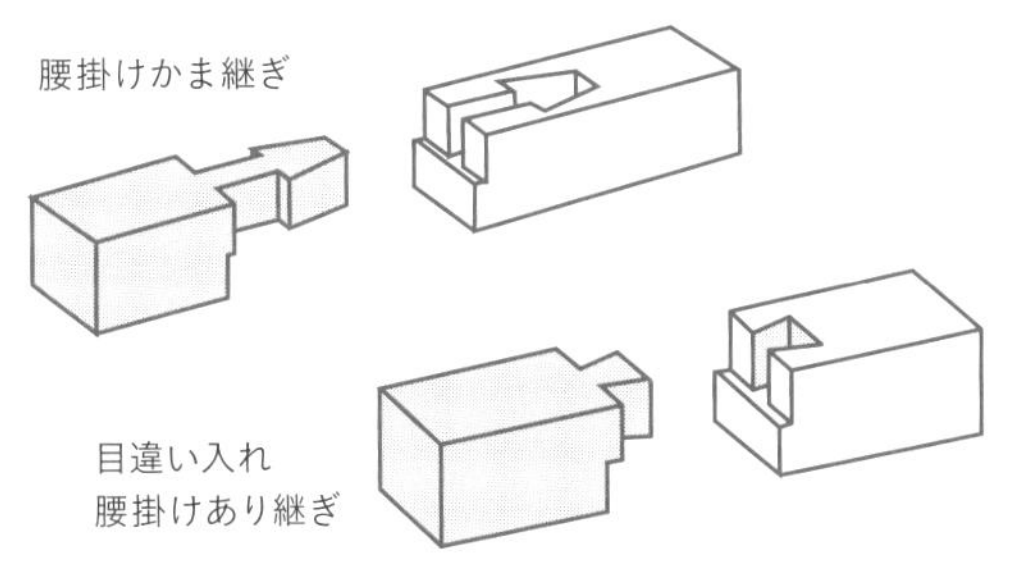

機械によるプレカットの例

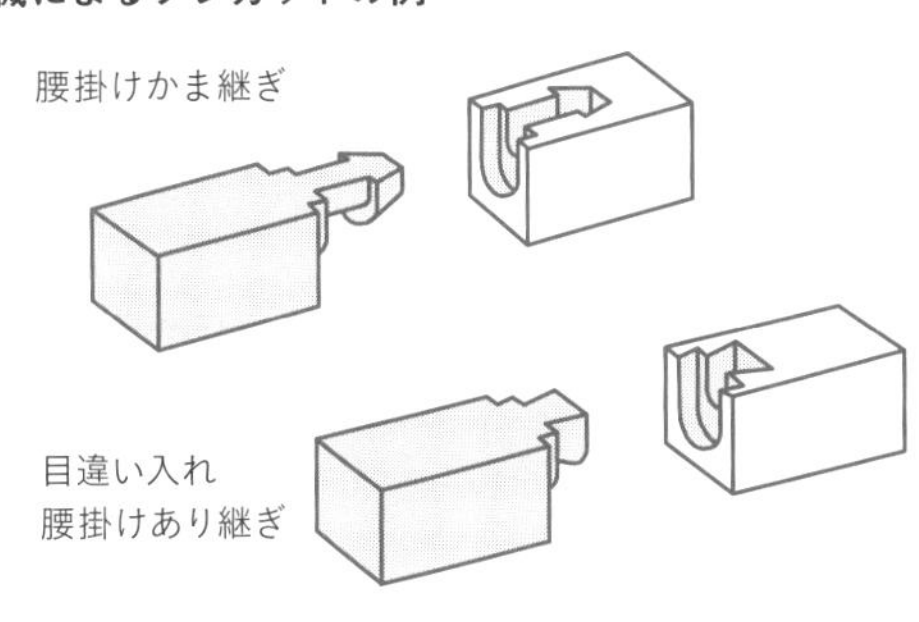

上棟式の儀式の流れを把握しましょう

1. 家の骨組を組み立てる建て方のあと、クレーンで棟木を上げます。上棟式はこのあとに執り行われます

2. 棟木に魔除けの幣串(へいぐし)を鬼門の方向に向けて立てて、上棟式を始めます

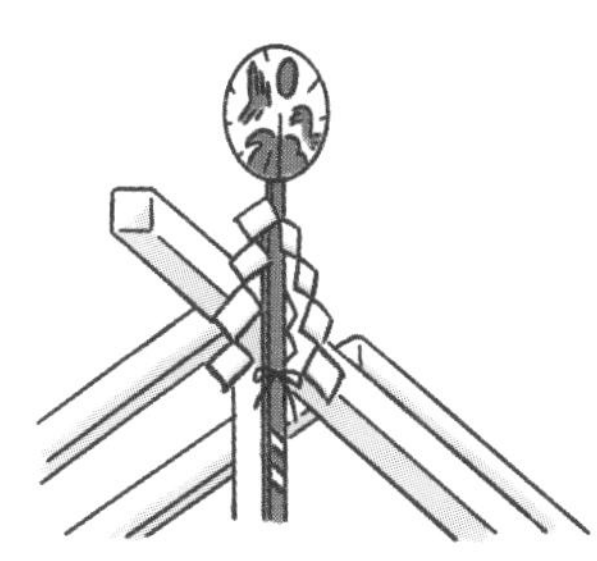

3. 骨組に板を渡して祭壇をつくり、お供え物をします。棟梁が祭壇に二拝二拍手一拝します

4. 棟梁が清めの洗米と塩、御神酒を建物の四隅の柱にまきます

5. 残った御神酒を全員でいただき乾杯をします。祝宴を設けて職人たちをねぎらいます

祝儀袋は紅白の花結びを使い、表書きは上棟祝儀・上棟御祝・内祝などとします

※地域の習慣により方法、名称は異なるので、施工会社に事前に確認しましょう

42 工事⑤

内外装下地・配管工事の流れを知る

現場では、最終的には見えなくなる壁や天井、床などの工事が進められています。流れを把握しておきましょう。

家が完成すると見えなくなってしまう部分ですが、内装下地と配管工事はとても重要な工程です。まずはフローチャートで流れを把握しましょう。

上棟すると、基本的に大工さんが常駐しながら現場作業が進行します。構造部材と金物が図面通りに配置され、外部の防水に絡む屋根や外壁の下地などの施工も進み、防蟻工事が行われます。

外部の防水下地の施工後にサッシが取り付けられると、外部の二次防水がおおよそ仕上がった状態になるため、室内の作業が天候に左右されにくくなります。床下、壁の内部、天井裏に隠れてしまう部分の配線、配管工事がこの時期に行なわれますので、様々な業種の職人さんが出入りしながら工事を行うことになります。床下、壁、天井裏（屋根）に断熱材を充填し、家全体が断熱材で囲われるのもこの段階です。床下地、窓枠、建具枠、幅木、階段下地など、主に木を使った大工さんの作業が進み、次の仕上げ工事へと続いていきます。

このような下地の工程は現場の職人さんによって淡々と進む作業ですが、家の構造や耐久性、断熱性能などを支える重要な工程です。

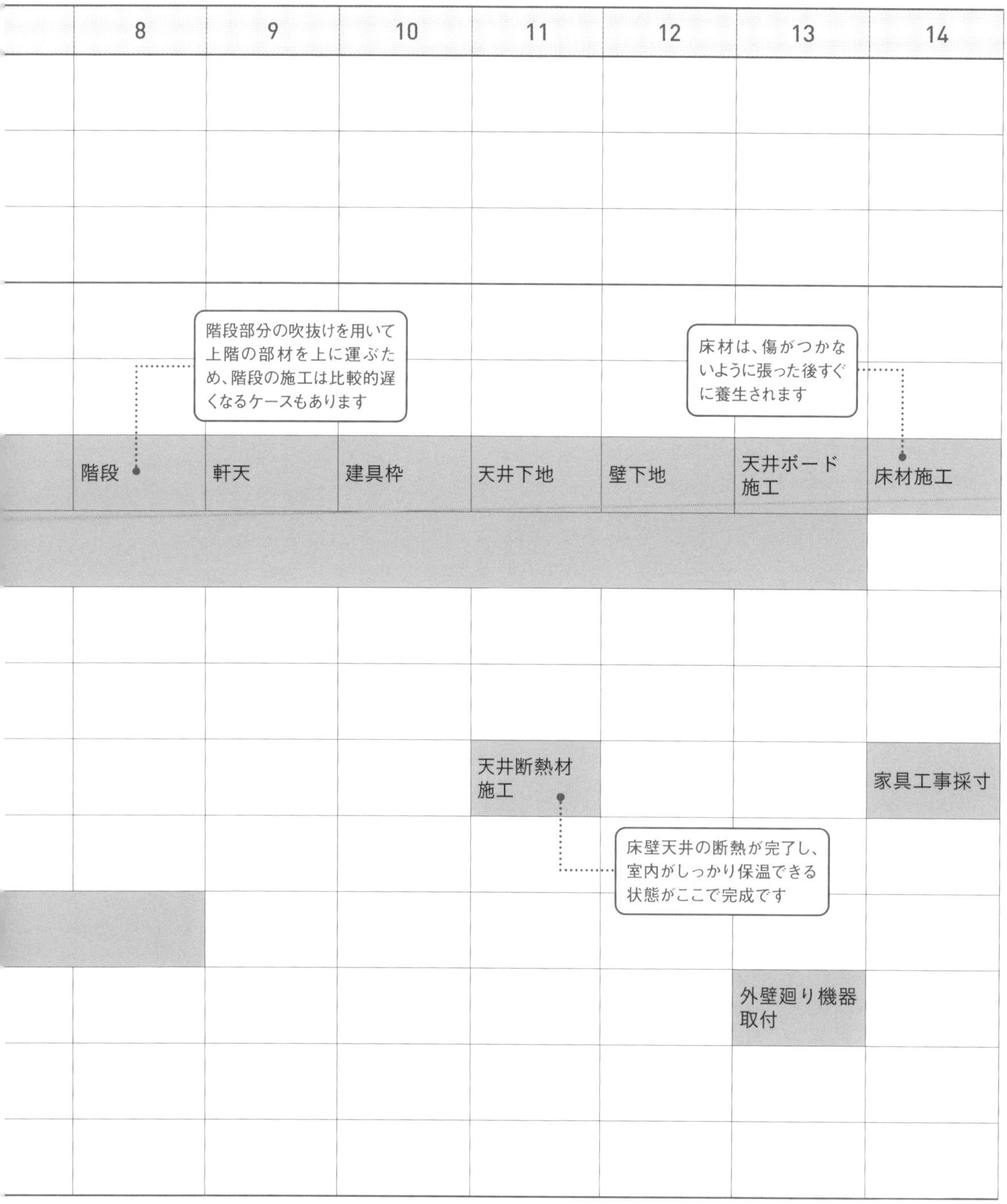

8	9	10	11	12	13	14
階段	軒天	建具枠	天井下地	壁下地	天井ボード施工	床材施工
			天井断熱材施工			家具工事採寸
					外壁廻り機器取付	

階段部分の吹抜けを用いて上階の部材を上に運ぶため、階段の施工は比較的遅くなるケースもあります

床材は、傷がつかないように張った後すぐに養生されます

床壁天井の断熱が完了し、室内がしっかり保温できる状態がここで完成です

機会があれば是非現場を訪問し、職人さんの仕事に触れてみてください。家の隠れた部分を知ることで、きっとますますマイホームへの愛着が深まるはずです。

CHECK!

実施した項目をチェックしましょう

- □ **工事の流れを把握する**
- □ **現場確認したいことがあれば事前に相談しておく**
- □ **変更したいところがある場合は設計者に相談する**

➔ 内外装下地・配管工事の流れ（例）

工程		1	2	3	4	5	6	7	
イベント	現場			現場検査					
	建て主								
	お金								
工事の流れ	仮設工事								
	基礎工事								
	木工事	間柱・窓台	筋かい・面材	外部サッシ廻り	根太、間柱	透湿防水シート	通気胴縁	床下地合板	
	屋根・外壁・防水工事	屋根工事						外壁工事	
	サッシ工事		外部サッシ搬入	外部サッシ取付	サッシ障子取付				
	内部建具工事								
	内装仕上げ工事					床下断熱材施工		外壁断熱材施工	
	設備工事				エアコン隠蔽配管				
	水道工事				内部配管				
	電気工事				内部配線				
	クリーニング		防腐防蟻材塗布						
	外構・植栽工事								

（現場検査）建築基準法、住宅瑕疵担保責任保険、住宅性能表示制度、フラット35の検査が行われます(建築基準法の検査は、一般的に2階建て住宅の場合は行われません)

（筋かい・面材）構造筋かい、合板、金物などを設置し、ここで構造がしっかり安定します

（透湿防水シート）屋根と外壁の二次防水がここで完成です。建物内が濡れない状態で作業が安心して進められるようになります

（屋根工事）まずは屋根と外壁の防水工事を行い、雨風が防げる屋内空間を確保しながら作業を進めます

（防腐防蟻材塗布）防蟻工事の効果は一般的に10年程度です

（内部配線）内部配線が完了し、外壁部分に断熱材が施工されると、その後は変更が難しくなります。電気の配線計画を事前にしっかりチェックしましょう

43 工事⑧ 内外装下地工事を行う

屋根、外壁などの防水が絡む外装の下地、断熱や造作などが絡む内装の下地が現場工事で施工されていきます。屋根や壁の下地部分を覗いてみましょう。

内装下地工事の中でも、屋根や外壁の工事についてもう少し詳しく説明しましょう。家の外を囲う屋根や外壁は、外観を美しく見せるだけではなく、防水や断熱の性能を担う大切な部位です。家の耐久性においても重要な役割を果たします。屋根や外壁の中は一体どうなっているのでしょうか？　いくつかの図を見ながら、層構成や現場の作業を理解していきましょう。

まずは屋根について。屋根の種類は主にスレート、金属、瓦の3つがあります。それぞれに表情が違い、コストや重さも異なります。屋根の勾配によって選べる種類もある程度限定されますが、これらはどれも仕上げの材料です。

近年の住宅では、こういった屋根仕上げ材の下地として、主にアスファルトルーフィングなどの防水材料（下葺材と呼ばれます）が二次防水として施工されます。これにより、万が一仕上げ材に不具合が生じた場合でも、雨漏りが起こりにくくなります。

次は外壁です。外壁の屋外側と室内側の間には、折り重なるように何層もの材料が設置されているのです。外壁の裏側には、屋根と同様に、主に防水シートによる二次防水が施

➔ 外壁と断熱の層構成

充填断熱

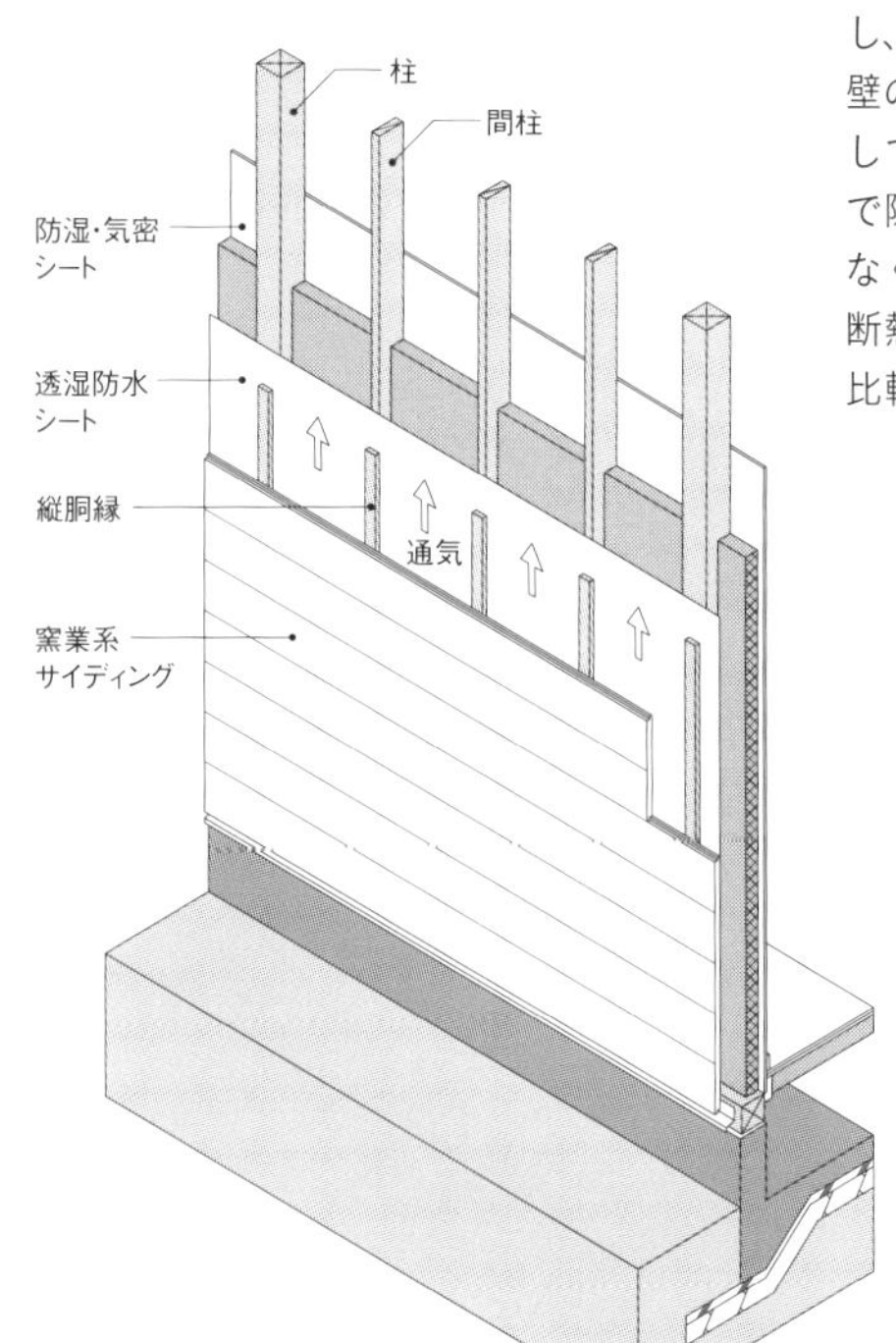

充填断熱とは、梁や柱・間柱で構成される壁の中の空間に、断熱材を詰め込む方法です。構造材の間に断熱材を配置し、屋外側に防水、通気層、外壁仕上げ材の順に施工します。壁の中の筋かいや電気配線などを避けながら断熱材を充填していきます。屋内への外気の侵入を防ぐためには、現場で隙間なく断熱材を設置することが大変重要です。隙間をなくす対策として、吹込みや吹付けの断熱材もあります。断熱材の室内側に防湿対策をすることで、結露も防げます。比較的低価格で、断熱性能を確保しやすい工法です

外断熱

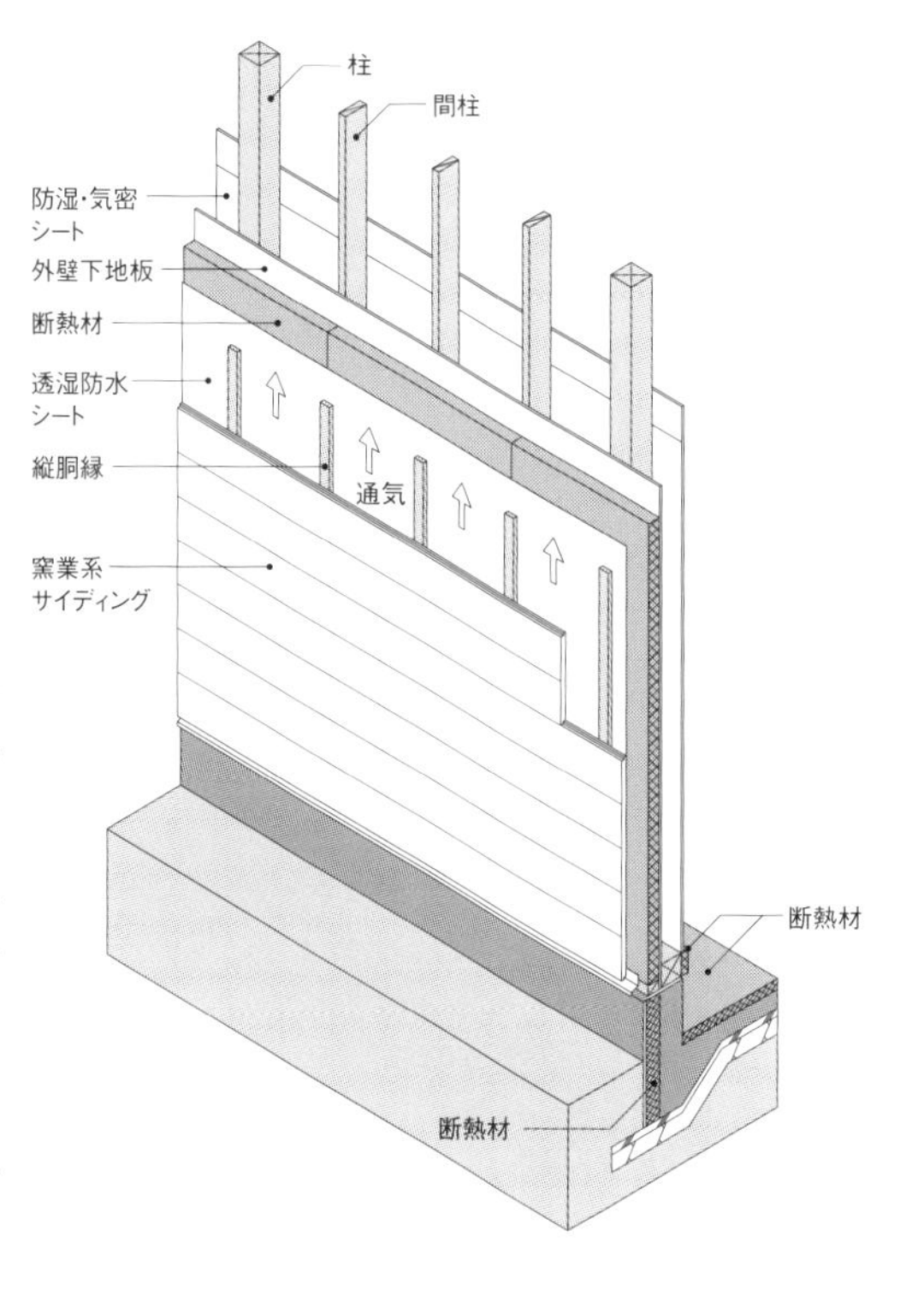

外断熱とは、柱や間柱の外側に断熱材を張り付けて断熱する方法です。構造部材の屋外側に、断熱材、防水、通気層、外壁仕上げ材の順に施工します。断熱材を基礎部分まで張り下げて施工する方法もあります。建物をすっぽり覆うことができるため、熱の漏れが起こりにくいのが特徴です。断熱材の室内側にも空気層が配置できるため結露対策にも有効で、充填断熱より断熱材の厚みを小さくできますが、断熱材自体が高価になる傾向があります。外壁の仕上げ材が限定される点も注意が必要です

工され、壁内の木材や断熱材を雨水から守る仕組みが取り入れられています。
　また、壁の断熱材は設置する位置によって、充填断熱（内断熱）と外断熱という2つの方法に分かれ、それぞれに特徴があります。床下にも断熱材が施工されますが、設置位置によって床下断熱と基礎断熱に分かれます。
　屋根の場合は野地板、外壁の場合は構造用合板や柱、筋かいなどと呼ばれる二次防水の下地は、どれも木材です。これらの木材に接するように空気層を設け、木自体が持つ調湿機能を生かすことで、家自体の寿命が永くなるように工夫されているのです。

CHECK!

実施した項目をチェックしましょう

- □ 外装の下地の構成を知っておく
- □ 内装の下地の構成を知っておく
- □ 変更したいところがある場合は設計者に相談する

屋根の仕組み

スレート屋根

スレート屋根や鋼板屋根（ガルバリウム鋼板など）は、屋根勾配を浅く抑えられます。また、軽量で構造的にも負荷が少なく比較的安価なため、リフォームなどによる瓦からの葺替えも含め多くの住宅で採用されています。一次防水となる屋根材の下には、二次防水のアスファルトルーフィング、野地板が配置されます。野地板の屋内側には、空気層を設けて通気を取ります。屋根断熱か天井断熱かの違いはありますが、断熱材と防湿シートを配置した上で屋内側を仕上げます。軒先や外壁下端から取り入れた空気を棟部分で排気する仕組みを設け、壁体内の調湿を行っています

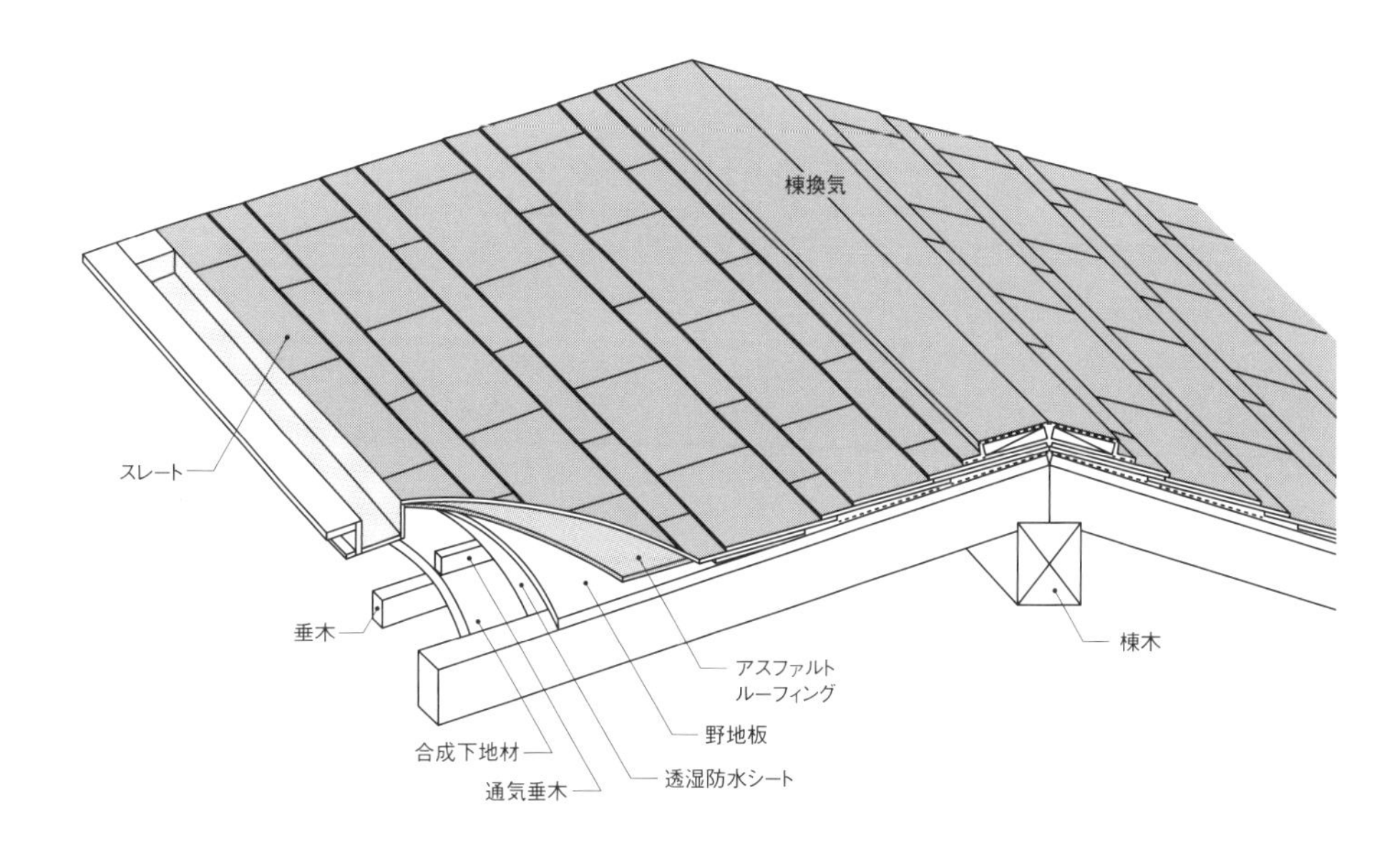

瓦屋根

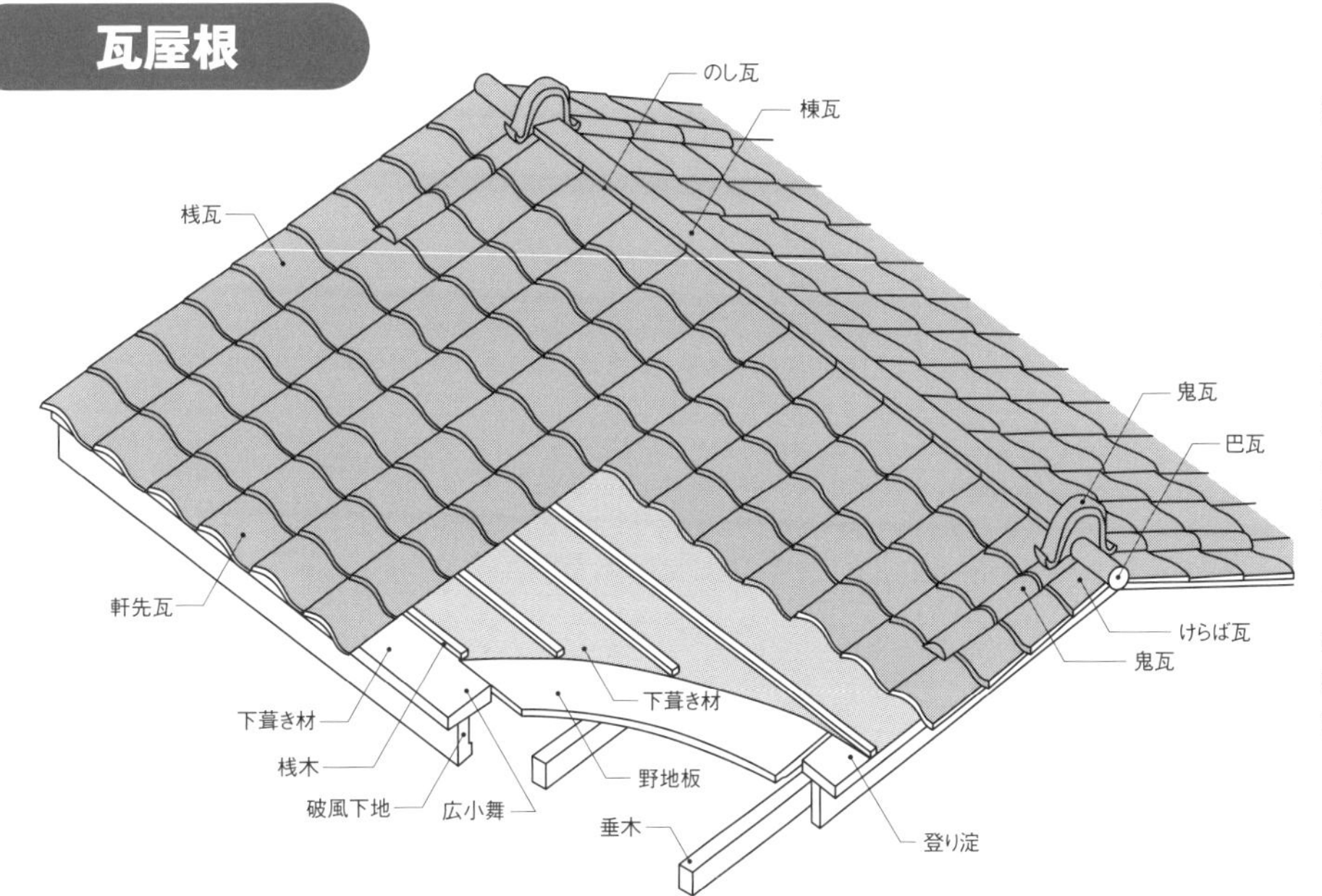

粘土を焼成した瓦は、堅牢で重厚感のある屋根材です。設置の際にはある程度の屋根勾配を必要とし、比較的高価ではありますが、耐久性が高い、メンテナンスの手間が少ない、表情が豊かなど、魅力も多い屋根材です。瓦と下地材の間に空間ができ、この空気層が断熱や遮音、冬場の結露の発生を抑えるなどさまざまな役割を果たします。空気層下の二次防水から室内側は、スレートや金属屋根と同じ構成となっています。屋根重量は重くなりますが、採用する場合はきちんと構造の検討が行われますので、地震にも対応可能です

44 工事⑦

配線・配管工事を行う

電気や通信などの配線工事、給排水やガスの配管工事が進んでいきます。最終的な使い勝手を想像しながら、適宜、確認しておきましょう。

壁の下地工事が進められると同時に、照明やスイッチ、コンセントなどの電気の配線工事が行われていきます。

入居後、後悔することが多いのがスイッチやコンセントの位置です。家具や家電の数や置く場所が変われば、必要なコンセントの位置も変わります。新居での生活を思い描きながら、テレビ、パソコン、電話などの位置はプラン通りで本当によいのか、伝え忘れていることはないかを最終確認しましょう。

給排水とガス、エアコンなどが該当する配管工事も同様です。水、お湯の出る場所に間違いがないか、キッチンや給湯器以外にガスコックを必要とするガスファンヒーターなどは検討しているか、エアコンの配管は屋外に見えないように隠蔽配管とするか、それとも屋外に露出で配管するか、など、打合せを通して図面化された内容を現場で反映しながら工事が行われます。

配線、配管ともに、上棟後比較的早い段階での施工となることが多く、あっという間に壁・床・天井が塞がってしまい、確認できなくなってしまうこともしばしば。図面で使い勝手を想像するだけではなく、できれば現場で配線配管を一度チェックしてみるとよいで

➔ 設備機器を取り付ける準備はできていますか

設計段階で決められた設備機器を正しく取り付けられるように、配管や配線が設計どおりに設置されているかをチェックします。竣工後の設備機器の不具合は、施工不良によることが多いため、建て主自ら確認することが大切です

キッチンの設備

給排水、給湯、換気、電気、ガスなどの配管・配線工事が図面どおり行われているか、ビルトイン機器、水栓金具などが計画どおりかを確認します

- □給水管・給湯管・排水管が床や壁の所定の位置に引かれていますか
- □照明用スイッチ、コンセント用の配線ボックスが所定の位置に引かれていますか
- □ガス栓が所定の位置にありますか
- □IHクッキングヒーター用の200Vコンセントが引かれていますか
- □電気オーブンや食器洗い乾燥機用の200Vコンセントが用意されていますか
- □レンジフードのダクトは屋外にきちんと接続されていますか

浴室の設備

給排水、給湯、換気、電気などの配管・配線工事が図面どおり行われているか、システムバスなどが計画どおりかを確認します

- □浴室の所定の位置に、給水管・給湯管が引かれていますか
- □排水トラップと排水管は適切な勾配ですか
- □樹脂排水管の継ぎ手部の接着忘れはありませんか
- □システムバスのパネル間の防水コーキングは忘れていませんか
- □浴室暖房乾燥機の浴室内の吹き出し方向は間違っていませんか
- □天井内の換気ダクトは屋外にきちんと接続されていますか
- □システムバスの床は堅固で床鳴りはしませんか

サニタリーの設備

給排水、給湯、換気、電気などの配管・配線工事が図面どおり行われているか、便器、洗面化粧台などが計画どおりかを確認します

- □トイレには、給水管、排水管が所定の位置に引かれていますか
- □温水洗浄暖房便座用のコンセントボックスが設置されていますか
- □洗面室には、給水管、排水管、給湯管が所定の位置に引かれていますか
- □洗濯防水パンの排水管の位置、給水管の位置、アースつきコンセントボックスの位置は計画どおりですか
- □浴室、洗面室、トイレの親子換気扇のスイッチボックスの位置は計画どおりですか

居室の設備

エアコン、床暖房、24時間換気システムなどの機器を、計画どおり設置できるかを確認します

- □エアコンの設置予定箇所を確認、また冷媒管・ドレン配管のルート、スリーブの位置、室外機の設置場所は計画どおりですか
- □室外機の排気や騒音がほかの居室や隣家に迷惑となりませんか
- □床暖房工事の場合には、温水パネル、発熱体の埋め込み位置やコントロールパネルの位置を確認しましょう
- □24時間換気システムの外壁給気口の位置が、なにかで塞がれることはありませんか
- □照明用スイッチの位置、コンセントの位置は計画どおりですか

給湯機器設備

省エネの観点からも重要な設備です。屋外に置く機器、配管、リモコンなどを、計画どおり設置できるかを確認します

- □ガス給湯器の設置場所に給排気を阻害するものはないですか
- □エコジョーズを設置する場合は、ドレン排水が適正に行えるか確認しましょう
- □エコキュートを設置する場合は、屋外に設置するヒートポンプユニット周辺の空気の流れがよいかを確認しましょう
- □エコキュート用の貯湯タンクユニットの基礎は堅固にできていますか
- □設置場所に点検や交換のための搬出入の空間はありますか

設備のチェックは、専門家に質問しましょう

設備のチェックにあたっては、専門知識が必要であり、建て主が確認できないのは当然です。工事監理者または工事責任者に、以上のことについて説明を受けるのが得策です。設備工事の会社の人に立ち会ってもらってもよいでしょう

しょう。設計者や監督と事前に相談し、現場に立ち会える様、日程を調整してみましょう。

CHECK!

実施した項目をチェックしましょう

- □ 電気関連の位置について変更の有無を確認する
- □ ガス、給排水の位置について変更の有無を確認する
- □ 空調の位置について変更の有無を確認する
- □ 変更したいところがある場合は設計者に相談する

➔ 配線・配管工事までに決めておきたいポイント

照明のスイッチの位置や、テレビ、パソコン、電話、フロアスタンドなどに使うコンセントの位置や数を確認しましょう。壁の仕上げ材を施してから位置の悪さに気づいたのでは、それをはがしてもう一度施工することになるため、時間も材料もコストもかかってしまいます

スイッチ・コンセントの位置

スイッチやコンセントの位置を確認しましょう。設備機器や家具の配置を想像しながら、過不足なく数量が配置されているか、希望の高さ位置に設置されているかなどをチェックします

水廻りの配管

キッチンや洗面所などは、さまざまな工事が集中する箇所です。電気配線、換気扇、ガスや給排水の配管などが集まる場所なので、出来上がりをイメージしながら確認しましょう。将来的に検討したい設備機器がある際は、あらかじめ設計者に相談しておきましょう

配管の仕組み

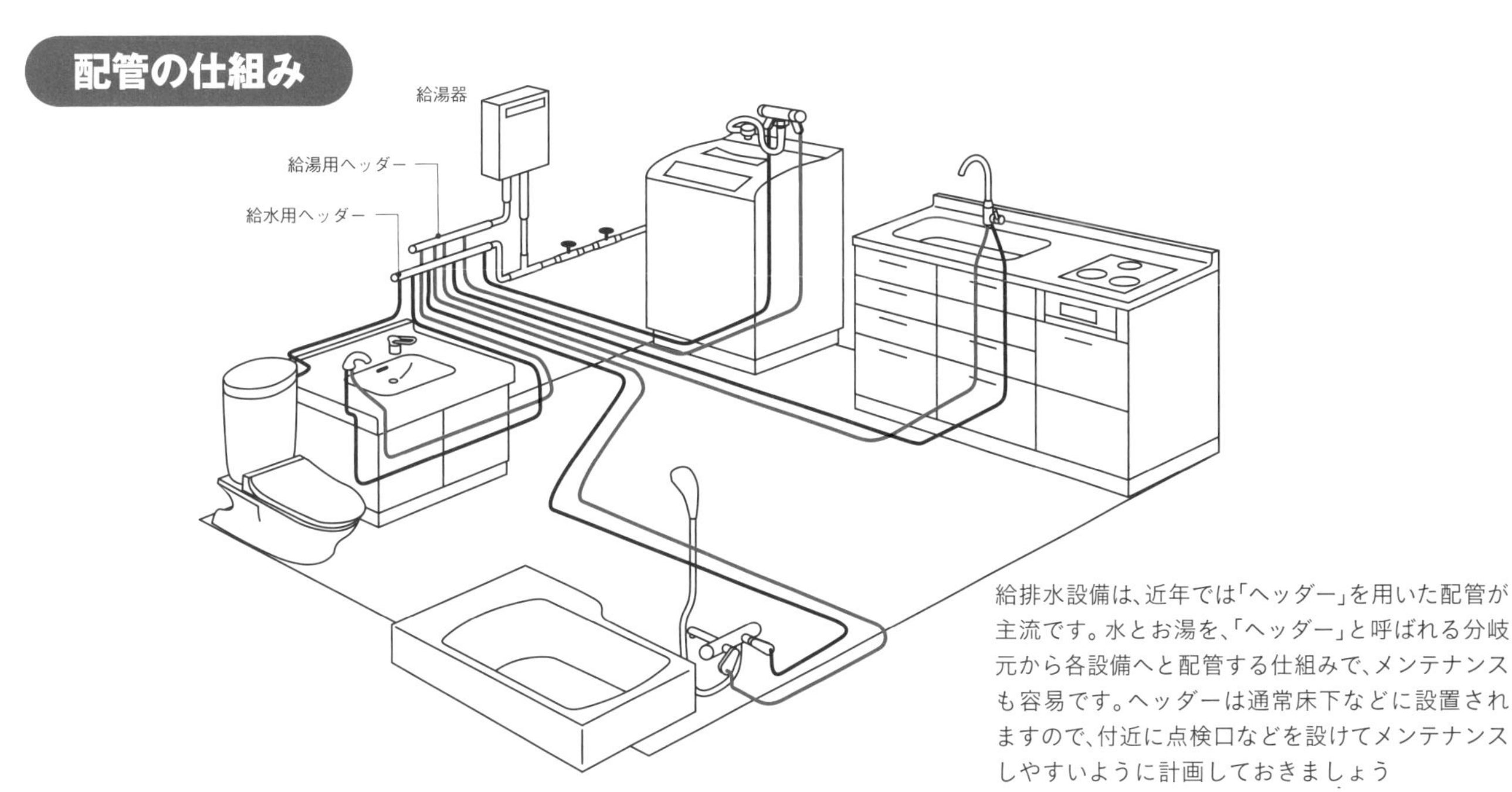

給排水設備は、近年では「ヘッダー」を用いた配管が主流です。水とお湯を、「ヘッダー」と呼ばれる分岐元から各設備へと配管する仕組みで、メンテナンスも容易です。ヘッダーは通常床下などに設置されますので、付近に点検口などを設けてメンテナンスしやすいように計画しておきましょう

45 工事⑧ 現場に立会う

現場では順次、各種現場の検査が進められていきます。建て主として、できれば数回は現場立会いし、進捗を確認しましょう。

この時期には、さまざまな現場検査が行われます。

住宅性能表示制度の建設住宅性能評価と住宅瑕疵担保責任保険それぞれの2回目の検査、フラット35の融資に関わる中間現場検査も屋根工事完了時に行われます。

住宅性能表示制度を利用した場合、性能評価書の写しを提出することで、フラット35の中間現場検査が省略されることがあります。なお、建築基準法の中間検査は、2階建ての木造住宅の場合、一般的には行われません。

基本的に建て主が現場での検査に立会うケースは少なく、普段は設計者や現場監督と検査員が現場で行うものですが、機会があれば同席してみても良いでしょう。

また、こういった検査の有無にかかわらず、この時期の現場での立会いはとても有用です。上棟から内外装下地工事、配線・配管工事期間は、最終的に見えなくなってしまう部分の工事が毎日行われていきます。この段階を過ぎて仕上げ工事に入ると、現場での変更や調整がとても難しくなってきます。建て主としての視点で現場に立ち会ってチェックし、気づいた点や疑問・質問が出た際には、設計者や現場監督にすぐに確認しましょう。

工事中に行われる検査のスケジュールを知りましょう

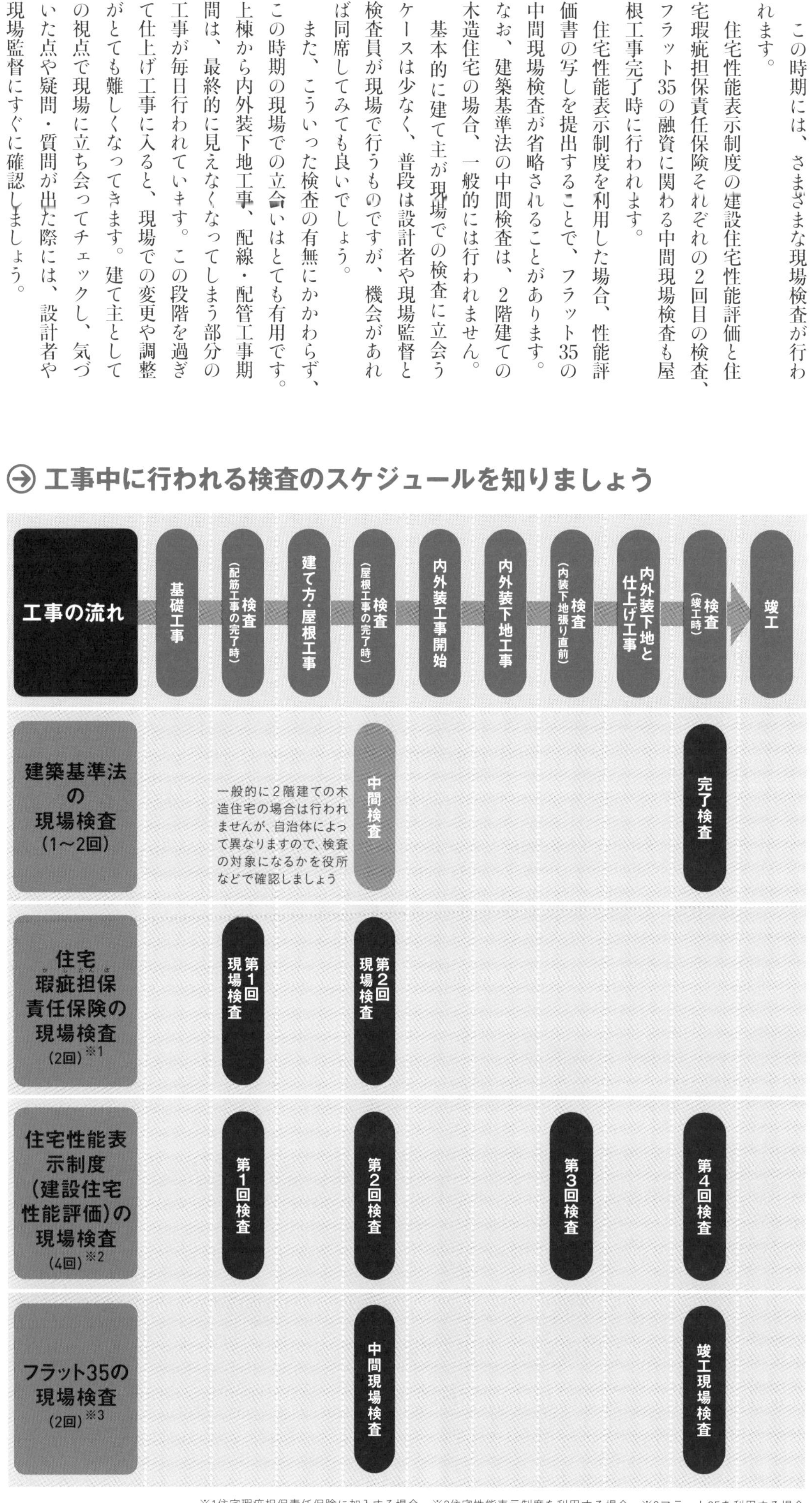

※1住宅瑕疵担保責任保険に加入する場合　※2住宅性能表示制度を利用する場合　※3フラット35を利用する場合

CHECK!

実施した項目をチェックしましょう

- □ 中間金を支払う
- □ できれば現場検査に立ち会う
  （建築基準法、住宅瑕疵担保責任保険、住宅性能表示制度、フラット35）
- □ 検査結果の報告を受ける

「住宅性能表示制度（建設住宅性能評価）」の現場検査のタイミング

第1回検査
配筋工事の完了時

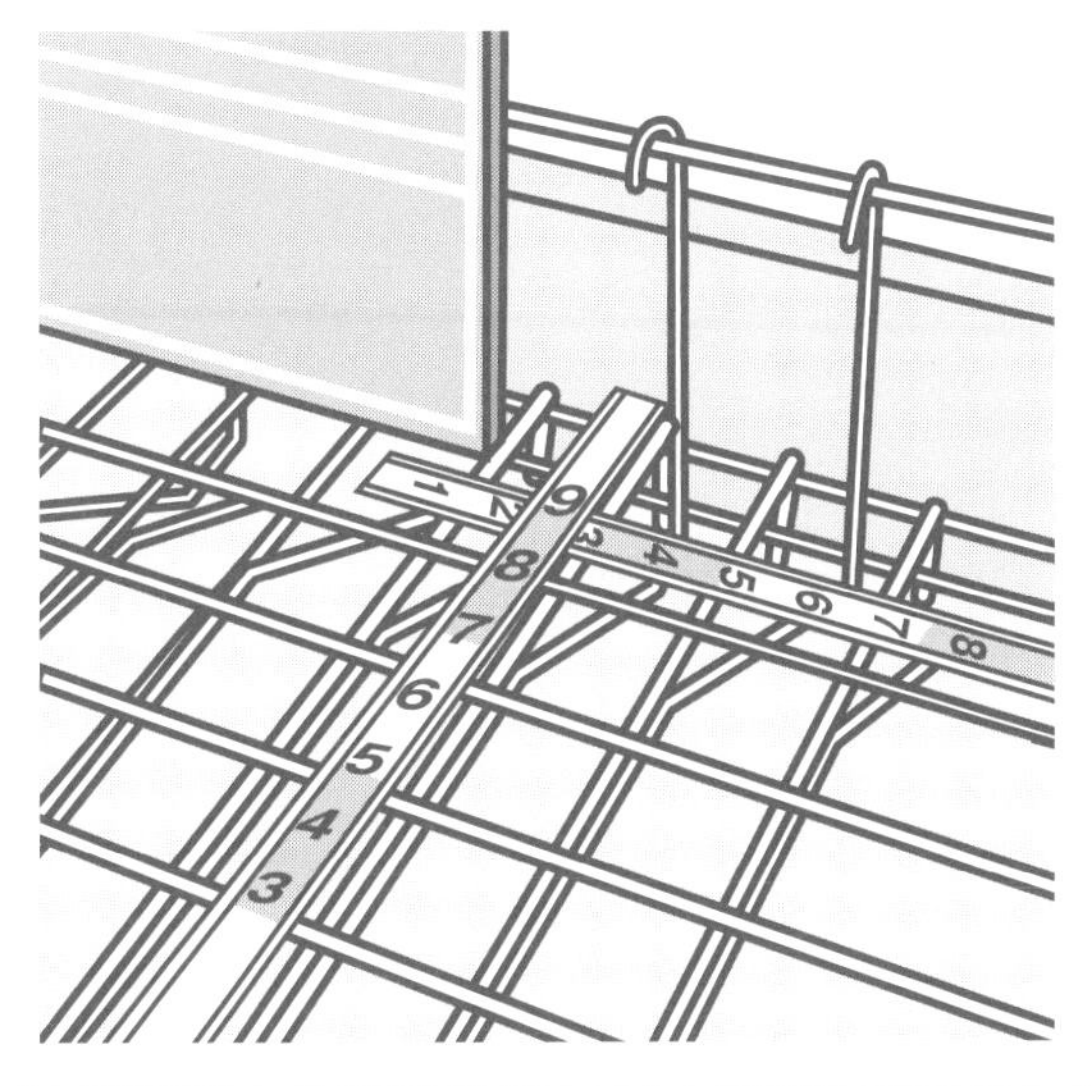

主に基礎の形式、鉄筋の品質・間隔、立ち上がり部分の高さ・厚さ、地盤対策を検査します

第2回検査
屋根工事の完了時

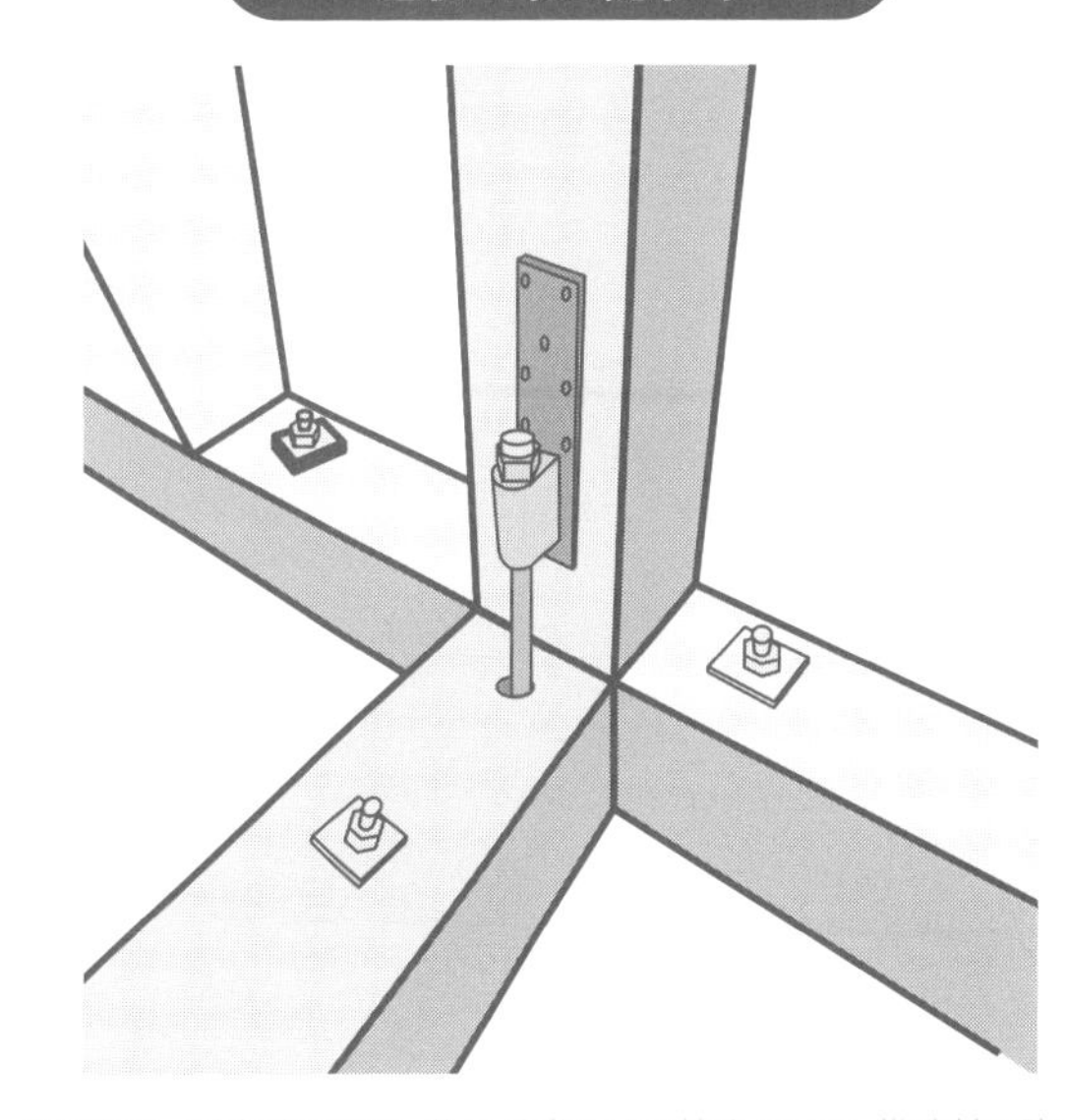

主に軸組、耐力壁の配置、仕口・金物による接合のほか、構造材の防腐対策を検査します

第3回検査
内装下地張り直前

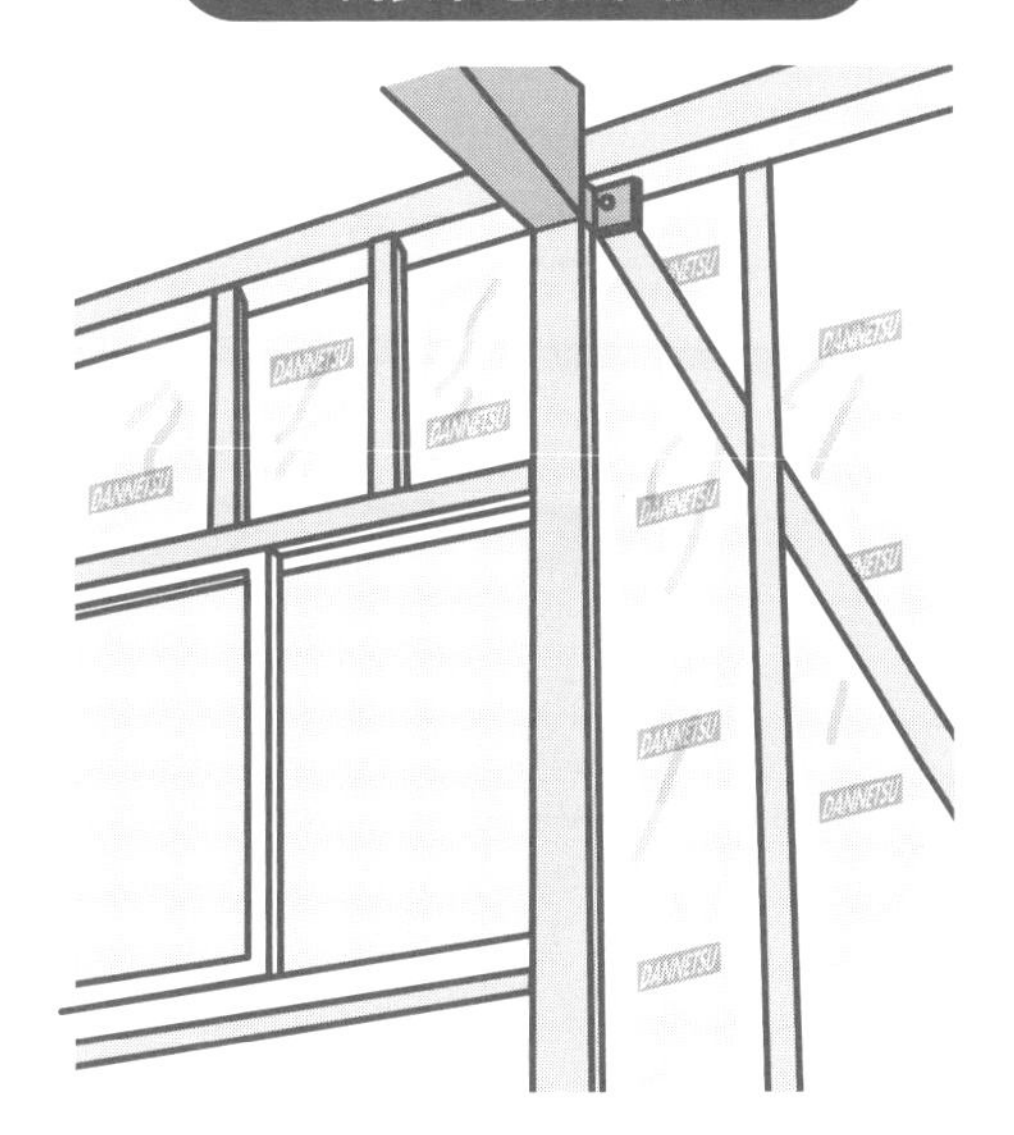

断熱材、気密材などの施工状況など、主に温熱環境に関わる検査を実施します

第4回検査
竣工時

主に、シックハウス対策などの空気環境、高齢者等への配慮、維持管理への対策を検査します

46 工事⑨

仕上げ工事の流れを知る

仕上げ工事が始まると、家の「かたち」が見えてきます。この時期は大勢の職人さんが入り、同時に作業が進行していきます。

下地工事も終盤に入ると、壁や天井にボードが張られ、上下階をスムーズに行き来できるように階段が設置されます。こうして大工さんの作業が進むなか、家具や畳、建具など仕上げに関わる職人さんが、寸法を測りに現場に入るようになります。職人さんの現場入りの順番やタイミングは、工事の進み具合を見ながら現場監督が采配します。

下地工事が終わると、大工工事（木工事）は最終段階。床のフローリング張りなどの内装仕上げ工事に入ります。鴨居や敷居、ドアの枠、壁と床が接する部分の幅木や畳寄せ、天井と壁が接する廻り縁などの細かな造作も、このタイミングで行われます。

仕上げ工事が本格化すると、これまでの大工さん中心の作業から塗装工事、左官工事、クロス張り、タイル張り、家具取付工事などに移ります。複数の職人さんが並行して作業を行います。人の出入りも多くなるので、できたところから現場に養生シートが張られ、傷や汚れがつかないように保護されます。

大工工事の終了時には、棟梁がいる間に、工事責任者と工事監理者がその仕上がりに問題がないかを確認します。最終的にクリーニングを経て、建物の完成形が見えてきます。

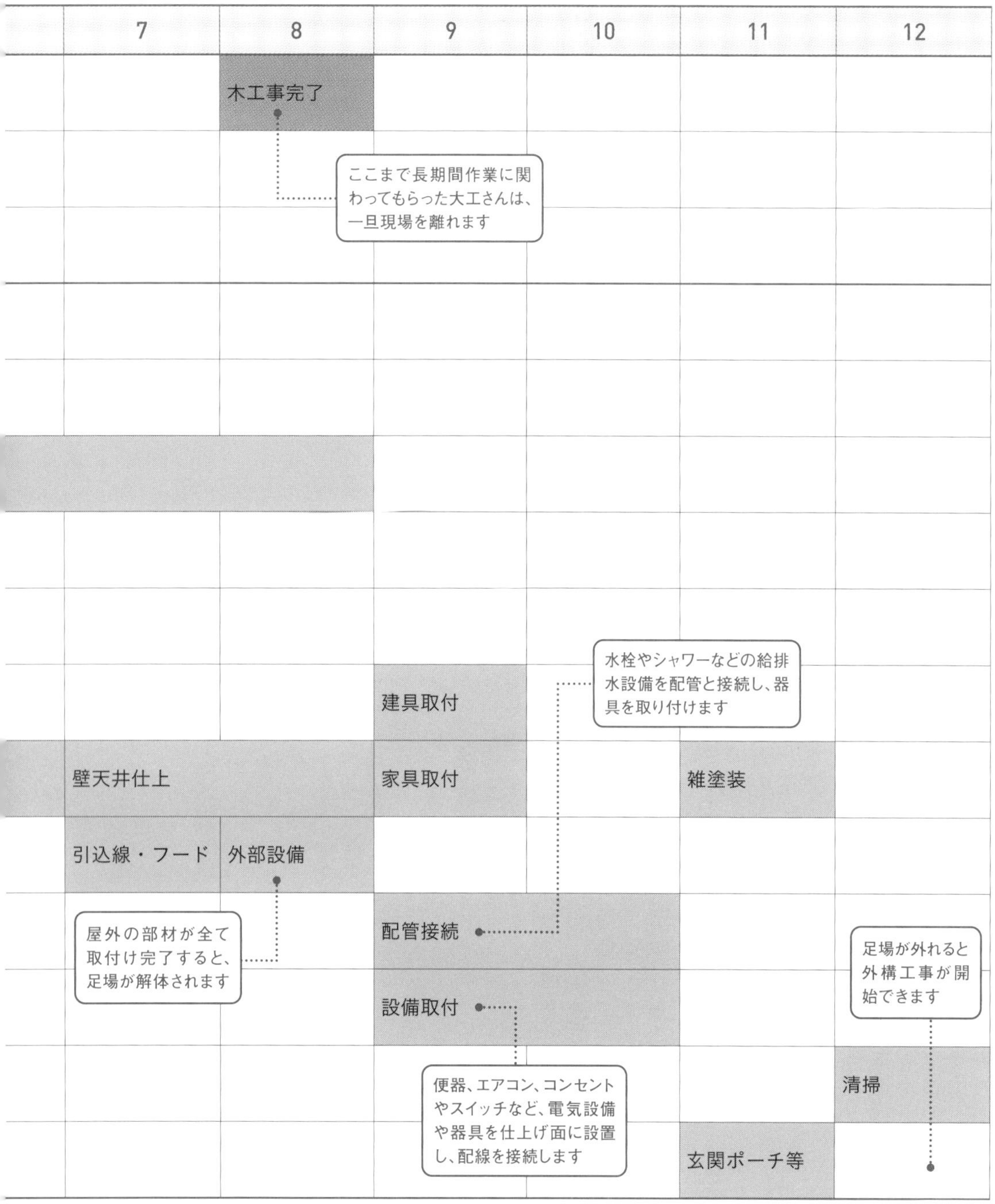

	7	8	9	10	11	12
		木工事完了				
			建具取付			
壁天井仕上	壁天井仕上	壁天井仕上	家具取付		雑塗装	
	引込線・フード	外部設備				
			配管接続	配管接続		
			設備取付	設備取付		
						清掃
					玄関ポーチ等	

ここまで長期間作業に関わってもらった大工さんは、一旦現場を離れます

水栓やシャワーなどの給排水設備を配管と接続し、器具を取り付けます

屋外の部材が全て取付け完了すると、足場が解体されます

足場が外れると外構工事が開始できます

便器、エアコン、コンセントやスイッチなど、電気設備や器具を仕上げ面に設置し、配線を接続します

CHECK!

実施した項目をチェックしましょう

- □ 仕上げ工事の流れを把握する
- □ 変更したいところがある場合は設計者に相談する
- □ 引渡しの予定を確認して引越しの予定を組む

➔ 仕上げ工事の流れ（例）

工程		1	2	3	4	5	6
イベント	現場	現場検査					
	建て主						
	お金						
工事の流れ	仮設工事						
	基礎工事						
	木工事	床材施工	壁ボード施工	階段施工		巾木・廻り縁	内部造作製作
	屋根・外壁・防水工事					雨樋	
	サッシ工事						
	内部建具工事		建具採寸	建具製作			
	内装仕上げ工事		家具採寸	家具製作			壁天井下地
	設備工事						
	水道工事						
	電気工事						
	クリーニング						
	外構・植栽工事						

住宅性能表示制度の検査が行われます

木工事中は階段スペースを2階への資材受け渡しに利用するため、階段の工事は後半に行います

建具や造作が既製品の場合は、事前に発注されたものが現場に搬入され、取付けられます

石膏ボードにパテ処理を行い、仕上げが平滑になるように下地をつくっていきます

47 工事⑩

家具工事・設備取付を行う

仕上げ工事の後半の工程として、家具や設備の取付があります。家具などの大きな造作部材が取付けられ、キッチン、洗面、便器、エアコンなどの住宅設備部材が設置されるのはこの時期となります。電気設備では分電盤、コンセントやスイッチ、照明器具などが現場に搬入され、壁の中の配線などと接続されて設置されます。住宅設備部材などの機器は、給排水や空調の配管や電気配線も接続されることで設置完了。その後、試運転を行います。

並行して、大工さんが手すりやハンガーパイプを取付けたり、建具職人が室内ドアや引き戸、襖を取付けたり、家具会社が製作した家具を据え付けに来たりと、内装仕上げの最終の作業が進んでいきます。細かい部材ですが、この時期にトイレの紙巻器、リモコン、タオル掛けなども取付されます。図面上では決めきれずに現場で位置確認となっている事項や、施主支給の部材に関しては、設計者や現場監督と立会いしながら調整しておきましょう。

また、そろそろ引っ越しの準備が必要です。入居してすぐに使えるように、インフラの切り替えに関する調査や手続きも進めておきましょう。電気料金や水道料金は、工事中は施

内装の壁には、造作家具や電気設備、空調設備、各種備品が設置されていきます。家はどんどん完成に近づいています。

家具・配線工事（例）

スイッチ・コンセントの取付

壁紙が張り上がると、電気配線に絡んだ器具の取付けが行われます。スイッチやコンセントのほかに照明器具、分電盤やインターホン、給湯器のリモコンなどもこの時期に設置されます。屋外のテレビアンテナを取付けし、電気の引込みと通電が行われ、各電気設備器具のチェックが行われます

造り付け家具工事

本棚や書斎デスクをはじめとした造り付け家具、クローゼットや収納内の棚やパイプなどが取付けられます。家具工事は、家具職人さんが作業場で製作したものを現場で取り付けたり、大工さんが現場で製作したりとさまざまなケースがあります。造り付け家具は壁や天井にしっかり固定されるよう計画されていますので、地震に対しても安全です

工会社が負担していますが、引渡し日に合わせて切り替えが必要です。テレビや電話、インターネット回線などの段取り・準備をしておきましょう。

CHECK!

実施した項目をチェックしましょう

- □ 施主支給品がある場合、現場に搬入する
- □ 変更したいところがある場合は設計者に相談する
- □ 引越しに伴うインフラの移行準備を始める

キッチンなどの設備品の設置工事

キッチンや洗面台など、設備品が取り付けられます。一般的にメーカーの既製品であることが多く、内装がある程度完成した後に部材で現場に搬入され、組み立てられます。あらかじめ準備していた電気や換気扇、ガス、給排水などさまざまな配線や配管などと接続され、完成します

エアコンなどの取付工事

家具や設備などが設置完了すると、最後に備品類の取り付けが行われます。室内ドアや引き戸、襖などを設置し、開閉の具合を調整します。あらかじめ準備した配管とエアコンを接続し、室内機と室外機が設置されます。細々した備品の設置が完了すると、各場所の養生を剥がしてクリーニング作業を行います

48 工事⑪

家具・カーテンを検討する

家の中の家具工事などが完了したら、そろそろ家具や家電製品を注文する時期です。家や部屋のサイズに対して家具が大きすぎたり小さすぎたり、実際に現場を見ると図面とは印象が違うことも多々あります。新規で購入予定の家具は、現場の仕上がり寸法を測り、大きさのイメージに間違いがないかを確認した上で購入したいものです。

家電製品の購入も、重要なミッションです。近年の家電は省エネ効率がアップしているので、古いものを使い続けるよりも買い替えたほうが地球にもやさしく、電気代も安くなり、結果としておトクになるケースも少なくありません。エアコン、冷蔵庫、テレビなどには省エネ性能がわかる「統一省エネラベル」が表示されているので、参考にしましょう。

家具や家電製品は、原則として引渡し後に搬入されるように手配します。現場でついてしまった家具や家電製品の傷は建て主の責任となります。また、万が一火災などが起こった場合、通常では家具や家電製品には保険が適用されません。このようなリスクは可能な限り避けたいものです。

この時期にカーテンも制作します。事前の打ち合わせで決めておいたカーテンの採寸を

カーテンを取り付ける前に、現場で種類や使い勝手の確認をしましょう。新規の家具を購入する際は、この時期に現場で採寸しながら購入するのがお勧めです。

統一省エネラベルを見てみましょう

多段階評価制度

●市販されている製品(エアコン、冷蔵庫、テレビ、温水洗浄便座、照明器具)を省エネルギー性能の高い順に5つ星から1つ星までの5段階で評価しています
●トップランナー基準を達成しているものがいくつの星以上であるかを明確にするため、星の下に矢印でトップランナー基準達成・未達成の位置を明示しています

省エネ性能
★★★★☆4.2
目標年度2021年度
省エネ基準達成率 112%
年間消費電力量 249 kWh/年
メーカー名
機種名
この製品を1年間使用した場合の目安電気料金
6,720円
RFR-R0211

年度の表示

省エネラベル
省エネ基準達成率・消費電力などを表示しています

年間の目安電気料金

家電を選ぶときに気をつけたいポイント

テレビの選択ポイント

- 液晶・有機ELなどの方式
- 画面のサイズ
- 画質〈フルハイビジョン、4K、8K〉
- 省エネ性(統一省エネラベルを参考に)
- 録画機能、倍速機能、ネット機能、3D対応
- 薄さ、重さ、曲面型

画面のサイズの選び方

薄型テレビの画面サイズの目安	テレビからの視聴距離
32V型(高さ約39cm)	約1.2m
40V型(高さ約50cm)	約1.5m
46V型(高さ約57cm)	約1.7m
52V型(高さ約65cm)	約1.9m
60V型(高さ約75cm)	約2.2m
70V型(高さ約87cm)	約2.6m

エアコンの選択ポイント

- 冷暖房能力と部屋の広さ
- 省エネ性(統一省エネラベルを参考に)
- 気流制御機能
- 除湿・加湿機能
- 空気清浄・換気機能、除菌、脱臭
- 自動掃除機能

設置する部屋の畳数の目安

畳数の目安	能力 ( )内は能力の可能範囲	消費電力 ( )内は最小、最大の数値
暖房 11〜14畳	5.0kW (0.6〜10.4kW)	915W (80〜2,940W)
冷房 11〜17畳	4.0kW (0.6〜5.4kW)	830W (85〜1,720W)

鉄筋マンションの場合(南向き洋室)
木造・平屋の場合(南向き和室)

家具を選ぶときに気を付けたいポイント

家を建てると家具も新調したくなるものですが、購入の際はいくつか注意が必要です(大型家電も同様)

●想像よりも家具のサイズが大きい(小さい)
平面図でレイアウトしていた家具が、実際に配置すると大きすぎた、小さすぎたというのはよくあることです。ある程度空間が完成された現場で、サイズを確認してから購入しましょう

●搬入できない
廊下が曲がれない、窓やドアから搬入できない、2階に持ち上げられない……。どれも大型新規家具のあるあるです。大きめの家具を検討する際には、必ず設計時に搬入可能か確認しましょう

行い、実際の制作に入ります。その前に現場で、各窓の位置やサイズ、役割を再確認し、カーテンの種類や生地に間違いがないかを改めて確認しておきましょう。

CHECK!

実施した項目をチェックしましょう

- □ カーテンの種類や操作方法、生地などを確定する
- □ 現場採寸し、家具や家電の配置を確認する
- □ 家電製品の「省エネラベル」を理解する
- □ 新規の家具や家電を注文する

ウィンドウトリートメントを決めましょう

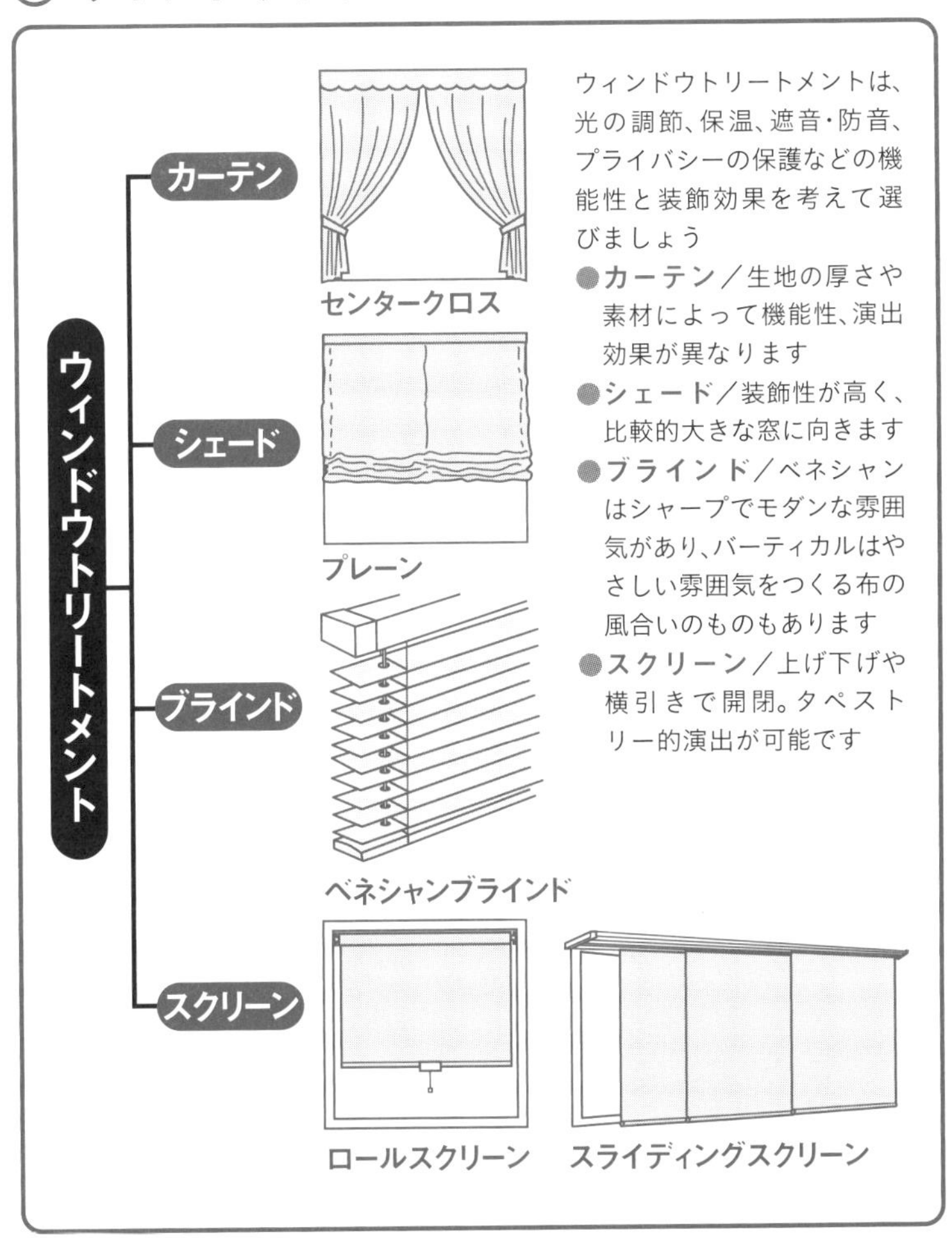

ウィンドウトリートメントは、光の調節、保温、遮音・防音、プライバシーの保護などの機能性と装飾効果を考えて選びましょう

- ●カーテン／生地の厚さや素材によって機能性、演出効果が異なります
- ●シェード／装飾性が高く、比較的大きな窓に向きます
- ●ブラインド／ベネシャンはシャープでモダンな雰囲気があり、バーティカルはやさしい雰囲気をつくる布の風合いのものもあります
- ●スクリーン／上げ下げや横引きで開閉。タペストリー的演出が可能です

窓の役割とは？

窓（開口部）には、住まい手（人）はもちろん、風や光を「通す」という重要な役割があります。窓の役割について改めておさらいしてみましょう

●出入り
屋内外の通行に使用

●眺望
外を眺める。借景

●採光

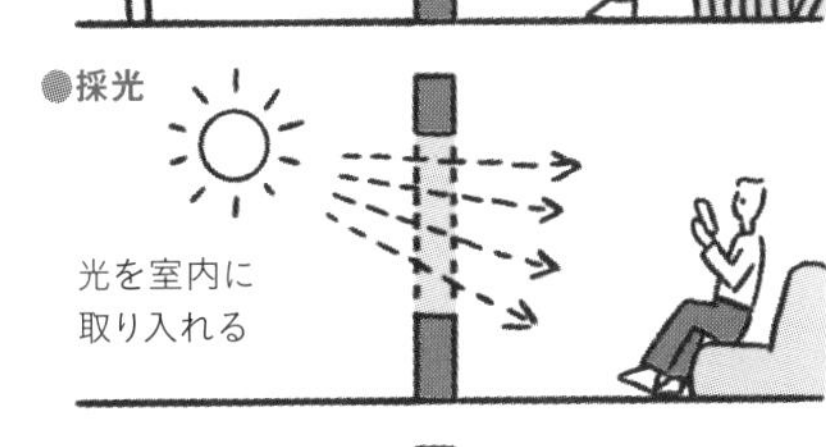

●通風

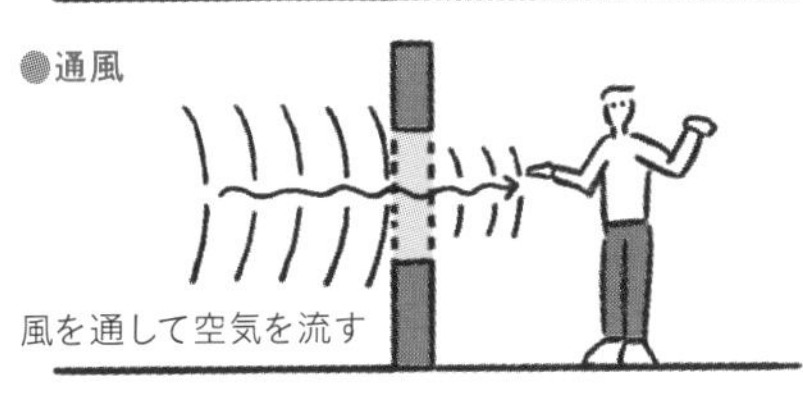

動作のスペースを考えて家具を選びましょう

食卓まわりのスペース

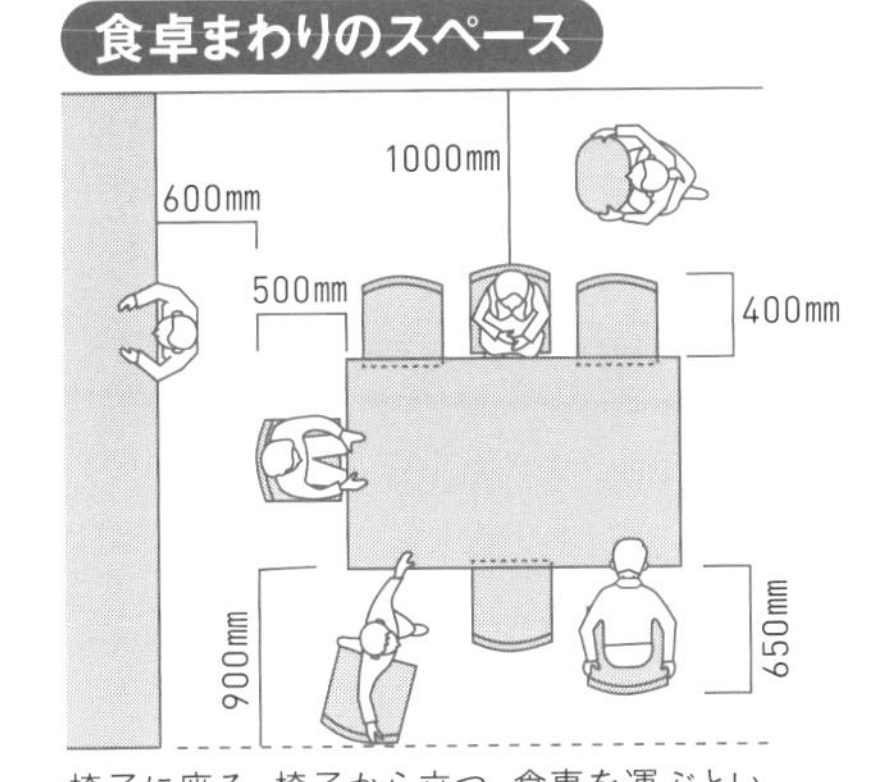

椅子に座る、椅子から立つ、食事を運ぶという動作に必要なスペースを考慮しましょう

ベッドまわりのスペース

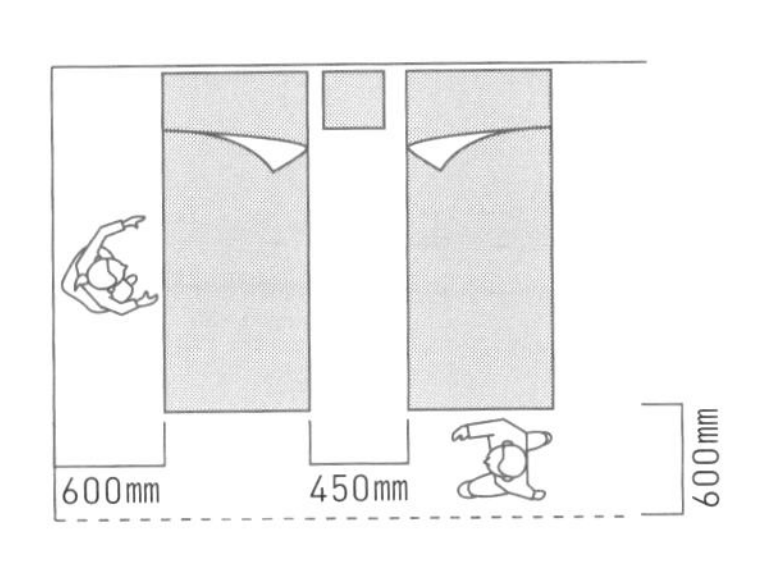

ベッドまわりには、人がスムーズに歩ける600mmのスペースが最低限必要です

ピアノまわりのスペース

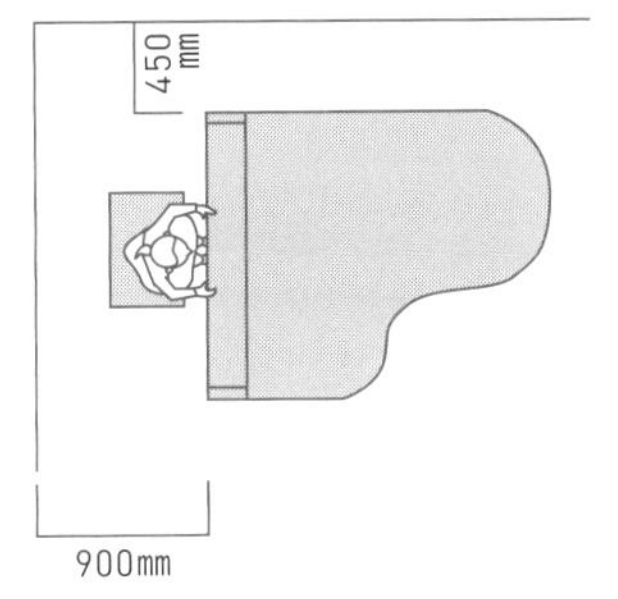

ピアノの椅子の後ろは、立ち上がるのに必要なスペースを確保します

（プラン指導）株式会社空間構造　加藤ゑみ子

49
工事⑫

外構・植栽工事を行う

外部の足場が解体され、工事車両の出入りが一段落すると、外構工事が始まります。植栽も配置し、豊かな外観にしましょう。

建物の足場が撤去され、各種業種の方の出入りが一段落したところで、家の顔となる外構工事と植栽工事が行われます。

外構工事では、敷地周辺に境界ブロックやフェンスを設置するとともに、建物周辺や駐車スペースの土のレベルを最終調整し、車庫部分のコンクリートやアプローチの仕上げなどが行われます。境界工事や地面部分の工事中には、必要部分に配線・配管も施工します。照明器具やインターホンの電気配線工事とともに、立水栓や散水栓の位置に合わせて給排水の配管工事も行われます。

これらが完了すると、ポストや表札が設置されます。ポストの色や表札の文字フォントなど、早めに詳細を検討しておきましょう。

最後に植栽工事です。植木は自宅の庭を彩るとともに、街の景色を豊かにしてくれます。落葉樹の場合、春には花が咲き、夏は日除けとなり、秋は紅葉し、冬は葉が落ちて家の中に日差しを取り込めるなど、一年を通じて家に寄り添いながら楽しみを与えてくれる存在となりお勧めです。

建物の竣工だけが家の完成ではありません。外構や植栽によって、街並みに貢献するのはとても大事なことです。是非、植栽まで含め

➔ 外構・植栽工事の流れ（例）

	工程	1	2	3	4	5	6	7
イベント	現場							
	建て主	家具・家電検討						
	お金							
工事の流れ	仮設工事							
	基礎工事							
	木工事							
	屋根・外壁・防水工事							
	サッシ工事							
	内部建具工事							
	内装仕上げ工事	カーテン採寸					カーテン設置	
	設備工事							
	水道工事							
	電気工事						屋外照明	
	クリーニング							
	外構・植栽工事	基礎工事	土留・ブロック工事	アプローチ・駐車スペース		カーポート	ポスト表札インターホン	植栽工事

省エネタイプの器具を選ぶと、経済的なだけでなく、地球環境保護にもいいでしょう

平面図に、家具を置く場所の寸法を書いて、メジャーと電卓を持っていくと便利です

窓枠の寸法を調べていきます。仕上がり丈は、窓枠内付けの場合は窓枠の内側5㎜、室内側に吊る場合は窓枠下100～200㎜、床まで伸ばして吊る場合は床上10㎜にするとよいでしょう

アプローチや駐車スペースの養生期間中は、むやみに出入りして現場を汚さないように注意しましょう

て外構工事をしっかり計画し、豊かな住まいと環境を整えましょう。引渡しはもうすぐです。

CHECK!

実施した項目をチェックしましょう

- □ 外構の図面と現場を最終確認する
- □ 高低差や寸法などを現場で確認する
- □ 変更したいところがある場合は設計者に相談する

➔ 植栽と環境

植栽には、気候や風土に合った木がお勧め。できれば病気にも強い日本原産（在来種）の木を選びましょう。比較的手入れをしなくても自然と美しい樹形を保てるアオハダや 病気や害虫などに耐性のあるアオダモなどの木は人気があります。植えた木、花や実の周りには、鳥や虫などの生きものが集まってきます。樹木は、生きものたちが生活を営む拠点としてはもちろん、時には敵から身を守ってくれる隠れ場として、移動の途中で休む場として活躍します。樹木を中心に生態系が構成されることで、より豊かな庭に成長していきます

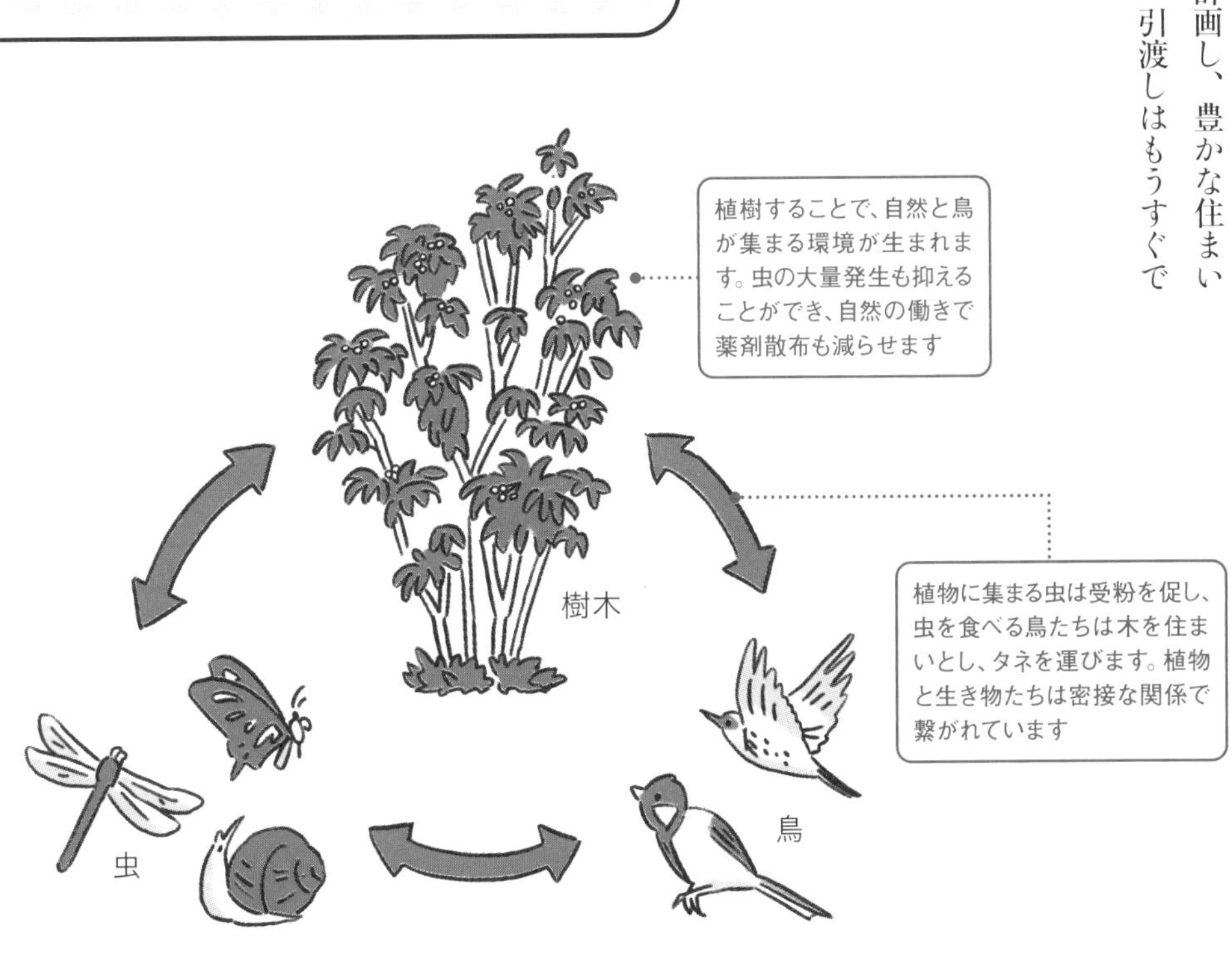

➔ 外構プランで検討すべき主なポイント

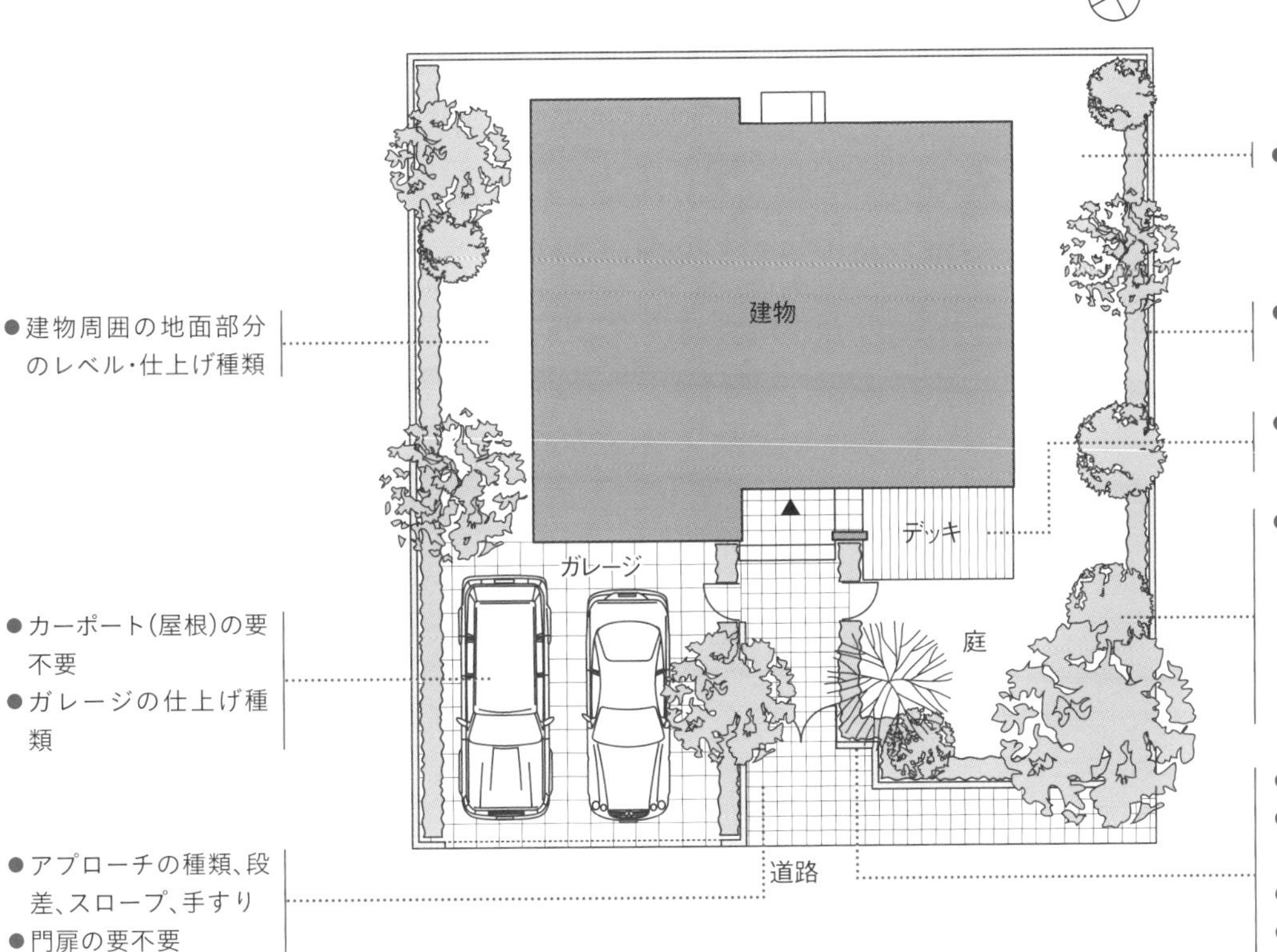

50

工事⑬

竣工検査を行う

引き渡し前に、工事監理者と施工会社とともに竣工検査を行います。手直しが済んだら、再度、確認しましょう。

すべての工事が終了したら、引き渡し前に、建て主は、工事監理者とともに**竣工検査**（しゅんこう）を行います。施工会社から説明を受けながら、床・壁・天井の仕上げの状態やドア・引き戸の開閉状況、設備機器の設置の確認などを行っていきます。その結果、手直しや追加工事が必要な場合は、修正が行われ、終わったのちに再度、最終確認をします。工期には、手直しの期間として、あらかじめ1～2週間ほど余裕をもたせてあります。手直しが終了したら、クリーニングの専門業者が入ります。また、電力会社や水道事業者、ガス会社による検査および接続（本設）が行われます。

このころ、建築基準法の**完了検査**（78頁・114頁参照）を受けるために、役所または検査機関に完了検査申請書を提出し、検査日時を決めます。これらの手続きは通常依頼先が行いますので、建て主は必要な書類を委任し、検査手数料を預けます。なお、検査を受けると検査済証が交付されますが、これはのちに建設住宅性能評価やフラット35の手続きに必要になるので、大切に保管しましょう。

設計者・施工会社からオープンハウス（45頁参照）の開催を相談されたら、前向きに検討し、できれば協力しましょう。

竣工検査の流れ（例）

	工程	1	2	3	4
イベント	現場	社内検査			
	建て主			竣工検査	登記準備
	お金				
工事の流れ	仮設工事				
	基礎工事				
	木工事	現場チェック	手直し	現場チェック	手直し
	屋根・外壁・防水工事	現場チェック	手直し	現場チェック	手直し
	サッシ工事	現場チェック	手直し	現場チェック	手直し
	内部建具工事	現場チェック	手直し	現場チェック	手直し
	内装仕上げ工事	現場チェック	手直し	現場チェック	手直し
	設備工事	現場チェック	手直し	現場チェック	手直し
	水道工事	現場チェック	手直し	現場チェック	手直し
	電気工事	現場チェック	手直し	現場チェック	手直し
	クリーニング			クリーニング	
	外構・植栽工事	現場チェック	手直し	現場チェック	手直し

竣工検査：竣工前に建て主は、工事監理者と施工会社とともに、内装の仕上げの状態、建具の開閉状況、設備機器の設置を確認する竣工検査を行います。手直しがあったら、その後再度の確認が必要です

登記準備：表題登記の申請書を作成します（118頁参照）。登記の申請は土地家屋調査士や司法書士に依頼するのが一般的ですが、自分で行うことも可能です

CHECK!

実施した項目をチェックしましょう

- □ 竣工検査に立ち会う
- □ 手直し工事の完了確認をする
- □ 完了検査を工事監理者に委任する
- □ 登記の準備をする

➔ 竣工検査では次のことをチェックしましょう

□ 建物の内外の清掃、後片付け、整理状況

□ 仕上げの汚れやムラなどのチェック

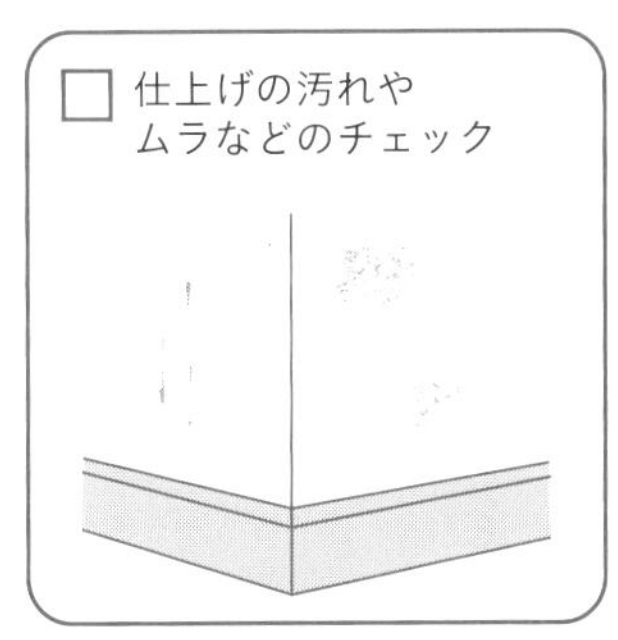

□ クロスのはがれやタイルの目地などのチェック

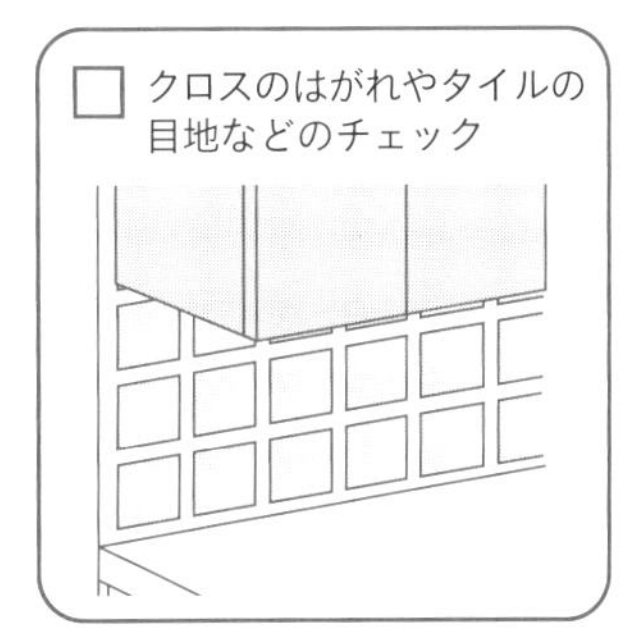

□ 建具の開閉具合などのチェック

□ 雨戸の扱いやすさや壁との取り合い状況のチェック

□ 給湯機器のリモコン作動

□ 照明、スイッチなどの点検

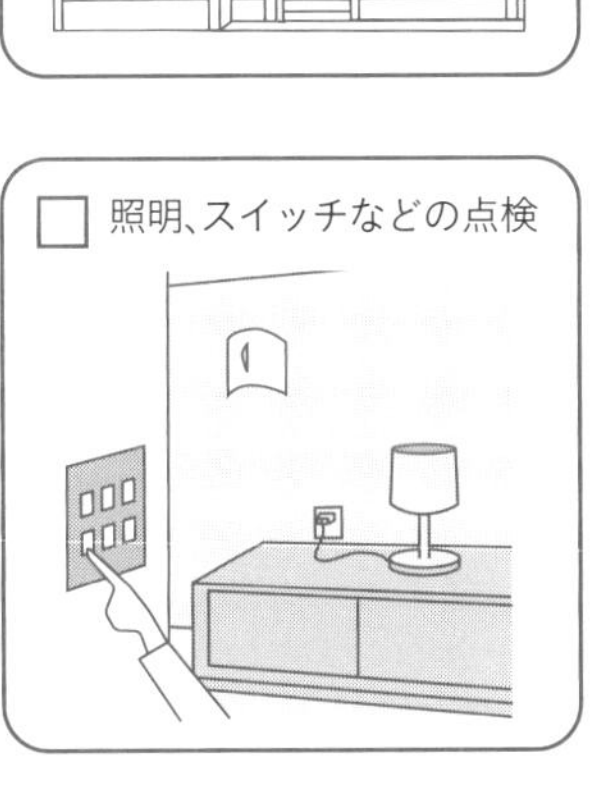

□ 水の出や排水状況のチェック

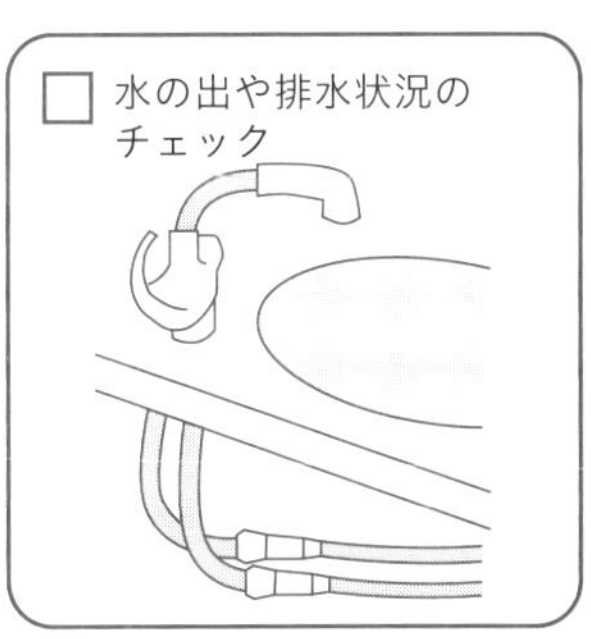

□ 排水桝のフタを開け排水状況をチェック

□ ガスの出やIHクッキングヒーターの加熱の状況や安全点検など

□ エアコンや換気扇の運転状況や性能などの確認

□ インターホンやセキュリティシステムの操作性などの確認

51 工事⑭ 住まいの完成

ついに、住まいが完成しました。引き渡しには家族みんなで参加し、設備などの使い方を教えてもらいましょう。

待ちに待った**引き渡し**を迎えますが、その前に、建築基準法の**完了検査**を受け、検査済証を取得します。また、住宅性能表示制度やフラット35の最後の現場検査が行われます。住宅性能表示制度では、完了検査の**検査済証**交付後、4回目の現場検査が行われ、内外の仕上がり状況や設備機器の設置状況を確認します。一連の検査の結果は、建設住宅性能評価書として交付されます。フラット35のほうは、検査機関に竣工現場検査を申請し、合格すると適合証明書が交付されます。これは**住宅ローン契約**（118頁参照）で必要です。

引き渡しは、家族で参加したいもの。施工会社や工事監理者（設計者）、設備機器メーカーの担当者なども揃い、機器の使い方やお手入れの方法、上手な住まい方などを説明してくれます。このとき受け取る書類は、建物の引き渡し書、確認申請書の副本、確認済証、検査済証などのほか、家のすべての鍵をもらいます。最後に、メンテナンスの予定が確認され、引き渡しは終わります。なお、今後のメンテナンスのためにも、工事中の設計変更や仕様変更を反映した**竣工図**をもらっておきましょう。

竣工～引き渡しまでの流れ（例）

	工程	1	2	3	4	5	6	7
イベント	現場			完了検査		引き渡し	引き渡し	
	建て主				ローン契約	ローン実行 引渡し	住民票移動 引越し 登記	
	お金					残金支払	残金支払	
工事の流れ	仮設工事		仮設トイレ撤去					
	基礎工事							
	木工事							
	屋根・外壁・防水工事							
	サッシ工事							
	内部建具工事							
	内装仕上げ工事		畳敷込					
	設備工事		ガス本設				ガス 利用開始	
	水道工事	仮設撤去					水道 利用開始	
	電気工事	仮設撤去					電気・電話 利用開始	インターネット利用開始
	クリーニング							
	外構・植栽工事							

建築基準法、住宅性能表示制度、フラット35の検査が行われます

工事中の変更内容などは、引渡し時に最終精算を行います。事前に金額を確認しておきましょう

保険の責任区分を考慮し、現場には引っ越し前の段階では物を運ばないようにしましょう

各関係機関に連絡のうえ、インフラの利用を開始します。インターネット設備は申し込みから工事までに時間がかかるので事前に予約し、準備しておきましょう

CHECK!

実施した項目をチェックしましょう

- □ 完了検査後に、検査済証の発行を確認する
- □ 登記作業を行う
- □ 引き渡しに参加し、取扱い説明を受ける
- □ 引き渡し書類をもれなく受け取り、保管する

➔ 引き渡し時にもらうものは大切に保管しておきましょう

- ●工事完了引渡証明書（118頁）
- ●確認申請書の副本
- ●確認済証
- ●検査済証
- ●下請業者一覧表
- ●各種機器などの保証書や取扱説明書
- ●工事監理報告書
- ●完成写真
- ●鍵引き渡し書（鍵リスト）
- ●玄関をはじめとする鍵
- ●竣工図　など

➔ 引き渡し時に取扱い説明を受けましょう

説明場所	説明内容
外装・内装・造作家具	屋根材、外壁材の材質などの説明とメンテナンスの方法
	雨樋の説明と掃除方法
	各部屋の床材、壁材の材質などの説明とメンテナンスの方法。とくに汚れた場合の掃除方法
	造り付け収納家具の説明（材質、収納の方法、棚板の荷重、棚板の上下の仕方）とメンテナンスの方法
ドア・引き戸・窓	玄関ドアの材質などの説明とメンテナンスの方法、また鍵の説明
	室内ドア・引き戸の材質や扱い方などの説明。鍵付きの場合は鍵の使い方の説明
	すべての窓についてガラスやサッシの説明。開閉の仕方、ロックの仕方、掃除方法。また雨戸や網戸の説明
電気・通信設備換気設備	電気の受電位置、電力メーター、外まわり照明器具、屋外コンセント、テレビアンテナなどの説明
	分電盤、各種ブレーカー、回路分割、電話回線、インターネット接続、テレビ付きインターホンなどの説明と操作方法
	すべての照明器具およびスイッチについて、その性能、機能、操作方法。また電球の取り替えについての説明
	すべての換気扇について、性能と機能、操作方法と掃除の方法。また給気口の説明
給排水・給湯設備水まわり設備	給水メーター、下水公設桝、各種の桝、外部水道の使い方、散水栓の位置と使い方や掃除について
	ガスメーターの位置の説明
	給湯機器とリモコンの使い方と注意点。とくに設定温度に対する注意
	すべての水栓についての使い方、とくに混合水栓の温度調節についての説明
	システムキッチンの使い方と掃除の仕方、とくにガスコンロやIHクッキングヒーター、食器洗い乾燥機の使い方については実演をしながらの説明
	システムバス、浴室暖房乾燥機や洗面化粧台、洗濯防水パン、温水洗浄一体形便器や温水洗浄暖房便座の機能・使い方・掃除の仕方
暖房・冷房設備	暖房器具の説明、とくに安全対策について。リモコン操作方法と掃除の仕方
	ルームエアコンの説明。リモコン操作方法と掃除の仕方
	床暖房の説明。敷設範囲と温度調節について
外構	各樹木の名前や特徴、庭木の水のやり方、枝切りなどの手入れ方法、メンテナンス契約について
	デッキテラスの木材保護塗料の説明とメンテナンスの注意点について

52 メンテナンス

点検・補修計画を立てる

住まいを長持ちさせるには、適切な管理が欠かせません。予防という観点から、メンテナンス計画を立てます。

CHECK!

実施した項目をチェックしましょう

- □ 定期点検の時期・内容を確認する
- □ 不具合が生じた場合の対応を確認する
- □ 長期的な補修の計画を立てる
- □ 日頃からこまめに掃除・手入れを行う

長持ちするように建てた住まいも、経年劣化による傷みの発生は避けられません。そのとき、放っておくのと速やかに対処するのでは住まいの寿命やメンテナンスコストに大きな差が生じます。

引き渡し時には、設計者や施工会社と定期点検の時期・内容、不具合が発生したときの対処などについて確認を行っていますが、これから暮らすわが家のこと。いつ、どこに不具合が出やすいかということは、住まい手自身が把握しておかなければいけません。

下の点検の時期とポイントを参考に、住まいの点検を行うスケジュールをつくりましょう。各所の補修をその都度行うと、費用がかさんでしまいますが、同時期のものはまとめることで、効率よく工事を行うことができます。補修費を積み立てておくことも重要です。点検や補修工事を行ったら、その結果や工事の図面などの書類は家の「履歴書」として大切に保管しましょう。

大がかりな補修だけが住まいのメンテナンスではありません。日々の掃除やこまめな手入れを行っていると、傷みや故障に気がつきやすくなります。早期発見により比較的簡単な補修で済み、コストを安く抑えられます。

住まいの点検＆補修スケジュール（例）

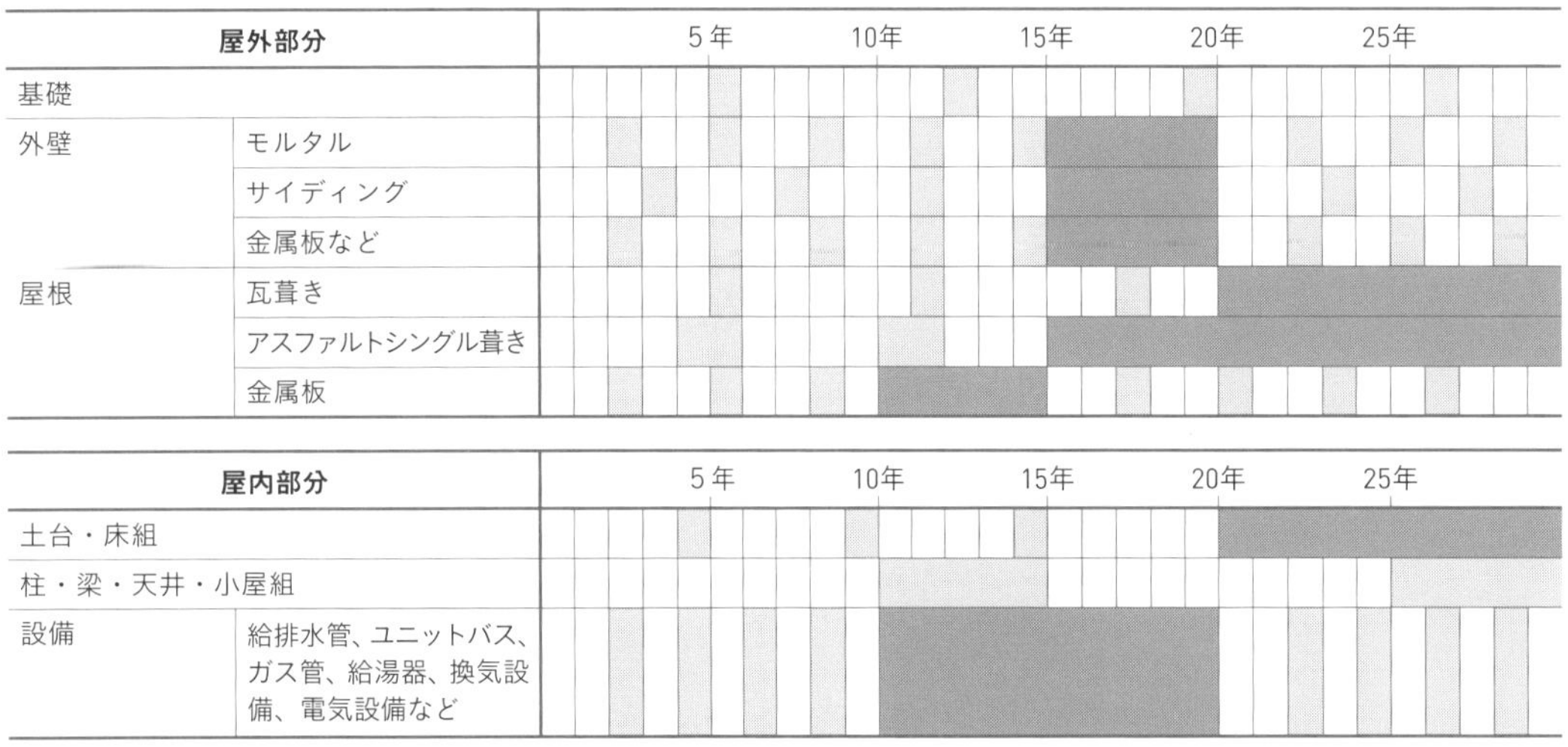

点検時期　全面補修・取り替え検討時期

屋外部分		5年	10年	15年	20年	25年
基礎						
外壁	モルタル					
	サイディング					
	金属板など					
屋根	瓦葺き					
	アスファルトシングル葺き					
	金属板					

屋内部分		5年	10年	15年	20年	25年
土台・床組						
柱・梁・天井・小屋組						
設備	給排水管、ユニットバス、ガス管、給湯器、換気設備、電気設備など					

点検の時期とポイント

基礎／5〜6年ごとに点検
- ひどい割れや蟻道がないか
- 不同沈下や床下換気の不良がないか

土台・床組／4〜6年ごとに点検
- 腐朽や破損、蟻害の状況はどうか

柱・梁・天井・小屋組／10〜15年ごとに点検
- 雨漏りや目地の割れ、床の沈み、天井のたわみなどが生じていないか

屋根／瓦葺きは5〜6年ごと、アスファルトシングル葺きは4〜6年ごと、金属板は2〜3年ごとに点検
- 瓦の割れやずれがないか
- 色あせや色落ち、ずれや割れおよび錆や浮きがないか

外壁／サイディングは3〜4年ごと、それ以外は2〜3年ごとに点検
- 汚れや色あせがないか
- モルタルの割れや金属板の錆や変形、緩みがないか
- シーリングが劣化していないか

設備／1年ごとに点検。10〜20年くらいで器具や配管の全面取り替えを検討
- 水漏れやパッキンの異常、悪臭・つまりがないか
- 器具の異常や作動不良などがないか

Stage 5
完成そして入居

ついに、マイホームが完成！
完成後もさまざまな手続きや
必要なイベントがありますが、
家族で協力し合って進めましょう。
5年後、10年後も楽しく暮らせる
「いい家」を目指して…！

53 残金を支払う

登記とローン契約

建物が完成したら登記手続きを行います。登記完了後、住宅ローンの契約を結び、残金を支払います。

建物が完成したら1カ月以内に、建物の**表題登記**を行わなければなりません。必要事項を記入した申請書と住民票などの添付書類を用意し、管轄の法務局の登記所に申請します。通常は**土地家屋調査士**に依頼しますが、所有権移転登記同様、自分で申請することもできます。

表題登記が完了して**登記済証**（登記完了証）を受け取ったら、住宅家屋証明書を取得し、**所有権保存登記**を行います。これらの手続きは**司法書士**に依頼するのが一般的です。保存登記は任意ですが、住宅ローン契約の担保の設定に必要な登記なので、必ず行います。

保存登記完了後、登記事項証明書（登記簿謄本）などの必要書類を金融機関に提出し、**住宅ローン契約**（金銭消費貸借抵当権設定契約）を結びます。

契約時には、名義人の死亡時に残債務を一括返済してくれる**団体信用生命保険**や火災保険、地震保険に加入します。事務手数料や印紙代など一連の手続きにかかる費用は、住宅ローンの頭金とは別に用意しましょう。

住宅ローンを早めに申し込み、依頼先や金融機関などと連携をとりながら登記やローン契約をスムーズに進め、早めに融資が実行さ

建物の表題登記に必要な書類は？

書類		入手先
申請書（正・副）		作成※1
建物図面		作成※1
現地調査報告書		作成※1
委任状		作成※2
住民票（全事項の記載があるもの）		役所
所有権証明書	確認済証	本人
	検査済証	本人
	工事完了引渡証明書※3	施工会社
	施工者の印鑑証明書または資格証明書※4	施工会社
	工事代金領収証※5	本人

※1 土地家屋調査士に作成を依頼するのが一般的　※2 土地家屋調査士に申請を依頼する場合に作成
※3 検査済証を添付できないときに必要　※4 工事完了引渡証明書をつける場合
※5 確認済証や検査済証、工事完了引渡証明書等の書類がないときに必要

登記・住宅ローン契約に必要な費用は？

項目		概要
登記関係	建物表題登記	土地家屋調査士への報酬（数万〜10万円程度）です
	土地所有権移転登記 建物所有権保存登記	土地購入時の所有権移転登記または建物完成時の保存登記にかかる登録免許税※6と、司法書士への報酬（数万〜10万円程度）
	抵当権設定登記	ローン契約時の抵当権設定登記にかかる登録免許税※7と、司法書士への報酬（数万〜10万円程度）が必要です
ローン関係	手数料	保証会社に保証を依頼する際の手数料。フラット35の場合は融資手数料、民間ローンの場合は事務手数料といいます
	保証料	ローンを借りる際に連帯保証人に代わって保証会社に保証を依頼する費用。保証料は借入金額と返済期間で決まります。フラット35の場合は不要です

項目		概要
ローン関係	団体信用生命保険料	申込人が死亡等で返済不能になった場合に残債を保証する保険。フラット35では任意加入ですが、通常は加入します。民間ローンでは保険料が金利に含まれることが多く、特約料は毎年払いです
	火災保険料	ローンの担保となる住宅の火災被害に備えて加入する損害保険。フラット35では加入義務があります。地震が原因の火災は保証されません。地震保険は任意加入です
	印紙代（印紙税）	住宅ローン契約書（金銭消費貸借抵当権設定契約書）を作成する際に課税されます。借入額1,000万円超5,000万円以下の場合2万円。印紙を契約書に貼って消印することで納付します

※6 建物所有権保存登記の登録免許税は課税標準額（不動産評価額）×0.15%（軽減措置）　※7 抵当権設定登記の登録免許税は債権額（借入額）×0.1%（軽減措置）※6、※7の適用期限は2022年3月まで

れるよう心がけましょう。

CHECK!

実施した項目をチェックしましょう

- □ 建物の表題登記を行う
- □ 建物の所有権保存登記を行う
- □ 住宅ローン契約を結ぶ
- □ 抵当権設定登記を行う

➔ 建物の登記事項証明書に誤りがないか確認しましょう

表題部

建物の表題登記の内容が記載されます。

地番区域ごとに、建物敷地の地番と同じ番号がつけられます

○○県○○市○○区○○1丁目101　　全部事項証明書　（建物）

表　題　部（主である建物の表示）		調製 余白	不動産番号 0000000000000
所在図番号	余白		
所　　在	○○市○○区○○一丁目101番地		余白
家屋番号	101番		余白
① 種　類	② 構　造	③ 床　面　積　㎡	原因及びその日付〔登記の日付〕
居宅	木造スレート葺2階建	1階　70　00 2階　70　00	令和2年○月○日 〔令和2年○月○日〕
所有者	○○市○○区○○二丁目○番○号　○　○　○　○		

建物の主な用途。複数なら「居宅・店舗」のように表示されます

建物の主な構成材料、屋根の種類、階数（階層）で表示されます

各階ごとに、壁その他の区画の中心線で囲まれた部分の水平投影面積を平方メートル単位で、100分の1未満の端数切り捨てで表示されます

権利部（甲区）

所有権に関する登記が記載されます。

権　利　部（甲　区）（所有権に関する事項）			
順位番号	登記の目的	受付年月日・受付番号	権利者その他の事項
1	所有権保存	令和2年○月○日 第○○○号	所有者　○○市○○区○○二丁目○番○号 ○　○　○　○

新築した場合なので「所有権保存」と表記。売買された場合は「所有権移転」と表示されます

権利部（乙区）

所有権以外の権利が記載されます。

権　利　部（乙　区）（所有権以外の権利に関する事項）			
順位番号	登記の目的	受付年月日・受付番号	権利者その他の事項
1	抵当権設定	令和2年○月○日 第○○○号	原因　令和2年○月○日金銭消費貸借同日設定 債権額　金○,○○○万円 利息　年○・○○%（年365日日割計算） 損害金　年○○・○%（年365日日割計算） 債務者　○○市○○区○○二丁目○番○号 ○　○　○　○ 抵当権者　○○市○○区○○三丁目○番○号 株　式　会　社　○　○　銀　行 （取扱店　○○支店）

金融機関から融資を受けるにあたり抵当権を設定しています

54

入居する

引越しをする

引越しの準備は、工事が進行しているうちから考えておきましょう。入居後には税金の手続きも必要です。

引越しがうまくいくかどうかは段取りが決め手。まずは下のチェックシートを参考に、やるべきことを把握し、計画的に行いましょう。

役所には転出届を出し、転出証明書を発行してもらいます。電気・ガス・水道などの使用停止手続きおよび、新居での開栓は、当日に完了するように手配します。引越しから2、3日以内には近隣への挨拶を。家族そろって訪問し、工事中に迷惑をかけたことを改めてお詫びします。

入居後には、税金の手続きが必要です。**不動産取得税**は、所定の期間内に都道府県の税務事務所へ申告書を提出。納税通知書を受けて納めます。また、入居した年の年度末には必ず確定申告をしましょう。**住宅ローン減税制度**により、一般住宅の場合、13年間で最大455万円の税金が戻ってきます。親から資金援助（贈与）を受けて**相続時精算課税制度**を利用する場合も、**贈与税**の確定申告が必要です。

建て主から住まい手へ。入居したその日から、家族の新生活とともに家とのつきあいが始まります。愛着をもって手入れをする、ローンを上手に返済するなど、家族が長く安心して暮らせる住まい方を考えましょう。

引越しは計画的に準備しましょう※

対応期間	☑	届出事項	届出先	用意するもの
引越し1カ月前	☐	賃貸契約の解約	大家	契約書に準ずる
	☐	子どもの転校届	学校の担任教師	問い合わせる
	☐	引越し業者の選定	引越し業者	家財の数量を書いたメモ
引越し1-2週間前		**公的手続き**		
	☐	住民移動届と住民転出届	市区町村の役所	印鑑・国民健康保険証
	☐	印鑑登録（抹消）	市区町村の役所	登録印
	☐	国民年金（住所変更）	市区町村の役所	印鑑・国民健康保険証転出届
	☐	国民健康保険（資格喪失手続き）	市区町村の役所	証明書
	☐	福祉施設関係（乳児医療・児童医療・老人医療その他手当等）	市区町村の役所	印鑑・国民健康保険証転出届
	☐	ペットの登録変更	保健所	印鑑・廃犬届・旧鑑札・予防注射済書
		住所・口座・業者の変更		
	☐	電気・水道・電話・ガス（住所変更）	営業所（領収書を参照）	領収書記載のお客様番号
	☐	郵便（転送依頼）	郵便局	身分証明になるもの
	☐	銀行（住所変更）	契約支店	カードか通帳と届け印
	☐	クレジットカード（住所変更）	窓口・電話など	カード番号と期限の控え
	☐	TV・新聞（住所変更）	営業所（領収書を参照）	領収書記載のお客様番号
		家財の処分		
	☐	売る	リサイクルショップ	身分証明になるもの
	☐	捨てる（粗大ゴミ）	市区町村の清掃担当	届出後、指定日時に廃棄

CHECK!

実施した項目をチェックしましょう

- ☐ 引越し業者に見積りをとる
- ☐ 各種の住所変更手続きをする
- ☐ 入居後の税金の手続きをする
- ☐ 確定申告をする

住宅ローン減税を受けるのに必要な書類

	書類名	入手先	チェック欄
確定申告	確定申告書の用紙	税務署	☐
	減税を受ける金額の計算明細書	税務署	☐
	住宅・土地の登記事項証明書	法務局	☐
	住民票の写し	役所	☐
	源泉徴収票の原本※	勤務先	☐
	工事請負契約書の写し	本人	☐
	住宅ローンの年末残高証明書	金融機関	☐
年末調整※	給与所得者の住宅借入金等控除申告書	勤務先	☐
	年末調整のための住宅借入金等特別控除証明書（当該年分）	税務署	☐
	住宅ローンの年末残高証明書	金融機関	☐

※ 給与所得者の場合。減税を受ける最初の年のみ確定申告が必要ですが、翌年以降は年末調整で可能です

家づくりの税金は？

土地・建物を取得した際にかかる税金	
登録免許税［国税］	土地や建物を登記する際にかかります
印紙税［国税］	売買契約書、請負契約書、住宅ローン契約書などの作成時にかかります
不動産取得税［都道府県税］	土地や建物を取得した場合にかかります
贈与税［国税］	親・祖父母から土地・建物や資金援助など財産の贈与を受けた場合にかかります
相続税［国税］	土地や建物などを相続した場合にかかります
翌年から毎年かかる税金	
固定資産税［市区町村税］	毎年1月1日現在で、各市町村の固定資産台帳に記載されている土地・建物にかかります
都市計画税［市区町村税］	都市計画法の市街化区域内にある土地・建物について、固定資産税と同様にかかります

時期	項目	窓口	内容・持ち物
	☐ 引き取ってもらう	引越し業者	引越し業者に相談
	☐ ダンボール・梱包材の入手	引越し業者	引越し業者に依頼

引越し3日前　梱包するものと注意点

項目	注意点
☐ 冷蔵庫	前日にスイッチを切り、乾かしておきます
☐ 洗濯機	完全に排水させます
☐ パソコン、テレビ、オーディオ類	緩衝材に包んで箱に詰めたり、毛布などで幾重にも巻きます。宅配業者の専用パックで送る方法もあります
☐ 家具	搬送用に分解したり、養生します
☐ 布団	布団ケース、古シーツなどで包みます

引越し前日

項目	注意点
☐ 手荷物の確認	貴金属、現金、印鑑など、大切なものは自分で管理します
☐ 箱の数の確認	大・中・小が各々いくつあるかなどを明記しておきます
☐ 家具と荷物の配置図を作成	引越し先の間取り図を元に配置図をつくります。荷物にも配置図に対応した番号を割り振ります

引越し当日　引越し元での確認事項

項目	注意点
☐ 荷物の確認	荷物の積み忘れがないか確認します。荷物の転送や保管、処分を頼む場合は、引越し業者に正確に指示します
☐ 清掃	ほうき、ちりとり、ぞうきん、ゴミ袋などを用意しておきます
☐ ゴミ処理	回収日でない場合は、大家に頼むか引越し先に持ち込みます

引越し先での確認事項

項目	注意点
☐ 荷物の確認	家具や箱の数をチェックし、紛失や破損がないか確認します
☐ 精算	精算日は業者との打ち合わせどおりに行います

引越し後日　引越し後の手続き

項目	窓口	持ち物
☐ 住民転入届	引越し先の市区町村の役所	印鑑・国民健康保険証
☐ 印鑑登録	引越し先の市区町村の役所	登録印
☐ 運転免許（住所変更）	所轄の警察署	住民票・写真・免許証
☐ 自動車の登録変更（住所変更）	引越し先の陸運事務所	車庫証明・車体検査証・住民票・印鑑

※地域や契約内容によって手続き、対応が異なる場合があるので早めに確認しましょう

COLUMN

職人さんとのつきあい方について

実際に家を建て、細部を仕上げてくれる職人さんとのつきあい方についてお話しましょう。

「職人さんに腕をふるってもらい、いい仕事をしてもらえるかどうかは建て主しだい」ともいわれます。よいつきあいがよい住まいにつながりますので、職人さんたちと信頼関係を築けるようにしましょう。

●多くの職人さんの手によって家は完成する

たとえば木造住宅の場合、1軒の家ができるまでには、50〜60人の職人さんの手を借りることになります。現場で中心的な役割を担うのは大工で、工事の4分の3くらいに関わってくれます。

その大工が使う木材を供給するのが材木屋。工事が全体の半分くらい進むと、外壁を仕上げる左官工、屋根を張る瓦工や板金工、窓をつけるサッシ工が登場します。並行しながら、電気やガス、水道の工事店が配線や配管の工事を行います。

大工の工事が終わると、キッチンなどを取り付ける設備工や造り付け家具工、建具工の出番です。ほかにも、バルコニーの防水工事工、壁紙を張るクロス工、木部などを塗る塗装工が仕上げの作業をします。引き渡し前には、クリーニングをする職人がきれいに掃除をしてくれます。

●「お茶を出したい」という気持ちが大切

重労働や細かい作業を行う職人さんたちはお昼のほか午前10時と午後3時に休憩をとり、身体を休めます。かつては建て主がこれを心得ていて、休憩にお茶やお菓子を出す習慣がありました。しかし、必ず、休憩時間にお茶を出さなければいけないというのではなく、大切なのは、現場へ行くという気持ちと、お茶やお菓子を出してあげたいという心遣いです。現場の職人さんへの過度な気遣いは不要です。かえって仕事の手を止めさせることになってしまいます。「どうぞ、食べてください」と声をかけて、あとは現場を見てまわっていいのです。

また、現場が遠く足を運べないという人は、お茶代として2〜3万円を包んで大工の棟梁へわたし、気持ちを伝えるとよいでしょう。

●「困った建て主」にならないように

職人さんは頑固で気むずかしいと思っている人がいるかもしれませんが、それは誤解です。職人さんたちと信頼関係を築くためにも、お金を払うのは私だとばかりに高飛車に要求を突きつけたり、知ったかぶりで無理な注文をするような、困った建て主にはならないようにしてください。家づくりへの情熱が職人さんに伝わると、職人さんはよりいっそうがんばってくれます。

家づくりを行う職人さんたち

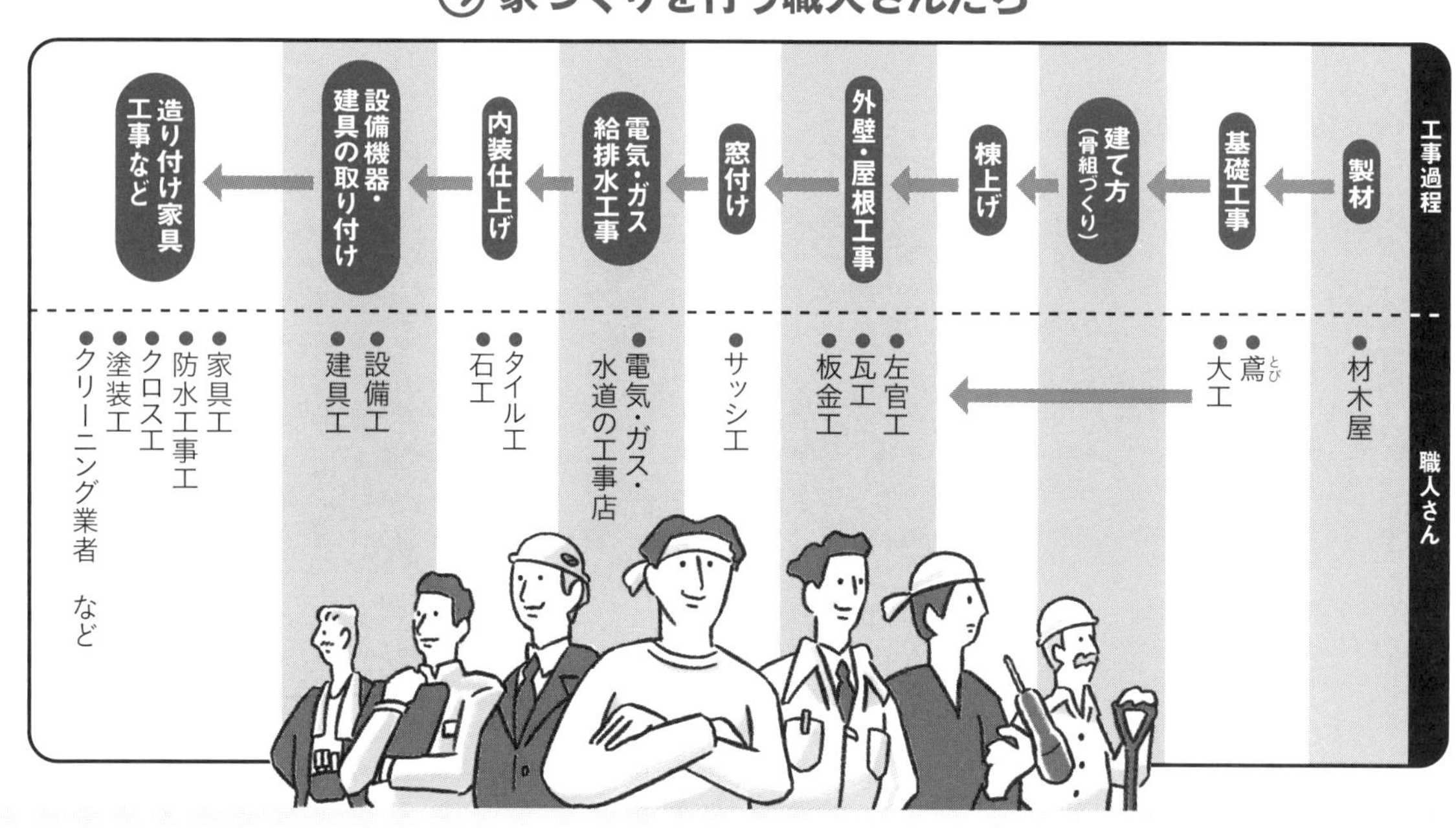

参考文献

「不動産売買の手引き」（神奈川県監修（一財）不動産適正取引推進機構編）
「新築住宅の住宅性能表示制度ガイド」（国土交通省住宅局住宅生産課監修）
「絵で見る建築工程図シリーズ　木造在来工法・２階建住宅」（建築資料研究社刊）
「後悔しない『快適な家づくり』の知恵袋」（特定非営利活動法人 省エネ建材・住宅普及協議会編著）
「不動産登記事項証明書の正しい読み方」（青山修著　かんき出版刊）
「わかりやすい不動産登記の申請手続き」（日本法令不動産登記研究会編）
「これだけは知っておきたい住宅ローン入門ガイド」（住宅金融支援機構刊）
「インテリアコーディネーターハンドブック」（インテリア産業協会刊）
「新・素敵な家づくり6　安心できる性能の暮らしやすい家」（講談社刊）
国税庁　https://www.nta.go.jp/
国土交通省　https://www.mlit.go.jp/
法務局　http://houmukyoku.moj.go.jp/homu/static/
住まいづくりナビセンター　https://www.sumanavi.info/
住まいの情報発信局（運営：（一財）住宅産業研修財団）http://www.sumai-info.jp/
GLASS TOWN（運営：全国板硝子商工協同組合連合会）https://www.glass-town.jp/
住宅保証機構　https://www.mamoris.jp/
ジオテック　https://www.jiban.co.jp/
ズバット 引越し比較（運営：ウェブクルー）https://www.zba.jp/hikkoshi/
「家づくりのすべてがスラスラわかる本 2022」（エクスナレッジ刊）
「家づくり究極ガイド2022」（エクスナレッジ刊）
「世界で一番やさしいシリーズ01　木造住宅」（エクスナレッジ刊）
「世界で一番やさしいシリーズ02　建築構造」（エクスナレッジ刊）
「世界で一番やさしいシリーズ03　木構造 最新改訂版」（エクスナレッジ刊）
「世界で一番やさしいシリーズ07　建築設備」（エクスナレッジ刊）
「世界で一番やさしいシリーズ09　木造住宅（監理編）」（エクスナレッジ刊）
「世界で一番やさしいシリーズ14　建築用語」（エクスナレッジ刊）
「世界一わかりやすい家づくりの教科書2021-2022」（エクスナレッジ刊）
「住宅ローン＆マイホームの税金がスラスラわかる本2022」（エクスナレッジ刊）

ひとめでわかる、すべてがわかる
家づくりのダンドリ 2024-2025
How to build your own house

2024年7月17日　初版第1刷発行

発行者　三輪浩之
発行所　株式会社エクスナレッジ
〒106-0032
東京都港区六本木 7-2-26
https://www.xknowledge.co.jp/

問合せ先
編集　TEL:03-3403-1381 FAX:03-3403-1345
info@xknowledge.co.jp
販売　TEL:03-3403-1321　FAX:03-3403-1829